[改訂版]

経営戦略要論

佐久間信夫・芦澤成光・文　載皓［編著］

田中克昌・村田大学・中村公一
井上善博・樋口晃太［著］

創成社

はしがき

日本のモノづくり企業の競争力が低下していることを，多く耳にするようになった。それに代わって，中国とインド企業の成長と世界市場における地位の高まりも，耳にするようになった。戦後，日本の製造企業の現場力が競争力の源泉とされてきた。そこでは，起業活動の効率性を高め，品質を改善する取り組みが持続的に行われてきた。その結果，世界一効率的で高品質な製品と，その生産システムが実現できるようになった。いい換えれば，高品質・高機能の製品作りが，日本のモノづくりの大きな特徴になり，世界市場で高い評価を受けてきたのである。

しかし 1990 年代以降から，多くの製品，特にデジタル製品を中心として製品のコモディティ化が急速に進展するようになった。このコモディティ化によって，一定の高機能の製品も安価に，大量に市場で販売されるようになった。そのことが，自動車を除く多くのデジタル製品の世界市場に占める地位を大きく後退させる状況を引き起こすようになっていった。この事実は，従来型の日本のモノづくりの在り方だけでは限界があることをわれわれに教えていた。

この事態に対して，日本の企業には積極的な対応が求められている。しかし，その方向性については異なる多くの意見が生まれている。日本のモノづくり企業の従来の競争力は高く評価されるものであり，今日でもその評価は高い。しかし，その評価が高いことが，大きく異なる方向性を探ることを困難にしている。

1つの方向として，サービス業務の強化による競争力強化を示唆する考えがある。モノづくりの製造業務だけでなく，その使い勝手を消費者に説明する能力を重視し，きめ細かなサービス業務と組み合わせた事業にすることで競争力を回復するという考えである。あるいは，従来取り上げてこられなかった製品の形状や美的側面を重視する方向性も示唆されている。消費者の美的価値観に対応するモノづくりの在り方が，今日日本の企業に問われている。

グローバル化のなかで，日本の多くの企業も歴史的転換点に立ち，これからの方向性を模索しているのが実情だろう。このような状況は今後さらに進展し，それぞれの企業のなかに多様な戦略的動きが生まれてくることが予測できるだろう。

企業だけではない。大学を取り巻く状況も従来と大きく変わっている。また，地方自治体や行政機関も効率的で独自性ある機能が改めて問われるようになっている。つまり存在自体が問われるようになっているのである。一方個人のレベルでも，生き方，社会人としてのキャリアの在り方について，大きな課題が突きつけられるようになっている。

組織体だけでなく，個人の生き方自体も，それぞれの在り方を模索することが求められる時代になっている。その意味では，個人も組織も独自の戦略をもつ必要性が高まっているといって過言ではない。経営戦略の理論を学び，その戦略的な思考力を身につける必要性は，企業だけでなく，個人でも必要性は従来になく高まっているといえよう。

近年，経営戦略論に関する教科書も多く出版されるようになった。その教科書の内容を目次で追ってみると，いくつかの異なった傾向があることに気づかれるのではないだろうか。日本でまだ経営戦略の教育内容についての経験の蓄積が少なく，十分なコンセンサスが得られていないことが１つの理由と考えられる。いわば，教える側の理由が原因の１つになっている。経営戦略のどのような面を教育内容として教えることが必要なのか，その必要性についての認識が異なっているのである。たとえば，顧客のニーズの変化への対応を重視して，教育内容を組み立てる考え方がある。その一方で，事業の編成を中心課題として取り上げる考え方もある。

前者は，特定の市場での競争優位性をどのように確保するのかを重視した考え方である。他方，後者は事業の編成，事業の定義という側面を重視する考え方である。企業の成長をどのように進めるのかという側面を重視する考え方で，この視点からとくに重視されているのが，シナジーとコア・コンピタンスという概念である。個別の市場での競争優位性を確保するという問題ではなく，企業全体としての事業編成の在り方を考えることで，効率的な成長がはじめて実現できるとする考え方である。

さらに，経営戦略に対する新たな考え方も生まれている。それは，企業の社会的責任の視点から経営戦略を捉える考え方である。この視点からは，社会の多様な利害関係者との信頼関係の形成と維持が重要な戦略となる。社会との信頼関係を失うことは組織としての企業が存続できないことを意味する。製品・サービスの販売は事実上できなくなり，人の雇用をはじめとした部材の調達さえも困難になってしまう。この考えから，社会と企業との間で，どのような信頼関係を形成するのかという経営戦略上の課題が生まれている。

本書は，以上の基本的課題に対して，基礎的概念の理論と事例を入れた説明を中心とした構成内容になっている。とくに，個別の市場を対象とする競争レベルの戦略と，事業編成を中心とする全社レベル戦略についての説明が中心的な内容として取り上げられている。さらに社会と企業との適合についても，全社レベル戦略という枠組みのなかで取り上げている。以上3つの領域についての説明で，初学者でも経営戦略全体の概要を1冊で理解できることを企図している。

本書では，経営戦略に関するテキストとして14章構成で体系的に，基礎的概念と事例をあげた説明が行われている。本書の前半の第1章から7章までが，個別市場と個別事業部門との適合関係を取り上げる競争レベルの戦略についての説明がされている。そして後半の第8章から14章までが，複数の市場と社会と企業全体の適合関係を取り上げる全社レベルの戦略に関する説明がされている。

経営戦略に関し，本書を通じて関心をもち，実践のなかでそれを生かし，さまざまな局面で戦略を考えるきっかけとしていただければ幸いである。

本書は，その企画から出版に至るまで多くの時間と労力がかかってしまった。その間絶えずわれわれを励まし支援していただいた創成社社長塚田尚寛氏に心よりお礼申し上げたい。

2011年3月

編者　佐久間信夫・芦澤成光

改訂版出版にあたって

「現代は VUCA（ブーカ）の時代」といわれるほど経営環境を取り巻く変化は激しい。ここでいう VUCA とは Volatility（変動性），Uncertainty（不確実性），Complexity（複雑性），Ambiguity（曖昧性）を表す用語である。このような激しく変化する経営環境のなかで，現代企業の経営者はサステナビリティの実現のためにかつては想像を絶する戦略的決断を下さなければならなかった。彼らは AI，DX，SDGs などの用語の定義やその適用をめぐって十分な議論が進んでいないうちにさらに世の中は急激に変化している現実を目の当たりにする。

『経営戦略要論』の初版を脱稿してから改訂版を出版するまでに長い年月が経っている。新型コロナウィルスによるパンデミック，ロシアのウクライナ侵攻，円安による物価高など企業を取り巻く経営環境は時々刻々と変わっている。それらの影響に企業の経営者達は日々目が離せない。世の中には GAFAM（ガーファム）という世界を支配している最先端の企業群が既に登場しているが，これらの存在を脅かす新たな企業も少なくない。

本書は全体的に 15 章で構成されている。全体の構成について改訂版を初版と比較すると，第 14 章と第 15 章を新しく付け加える程度の微調整にとどまっている。初版の経営戦略論の構成をオーソドックスなテーマにしたからであろう。各章の内容を概略的に紹介すると以下のようである。

第 1 章では，「経営戦略とは何か」という問いから始まる。ここでは「経営戦略がなぜ重要なテーマなのか」「経営戦略を規定する要因には何があるか」「経営理念とビジョンとの関わりで経営戦略がどのような位置づけになるか」「経営戦略の種類と課題とは何か」「変える必要がある経営戦略をどのような基準と方法で変えるのか」という問いへの答えが示される。特に，近年さまざまなステークホルダーからの要請事項として経営者達に大きなプレッシャーとなっているパーパス（企業の存在意義）との関連性についても探った。

第 2 章では，当該企業が駆使している経営戦略が市場内で的確に実行されているかを確かめる要因である競争優位性について検討する。競争優位性の定義と意義，経営資源という観点からリソース・ベースド・ビュー，VRIO フレームワークなどについて概説した。

第 3 章では，「顧客ニーズをいかに満たすか」という根源的な問いをテーマにした。本章では「顧客ニーズを満たすことの意義とは何か」「顧客満足と顧客ロイヤルティとの違いは何か」「マス・カスタム化と顧客ニーズの関係とは何か」について取り上げる。特に，1980 年代までの高度成長期と 1990 年代以後の低成長期について時代的な背景から比較し，その新たな突破口として必要とされるマーケティング戦略について注目する。

第 4 章では，事業戦略ともいわれている競争戦略について検討する。ここでは「同じ業界で競い合っている競合他社に対していかなる戦略を持って競争するか」についての理論的考察が行われる。特に，経営戦略論の大家として知られているハーバード大学のポーターの基本戦略，ファイブフォース分析について探る。さらに，競合他社といかに競い合うかという次元以外に，提携やジョイント・ベンチャー，パートナーシップなどに例えられる協調戦略についても考察する。

第 5 章では，一連の企業活動が実現される業務の枠組みを意味するビジネスシステムについて検討する。近年のビジネスシステムは，製品やサービスが自社内だけで完結できないため，ビジネスシステムの外部化と内部化の基準が必要である。さらに，顧客ニーズのどのような部分に適合するのかによってビジネスシステムが異なるため，その適合のための 3 つの基本類型についても探る。最後に，「ビジネスシステムをいかに効率化するか」の方法について触れる。

第 6 章では，経営戦略の実行に不可欠な要因として認識されている経営資源について検討する。ここでは経営資源の種類，経営資源の蓄積，利用の方法，経営資源を蓄積，利用する上で生じうる諸問題について明らかにする。村田製作所とテルモの事例が紹介され，研究開発を促進する取り組みや方法について取り上げる。

第 7 章では，組織メンバーの持つスキルの協働によって生み出される能力を意味する組織能力について概観する。ここでは，組織能力の意義，ダイナミック・ケイパビリティの特徴と実際について触れるが，近年注目されている富士フイルムがその具体的な事例として紹介されている。さらに，自社内部の強みとなっている経営資源を活用して成長を図る内部成長戦略と，新規分野に進出する際など経営資源を外部から調達する際に必要とされる外部成長戦略についても取り上げる。

第8章では，多角化などによって企業が大規模に成長するにつれ，必要とされる全社レベル戦略と本社機能について触れる。全社レベル戦略については基本的に企業ポートフォリオ戦略と成長戦略に注目する。さらに，本社が各事業部に行使する本社機能について取り上げ，単独部門への影響力行使，リンケージの影響力行使，集中的機能とサービスの提供，企業の発展との関係を明確にする。

第9章では，企業が活用領域として決定しなければならない事業領域（ドメイン）について考察する。まずはドメインを定義する際に考慮しなければならない諸要因としてパーパス，ビジョン，ミッションとの関連性やその位置づけについて解説する。さらに，「どのような事業領域を選択するか」を決める基準（ドメインの定義），「古くなった事業領域をいかに変えていくか」の基準（ドメインの再定義），「ドメインの定義の際にいかに組織の内外からの合意や共感を得るか」のプロセスに関連するドメイン・コンセンサスについて考察する。

第10章では，企業が成長する際に必要とされる戦略について明らかにする。具体的には多角化戦略のパターン，利点，成長を規定する原則，シナジー効果と中核能力についての理論的な考察を行う。

第11章では，企業間の結合を意味するM&Aや提携戦略について概観する。生身の人間の結婚や交際に例えられる企業同士の結合については，米国企業の成長の原動力として評価されている。M&Aについては，その目的，パターン，手法について明らかにしているが，日本企業の事例として東芝，日立製作所，三菱電機を紹介している。そして提携戦略は，提携，合弁会社，契約提携，長期取引関係，戦略的提携についてその詳細を明らかにする。

第12章では，現代企業の組織変革と技術革新の要となっているイノベーションについて取り上げる。イノベーションが不可欠な理由やその理論が登場した背景についてシュンペーター，ドラッカーの理論を解説するほか，近年米国最先端企業の重要な手法として注目されているオープンイノベーション理論を提唱したチェスブローの主張についても概観する。

第 13 章では，収益性以外の追求すべき原則として倫理性や社会性が強調される CSR について明らかにする。この章では，CSR の意義，国連などによって全世界的に推進されている SDGs の動向，戦略論者のポーターとクラーマーが主張する CSV の理論などを紹介する。

第 14 章では，一国の経営を超えて経営が行われた場合に必要な国際経営について検討する。ここでは国際経営の主体である多国籍企業の意義，国際経営を行う理由，国際経営に必要な戦略と組織，多国籍企業間の戦略的提携について触れる。日本企業として活躍している YKK を事例として紹介し，創業者の優れた企業家精神の重要性や差別化戦略としての GMG の詳細について明らかにする。

第 15 章では，企業の情報化戦略の一つとして近年注目されている DX やデジタル化について考察する。このテーマは日本政府のデジタル庁の新設などに見られる行政の新たな動向から分かるように，日本企業が避けて通れない急務の 1 つである。この章では，DX の意義，AI や IoT などのデジタル技術，IT 投資などについて取り上げ，近年の動向について明らかにする。

本書では大学や企業研修においてテキストとして利用されることを想定し，現実の経営組織がどのような方向性を目指して発展及び変化しているのかについて取り上げた。

最後に，執筆者一同を代表して本書づくりのために献身的にサポートしてくれた創成社の塚田尚寛社長と編集担当の西田徹さんに深甚なる感謝の意を表する。

2023 年 8 月 18 日

編著者一同

目　次

第1章

経営戦略とは何か

第1節　はじめに

1．経営戦略を具体的に捉えると

われわれは日常生活のなかで，企業のさまざまな活動を目にする機会をもっている。買い物に行くスーパーマーケットやコンビニエンスストア，昼食で入るレストランや食堂，そして通勤，通学で利用するバスや電車，さらにネットで流されてくる企業のコマーシャル等もある。このようななかで，さまざまな企業活動を目にしている。

さまざまな企業活動を目にして，同じようなサービス，製品でも違いがあることに気づくのではないだろうか。同じようなコンビニエンスストアや飲食店でも，その違いはさまざまである。また売られている製品やサービスの違いを見ることができる。さらに，特定の地域に集中的に出店しているものもある。出店するのも幹線道路に面する場所の場合であったり，郊外の住宅街であったりする場合もある。

次に，コンビニエンスストアのなかに入ってみよう。基本的な店舗の構造はそれほど違いがないといえるが，A というコンビニエンスストアでは食事等ができるスペースが確保されており，そこで買ったものの飲食ができるようになっている。このような店は比較的に周りに食堂等が少ないところに出店している。B というコンビニエンスストアでは，トイレの使用ができるような構造になっている。C というコンビニエンスストアでは店舗内の通路が広く確保されており，車いすの顧客でもゆっくりと買い物ができるように考えられている。

さらに各店舗で売られている商品の種類と点数の違いにも気づかされるのではないだろうか。Aというチェーン店では，多くの商品点数が売られている。とくに多くの弁当類が売られているのが特徴のチェーンもあれば，百円ショップで売られている製品を一部おいてある店舗も出現するようになっている。

それぞれのコンビニエンスストアでのこのような相違は，一貫した企業行動のパターンから形成されている。このような異なる行動パターンが身近な日常生活のなかで認識できる経営戦略の一端である。しかし，この行動パターンの背景には，実はそれを支える多くの企業の活動が存在する。商品を店舗に配送する運送業務。商品を発注する発注業務，そして商品を開発する業務等，多くの業務活動がある。さらに，その活動を実現するための多くの人材や技術，ノウハウ，工場等の施設設備，そして金銭が必要である。これらのものは経営資源と呼ばれている。その経営資源を利用した企業活動を実現する事業のシステムを形成する必要がある。本書では，これをビジネスシステムと定義している。さらに経営者・管理者が利用する経営管理上の制度やノウハウも存在する。

2．企業における経営戦略形成プロセスの存在

コンビニエンスストアの業務を実現する活動パターンの一貫性は，どのようにして形成されるのだろうか。経営者がまず考えるのは，顧客は誰かということである。次に顧客の求める製品・サービスとして何が求められるのかという問題が考えられる。その答えは，個々の経営者の視点，もしくは価値観によっても違いが生まれる。その違いが，企業活動の違いに反映されることになる。経営者の考える企業の目的は，企業のパーパス（purpose）とも表現され，「企業の存在意義」を表現している（佐宗，2019）。また，存在意義は経営理念（management philosophy）やミッション（mission）とも表現されている。この存在意義である経営理念を基軸に，多様な戦略が形成されることになる。その戦略には経営陣を中心に，計画的に形成されたものが存在する。また，販売や製造の現場で生まれたアイデアを中心に形成された戦略も存在するだろう。あるいは，まったく予測できなかった偶然の出来事によって成功したり，予測とは異なる結果が生まれることもある。極端な場合には，失敗する場合も考えられる。

偶然性は事前に予測することはできない。今日の企業を取り巻く環境変化の速度の高まりやグローバル化の進展は，企業の行う予測を不可能にしている。経営者は予測できない変化に対し，手をこまねいて決定しないでいることはできない。失敗をある程度見込んだうえで，戦略を形成する必要が生まれている。その際に，どのようにして戦略を策定するのだろうか。経営者個人が考え戦略を策定する場合も存在する。もう１つの可能性として，企業内でのさまざまな人的な相互作用の結果として形成されることも想定できるだろう。

企業規模拡大と事業構成の複雑化は，経営者個人だけでなく，人的な相互作用から形成される戦略形成プロセスを必要とするようになっている。さらに，今日では経営戦略の形成に際し，企業内だけでなく企業外の顧客，株主，取引企業，地域住民等のもつ情報や知識を活用することが積極的に求められるようになっている。そしてさまざまなレベルの情報や知識を有効に利用する仕組みを作ることが，経営戦略の結果に大きな違いをもたらす可能性を生み出すようになっている。

つまり，企業の経営戦略形成は経営者だけでなく顧客や従業員等のステークホルダー（stakeholder: 利害関係者）のアイデアがその基盤になり，その相互作用のなかから形成されるように変化してきている。その多様なアイデアを生み出すステークホルダーの意欲も，優れた戦略形成の重要な要因になってきている。

第２節　経営戦略を規定する諸要因

1．経営戦略を規定する多くの要因

経営戦略の形成には多くの企業内外の人々が関係する。さらに企業内外の人や経営者は，どのような要因に注目し，経営戦略を形成するのだろうか。経営戦略を形成するために，その視点を向ける要因にも多くの要因が考えられる。代表的な考えは，ポーター（Porter, M. E.）の５つの競争要因モデルである。このモデルでは，企業を取り巻く市場における環境要因が企業の競争戦略を規定すると認識されている。具体的には，顧客のニーズ，競合状況にある企業の状

況，他産業からの参入の脅威，サプライヤーの状況，そして代替品の脅威の5つの要因が挙げられている。

企業を取り巻く環境に注目し，経営戦略の在り方を考えるのも1つの考え方だが，企業の内部にある経営資源に注目する考えもある。経営資源である人，モノ，金などの有形資源，そして技術やノウハウ，ブランドなどの無形資源が，企業の経営戦略を考える際に，重要な要因であることを指摘する資源ベース理論（Resource based Theory）（伊丹，2003, Barny 2002, Hamel & Prahalad, 1994）も存在する。資源ベース理論では優れた経営資源の形成，そして蓄積と利用が経営戦略を規定する要因として指摘されている。その要因以外にもさまざまな要因が経営戦略を規定する要因であることが検討されている。

ミンツバーグ（Mintzberg, H.）は企業の戦略を形成する要因について，捉え方によって経営資源以外に，10の要因があり，それにともなって経営戦略研究の10の学派があることを指摘している（Mintzberg et al., 1998）。具体的には以下の10の学派である。

デザイン学派（Design School），計画学派（Planning School），ポジショニング学派（Positioning School），起業家学派（Entrepreneurial School），認知学派（Cognitive School），学習学派（Learning School），権力学派（Power School），文化学派（Cultural School），環境学派（Environment School），コンフィグレーション学派（Configuration School），以上の10の学派は，それぞれの視点から経営戦略を規定する要因に注目して，その要因を中心として多様な理論を展開している。どの要因も経営戦略の形成に一定の役割を果たしているために，このように10の学派が生まれている。どの要因に注目するかは，その研究者が認識する課題や疑問に依存するといえるだろう。今後さらに新たな視点からの学派が増える可能性もある。

これらの学派をすべて紹介することはできないが，本書の基本的立場は10の学派を組み合わせて捉える必要があるとの考えである。この考え方は，ミンツバーグの考えと同様の考え方といってよいだろう。最後のコンフィグレーション学派の考えが，ミンツバーグの基本的立場であるが，それぞれの要因で説明ができる状況が存在するという立場である。

この考え方から，本書では初学者が経営戦略を理解し，認識する上で必要と考えられる要因を必要な場面で取り上げ説明を加えている。

2. 経営戦略の適合とは何か

まず企業を取り巻く外部環境のなかで，顧客ニーズと競争への適合（fit）が経営戦略を規定する重要な要因になっている。さらに企業内部の経営資源やビジネスシステムの適合も経営戦略を意味している。また環境変化を認識するという視点も，重要な要因になっている。この環境の状況を認識し，企業内の要因と環境要因を認識し，適合させる取り組みが経営戦略として認識できる。その際の適合（fit）の具体的な意味については，受け身で企業側が企業環境の動き・変化に合わせるのではなく，積極的に顧客のニーズを掘り起こすことで，そのニーズを発見し，充足する製品・サービスを提供する取り組みとして理解できる。競争適合では，競合の動きを予測し，その準備を行うことが具体的取り組みとして指摘できる。企業内部での適合も，企業環境への適合を実現するため，新たな技術開発や設備投資，新たな人材採用や育成への取り組みが行われる。このような適合という動きに対して，伊丹は適合の２つのレベルという考えを提示する（伊丹，2012，26～28ページ）。それは顧客のニーズを積極的に掘り起こし，それぞれの要因の自律的な変化や相手の反応を予測して能動的に対応した取り組みという第1のレベルの適合がある。第2のレベルは，顧客ニーズや競合の本質や変化を逆手にとり，テコとして利用する取り組みである。具体的には，顧客や競合の動きに対し当該企業側で仮説を立て，試験的に実施し，検証を行う取り組みである。このように適合には異なるレベルが存在すると考えられる。

3. 経営戦略形成のプロセス

経営戦略は広義には，企業と環境との間に適合を生み出す一定の行動パターンとして捉えることができる。経営戦略を規定する要因を認識し，自身の価値観と経験から経営戦略を考える中心人物が多様な経営陣である。とりわけトップマネジメント経営者は，企業全体の経営戦略を計画的に形成することを担当する。しかし，経営戦略の形成が経営者によって行われても，さまざまな予測のできない偶然も結びついて実際の経営戦略が形成されることになる。またトップマネジメントによる計画的な戦略形成も，各事業分野での状況によって大きく影響を受ける。各事業分野の戦略形成を中心となって担当するのは，ミドルレベルの経営陣である。このミドルレベルの経営陣の形成する経営戦略も，現場レベルの販売部門や生産部門等の状況の変化によって影響を受けることになる。あるいは，現場レベルでの生産や販売の実態が当初の計画とは乖離することもあるだろう。そのために，トップマネジメントを中心に計画的に形成された経営戦略でも，変更する必要性も生まれることがある。こうして結果として形成される経営戦略は，当初の考えどおりの結果にならない場合が多くなると言えるだろう。

ミンツバーグはこのような状況を，興味深い図表１－１にまとめている。まずトップマネジメント経営者を中心として，意図した戦略が形成される。その意図した戦略が実際に実行される段階では計画的な内容に作り変えられるが，当初の予定したとおりの結果が生まれず，それにとって代わって現場部門から経営戦略が形成される。それが創発された戦略（emerging strategy）である。

図表１－１　計画的戦略と創発的戦略

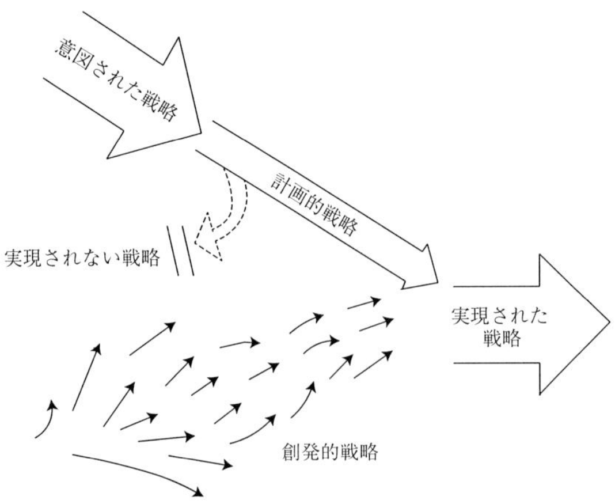

出所：斎藤嘉則監訳『戦略サファリ』東洋経済新報社，1999 年，13 ページ。

その創発された戦略が計画された戦略を部分的に補完・修正を行う。あるいは計画的に形成された戦略が部分的に棄却され，実際の経営戦略が形成されることが示されている。

経営戦略の形成は，このように実際には経営陣だけで決められるものではない。関係する社内のさまざまな部門，担当者，さらには顧客との対話，そして近年では株主を含む多様なステークホルダーとの対話が重要な戦略形成のプロセスを形成すると認識されるようになってきた。これは，企業を取り巻く環境の複雑化，未来の不確定性の進展，なかでも地球温暖化対策や社会的責任（corporate social responsibility）に対応することも，経営戦略に組み入れる必要性が生まれているためである。そして，経営戦略の形成は1回限りのプロセスではなく，継続的なプロセスとして実現されている。企業を取り巻く環境状況が不透明になり，持続的に未来に向けて理想とする企業活動を実現するためには，従来にはない創造的なアイデアで，新たな戦略をデザインする取り組みも求められている。そのデザイン活動を推進するには，経営理念やミッション，あるいはパーパスの明確化，そしてビジョンの策定が必要不可欠になっている。

第3節　経営戦略に必要な経営理念とビジョン

1. 経営理念もしくはミッションあるいはパーパスとは何か

経営戦略に関連する言葉として経営理念（management philosophy）やミッション（mission），もしくはパーパス（purpose），さらにはビジョン（vision）という言葉を目にすることが多くなっている。これらの間には密接な関係が存在するが，人によりその言葉の使われ方が異なる場合もある点には注意が必要である。

経営理念あるいはミッションは，一般的には当該事業活動の社会に対する存在意義，もしくは目的を意味する。存在意義を示すものであるため，当該企業のすべての従業員にその存在意義である事業活動を実現することが求められることになる。このような経営理念は従業員の心構えや行動指針を意味することからミッションとも呼ばれ，激しく不透明な環境変化のなかで，経営戦略を実現する際に重要な役割を果たしている（佐宗，2019）。

経営理念は事業活動が大きく変化することがあっても，その基本的内容は大きく変化することはないが不変ではない。状況に合わなくなるときに，部分的に修正することは行われる。不変の部分は当該企業の存在意義の核心となる部分である。この部分は，創業者の強い思いを表す側面で，創業者の価値観を表現する部分と言えるだろう。創業者がなくなり新たな経営者の時代になり，なおかつ市場の状況も変わっている場合でも，その基本的な価値観の側面は尊重される。それが，当該企業の核心となる存在意義だからである。

企業の存在意義が創業当初に比べてそれほど変化しなくても，その企業が行う事業内容を大きく変更することは可能である。たとえばトヨタ自動車は，もともとは紡績業から出発し，その紡績をより効率的に行うための紡績機の開発と製造へと進出している。そして時代の変化に応じ，顧客の求める自動車の製造事業へと進出している。このような事業内容の変化はあるが，その経営理念の価値観の側面は変化せず，さらに追加もされている。トヨタ自動車の経営理念として受け継がれてきたのが「豊田綱領」と呼ばれるものである。これが現在のトヨタ自動車の経営理念の核心部分になっているもので，創業者の豊田佐吉翁の考えをまとめたものとされている。当初から確固たるものがあったわけではなく，従業員へ周知徹底するためにまとめられたもので，1935年に公表されている。具体的内容は以下のとおりである。

「一，上下一致，至誠業務に服し，産業報国の実を挙ぐべし
一，研究と創造に心を致し，常に時流に先んずべし
一，華美を戒め，質実剛健たるべし
一，温情友愛の精神を発揮し，家庭的美風を作興すべし
一，神仏を尊崇し，報恩感謝の生活を為すべし」

（トヨタ自動車ホームページ）

以上の綱領が存在する一方で，時代の変化のなかで現状に対応する「基本理念」が作られている。現在のトヨタの基本理念は以下のように現代の状況に合

うような内容に変えられている。

「1，内外の法およびその精神を尊守し，オープンでフェアな企業活動を通じて，国際社会から信頼される企業市民をめざす
2，各国，各地域の文化，慣習を尊重し，地域に根ざした企業活動を通じて，経済・社会の発展に貢献する
3，クリーンで安全な商品の提供を使命とし，あらゆる企業活動を通じて，住みよい地球と豊かな社会づくりに取り組む
4，様々な分野での最先端技術の研究と開発に努め，世界中のお客様のご要望にお応えする魅力あふれる商品・サービスを提供する
5，労使相互信頼・責任を基本に，個人の創造力とチームワークの強みを最大限に高める企業風土をつくる
6，グローバルで革新的な経営により，社会との調和ある成長をめざす
7，開かれた取引関係を基本に，互いに研究と創造に努め，長期安定的な成長と共存共栄を実現する」（トヨタ自動車ホームページ）

以上のように，このトヨタの基本理念は「豊田綱領」に，新たな事業展開に必要な理念が追加された内容になっている。これは時代の変化，事業内容の変化にともなうものと考えられる。具体的事業内容について，経営理念では触れられていない点がトヨタの経営理念の特徴である。

経営理念は企業の存在意義を広く社会に示すものだが，社会の変化に応じてその内容を大きく変える企業もある。従来は単一的な経済的価値を示す経営理念が多かった。しかし時代の変化とともに，生活者としての消費者や地域住民，さらには企業活動を担う従業員を含む企業の利害関係者たちの共感と協力なくしては企業の存続ができなくなっている。そのことを反映し，社会的に公正な行為，環境への配慮といった問題への積極的な取り組みを組み入れた複合的な価値観や行動規範をもつようになってきている。また，広範な利害関係者に対する企業の社会的責任を明記した経営理念も多くの企業で採用されてきている。

先にあげたトヨタでは，経営理念に基づいて具体的に従業員がとるべき行動の指針が，ミッション（mission）とバリュー（value）として示されている。トヨタ自動車の場合は，ミッションの位置づけに独自性があり，バリューを実行に移す際の基本的心構えがミッションとして以下のように示されている。

［バリュー］
「ソフトとハードを融合し，パートナーとともにトヨタウエイという唯一無二の価値を生み出す」

［ミッション］
「わたしたちは，幸せを量産する。
だから，ひとの幸せについて深く考える。
だから，より良いものをより安くつくる。
だから，1秒1円にこだわる。
だから，くふうと努力を惜しまない。
だから，常識と過去にとらわれない。
だから，この仕事は限りなくひろがっていく。」（トヨタ自動車ホームページ）

このようなトヨタの事例の他に，多くの企業でも広範な利害関係者に対する社会的責任を明記した経営理念が採用されている。

東レも経営理念の他に，利害関係者との関係についての経営基本方針，そして行動指針を示している。この経営基本方針は利害関係者として顧客，社員，株主，地域社会が挙げられ，それらに対する方針が以下のように示されている。

「顧客のために　新しい価値と高い品質の製品とサービスを
社員のために　働きがいと公正な機会を
株主のために　誠実で信頼にこたえる経営を
地域社会のために　社会の一員としての責任を持ち相互に良好な関係を」（東レホームページ）

以上のように東レも，企業が成長し社会との関係性が重要になり，経営理念に積極的に組み入れている。このような経営理念等を明示することは，当該企業の存在意義を企業の内外に示すことを目的にしている。経営者だけでなく，全従業員が意欲をもって積極的に職務に取り組むためにも必要になっている。そして，顧客や地域社会との積極的な関係を構築することが求められているからである。

2．ビジョン（vision）と目標（goal）

経営理念等と並んで，ビジョンと目標と呼ばれるものが策定されるようになっている。しかし，企業のなかにはビジョンを策定してもそれを公表しない企業も多くある。経営戦略の具体的内容に関係するからである。しかし公表しなくても実際に策定している企業は多い。そして積極的にビジョンを策定し，それに基づいて経営戦略を策定する企業が増えている。ビジョンについて，アーカー（Aaker, D. 2001）は３つの機能が存在することを指摘している。

第１の機能は企業の戦略上進むべき方向性を示し，導くという機能である。第２の機能は当該企業にとって，中心となる主力事業を明らかにする機能である。そして第３の機能が最も重要となる機能で，組織の人々に働く上での共感を生み出すという機能である。この３つの機能を果たすために，ビジョンは以下の２つの特徴をもたなければならないとされている。

第１の特徴は，ビジョンは経営理念に基づいて長期にわたって情熱をもって取り組むべきコア事業のあるべき未来像と，それへの到達のステップを示さなければならない。そして第２の特徴は，大胆な目標を示すことである。これにより，明快かつ説得力をもって意欲と挑戦心を掻き立てることが可能になるとされている。以上２つの特徴をもつビジョンが経営戦略策定の際の指針として機能することが期待されている。

では，なぜこのようなビジョンの策定が多くの企業で採用されるようになったのだろうか。その背景にあるのは，企業を取り巻く環境の不確実性の度合いが高くなり，さらに変化速度も速くなっている点を挙げることができる。未来が不確実であり，それに対応するためには従来の企業活動の存在意義を根本的に見直す必要があるからである。

最初に行わなければならないのは，未来が不確実ななかで，事業とは当該企業にとり何であるべきかを考えることである。存在意義までさかのぼって事業の見直しを行い，あるべき事業について10～20年後の将来への展望を示すビジョンを策定することが必要とされるようになったといえるだろう。

一方，ビジョンについて異なる視点からその問題点が指摘されている。ビジョンについてアメリカIBMの元会長であるルイス・ガスナー（Gerstner, L. V.）は，次のように述べている。「ビジョンをまとめると，自信と安心感が生まれるが，これは実は極めて危険なことだ。ビジョンは大部分，志を表明するものであり，社内に熱意と興奮を作り出す役割を果たす。しかしその性格上，志を現実に変える道筋を示す点では役に立たない。」（ガスナー，2002，295ページ）とその問題点を指摘している。ガスナーによると企業を取り巻く環境は絶えず変化しており，顧客が求める商品も変化している。このような変化に対応するには，絶えず変化の現実を分析する必要があると述べている。ガスナーはビジョンを経営戦略策定の際の不変の前提と捉えてしまい，競争環境の分析を阻害する点を指摘しているのである。

ビジョンを不変の前提として捉えるのではなく，さまざまな議論を行う出発点として捉えることが必要であると認識されている。具体的な経営戦略は，その積極的な議論を行った結果と捉える必要があることが指摘されている。また，ビジョンをどの程度具体化した内容とするかは，その企業が置かれている状況に依存すると考えられる。

IBMという企業が置かれている情報・通信業界は，変化の速度とその振幅が極めて大きい。このような状況では，ビジョンの第1の機能である未来への道筋を示すという機能に多くの期待をするのは困難である。ガスナーは「やり遂げること，正しくやり遂げること，競争相手よりうまくやり遂げることが，将来の新しいビジョンを夢想するより，はるかに重要である。」（ガスナー，2002，303ページ）と述べている。競争環境の変化を絶えず分析し，そのなかで経営戦略を形成しなければ，企業の存続と成長は不可能になっていることを指摘している。また，夢をもち情熱を掻き立てるというビジョンの機能は重要である一方で，一旦作られたビジョンに縛られるというマイナス面を指摘しているといえるだろう。

ガスナーは実際に経営戦略を策定し実行するなかで，経営戦略の内容を検討し修正することが重要であると述べている。不確実な状況では実践のなかで思考し，実行してその成否を確認して初めてわかることが多く存在するからである。この点をガスナーはビジョン策定の段階で考慮する必要性を指摘していたといえるだろう。そのため，企業を取り巻く環境が大きく変化する場合には，ビジョンの内容をあまり具体化するのではなく，一定の方向性を示すものにあえて留めることが求められると考えられる。そしてビジョンの第２の機能である，目標を掲げ大きな意欲を引き出す機能が重要になると言えるだろう。

以上のように経営理念とビジョンと目標は，経営戦略を考え，決定し実行する際の前提条件というよりも，広義の経営戦略として捉える必要があると考えられる。新たに経営理念に基づきビジョンを作成する際，新たな考えを発想することで，経営戦略の内容も新たなものにしていくことができる。そのような取り組みは，デザイン思考による経営戦略の策定と表現することができる（佐藤，2022）。新たな視点から，従来とは異なる経営戦略を策定するには，改めて経営理念，つまり存在意義を出発点に，ビジョン，そして目標を考える必要がある。とくにビジョンと目標に新たな視点を取り入れる必要がある。その具体例がトヨタ自動車のビジョンである。

〔トヨタのグローバルビジョン〕

トヨタ自動車はグローバルビジョンとして，自動車業界は転換期にあり未来への不確実性が高いことから，期間を特定しない独自のグローバルビジョンを公表している。以下にその内容を紹介しよう。

「笑顔のために。期待を超えて。

人々を安全・安心に運び，心までも動かす。
そして，世界中の生活を，社会を，豊かにしていく。
それが，未来のモビリティ社会をリードする，私たちの想いです。

一人ひとりが高い品質を造りこむこと。
常に時代の一歩先のイノベーションを追い求めること。
地球環境に寄り添う意識を持ち続けること。
その先に，期待を常に超え，お客様そして地域の笑顔と幸せにつながるトヨタがあると信じています。
『今よりもっとよい方法がある』その改善の精神とともに，トヨタを支えてくださる皆様の声に真摯に耳を傾け，常に自らを改革しながら，高い目標を実現していきます。」（トヨタ自動車のホームページ）

トヨタのビジョンは，未来のトヨタの詳細なあるべき姿を示すのではなく，大きな方向性を示す内容になっているのが特徴といえるだろう。そして，トヨタ従業員をはじめとする多くのステークホルダーの意欲を引き出すため，共感を生み出す表現が示されている。3年～5年の経営戦略の策定はそれぞれの時点で，ビジョンをさまざまに解釈し，環境変化に対応できる内容にすることを意識して策定されることが企図されている。そうすることで過去に囚われない，新たな発想の戦略の形成を可能にしている。

第4節　経営戦略の種類と課題

ビジョンと目標が策定された後，それを実行可能な計画に具体化する作業の段階になる。それが，3年もしくは5年間を対象とした経営戦略の策定プロセスである。その際，ビジョンで示されていた目標の達成に必要な小目標にさらに転換することが行われる。3年もしくは5年で，どこまでビジョンと目標を達成するのかが問題とされる。また，企業全体の目標と事業部・カンパニーごとの部門目標にも転換する必要がある。この目標をどのように達成するのか，それをいつまでに行うのか，具体的な内容が検討される。その際，企業環境の未来についての予測ができない状況下では，未来に向けたデザイン思考での戦略策定が行われることになる。

経営戦略の種類としては，全社レベルの経営戦略と事業レベルの競争戦略に大きく分類することができる。その具体的課題について以下説明しよう。

1．全社レベルの経営戦略

全社レベルの経営戦略は，企業の存続と成長のための事業編成が中心的な課題になる。さらに事業領域への資源分配，そして新たな事業領域の探索と創造，そして各事業領域への支援活動がその経営戦略の中心的課題になっている。

なかでも，事業領域の編成と新たな事業の探索と創造が中心的課題になる。時代の変化するなかで，顧客が求めるものも変化する。過去の事業へのこだわりから脱却し，新たな時代の変化に対応した，存在意義であるパーパスもしくは経営理念を再検討し，あるべき事業とは何かについて，検討作業と試験的な取り組みを行い，その可能性が検討されることになる。その際には，どの事業が未来の事業として適切かどうかを判断する基準があるわけではない。

一般に使用される指標としては，事業の市場成長率，市場での相対的マーケットシェア，そして既存事業とのシナジー（相乗効果）が基準として挙げられる。ビジョンで示された考えを基に，事業構成についてこの３つの基準によって考えることになる。しかし未来が予測できないなかで，この３つの基準を基にあるべき未来の事業領域とその領域編成について，客観的な基準での判断は不可能になっている。それに代わって経営理念による企業の存在意義から考え，独自の未来の事業領域を考えだす必要性が生まれている。必ずしも現時点で明確に事業領域を確定することはできない。顧客のニーズの大きな変化はすでに起きているが，それに気づくには試行錯誤での取り組みが求められる。それを中心となって行うのが企業本社の企画部門である。経営企画部門は全社に広がる事業領域に関する情報を収集し，さまざまな会議や打ち合わせの場を設定するだけでなく，優れた戦略策定のプロセスを実現することも求められるようになっている。

2．事業領域別の競争戦略

全社レベルの経営戦略によって，対象とする事業領域の範囲と事業編成が決定されると，次には各事業領域での経営戦略が策定されることになる。事業領域を担当する組織単位は，戦略事業単位（SBU: Strategic Business Unit）と呼ばれている。この組織単位で各市場において競合他社との競争が行われることになる。このSBUは事業部であったり，あるいはグループ子会社であったりする場合もある。また，複数の事業部門が担当する場合もある。事業領域別の経営戦略の基本的課題は，全社レベルの経営戦略とは異なり特定の事業領域が対象となる市場で，顧客ニーズへの積極的な適合を行い競合他社に対する持続的な競争優位性を確保し，安定的な利益を確保することである。

以上の課題を達成するためには以下の具体的な課題が検討されなければならない。

① 事業領域内の製品・サービスの具体的な内容と顧客対象を明確化する。
② 具体的な売上高と利益について目標を明確にする。
③ 製品・サービスの品質と量を実現するための経営資源，組織能力，そしてビジネスシステムの具体的内容について決定する。必要とする技術や人の能力と技能，予算について各部門や課にまで分けて詳細な実行のための計画を策定する。

以上の課題が検討されて，それぞれの事業領域別の経営戦略が策定されるが，その経営戦略案は，SBU組織のスタッフ部門が中心になり会議が行われ，策定されることになる。この経営戦略案は，全社レベルの経営戦略との調整が行われることになる。そのためには十分な議論が行われなければならない。全社レベルの経営戦略がすべて優先されるというのではなく，この調整の段階で改めてビジョンと目標について再検討されることもある。

第5節　経営戦略策定プロセスをデザイン視点から見直す必要性

経営戦略は企業の内部で複数のプロセスを経て審議され，決定される。その際に，全社レベルおよび事業領域別の戦略はどのように策定されるのだろうか。すでに述べてきたように，適合する経営戦略の実現は継続的なプロセスとして捉える必要がある。それは学習もしくはデザインの視点から，捉えなおすプロセスと言い換えることができる。

未来を予測することが困難になり，従来の経営戦略の延長で経営戦略を考え，策定するのでは状況の変化には対応できなくなってきたことが第１の理由である。演繹的に過去の戦略から推論し，経営戦略を策定することが徐々に困難になっており，それに代わる策定の方法が必要とされているのである。第２に，演繹的な推論での経営戦略の策定では，企業ごとに異なった戦略の形成は不可能といえるだろう。類似する経営戦略が策定され，その結果，競争優位性を生み出すことが困難になると考えられる。それに代わって，デザインの視点から戦略形成を捉える必要性があるといえるだろう。さまざまな考えをとり入れ，帰納的，つまり試験的に策定し実行して，その結果から戦略の策定と修正を繰り返す必要性が生まれてきたといえるだろう。それは伊丹のいう第２レベルの適合と言い換えることができる（伊丹，2012，26～28ページ）。そのためには，まず企業の存在意義から考え，未来の理想とする姿を考える必要がある（佐藤等，2022）。

一般に，ビジョンとしては10年から20年後の未来のあるべき姿を考えだすことが求められる。次にそのビジョンに基づいて，経営戦略が具体的に策定されるが，対象とする期間は３年から５年が一般的である。策定の頻度も，３年から５年に１度になる。このような経営戦略の策定と実行のプロセスは，いくつかの段階に分けて理解することができる。代表的なホファーとシェンデル（Hofer & Schendel, 1978）の示す戦略策定モデルは，以下の７つの段階から構成されている（ホファー＆シェンデル，1980，53～54ページ）。

① 戦略の識別。現在の戦略と戦略構成要素の評価。
② 環境分析。主な機会と脅威を発見するための特定の競争環境と一般的環境の評価。
③ 資源分析。次の第４ステップで識別された戦略ギャップを縮小するのに利用可能な主要なスキルと資源の評価。
④ ギャップ分析。どの程度現在の戦略の変更が必要かどうかを決めるた

め，環境における機会と脅威に照らし，その目標，戦略，資源を比較すること（注：多くのモデルではこのステップは明示的というよりも潜在的である）。

⑤ 戦略代替案。新戦略が盛り込まれている戦略オプションの識別

⑥ 戦略評価。株主，経営者層，その他のパワー保持者や利害関係者の価値と目標，利用可能資源，およびこれらを最善に満たすような代替案を識別するため，現在の環境の機会と脅威という観点から戦略オプションを評価すること。

⑦ 戦略選択。戦略実施の立場からする１つまたはそれ以上の戦略オプションの選択。

以上のホファー等の想定するプロセスは演繹的に行われる戦略の策定と評価のモデルであるが，それだけでは現代の戦略策定には十分ではないと考えられる。3年5年という時間の経過の間には，策定された経営戦略が想定した状況と実際の状況が大きく乖離することがしばしば起きる。このような乖離を埋めるためには，定期的に経営戦略の見直し作業を行う必要がある。見直すのは主に数値上の目標になるが，それだけでは対応できなくなっており，数値の変更だけでなく戦略実行に必要な経営資源や組織能力，そしてビジネスシステムの大幅な転換が求められるようになっている。

さらに素早いリアルタイムでの対応も求められてきている。そのために戦略実行の結果を即時に確認できる情報システムの開発や，実行部門からの報告を頻繁に行うことも行われるようになっている。これらの結果を基にパーパスとしての存在意義から，戦略の見直しを行う必要がある。その上でビジョンが策定され，その計画段階として経営戦略の策定と実行，そしてまたその見直しというプロセスを繰り返すことが求められている。このような取り組みの変化が経営戦略策定プロセスで生まれている。3年から5年という期間で戦略の変更をするのではなく，10年～20年後を考えた経営戦略の取り組みが求められるようになっている。そのビジョンに基づき，3年から5年の経営戦略について理想実現の多様なアイデアを組み入れた内容にすることが求められるようにな

っている。

第６節　まとめ

経営戦略を巡って，その規定要因と形成プロセスについて説明してきたが，皆さんが日常的に接する企業活動の背景には広い意味での経営戦略が存在することがおわかりいただけたのではないだろうか。とくに環境変化の速度はさらに早まり，変化の規模も大きくなっている。その状況下では，未来に向かって経営理念から検討し，その向かうべき事業が何であるべきかから出発する必要性が指摘できる。つまり企業の存在意義にまで掘り下げた問いかけから出発し，それを実現するための 10 ～ 20 年のビジョン，そしてそのビジョン実現のための３年から５年の経営戦略の策定が必要とされているのである。さらに変化に対応できる戦略を策定するには，従来とは異なるデザイン思考を取り入れた戦略策定プロセスを実現する必要性が指摘されている。しかし，どのように行うのかについては，まだ十分には明らかになっていない点も多く存在する。

【参考文献】

Arker, A.（2001）, *Developing Business Strategies*, John Wiley & Sons.（今枝昌宏訳『戦略立案ハンドブック』東洋経済新報社，2002 年）

Barney, J.（2002）, *Gaining and Sustaining Competitive Advantage（second edition）*, Prentice Hall.（岡田正大訳『企業戦略論―競争優位の構築と持続』上・中・下，ダイヤモンド社，2003 年）

Gerstner, L. V.（2002）, *Who says Elephants can't dance?*,（山岡洋一・高遠裕子訳『巨像も踊る』日本経済新聞社，2002 年）

Hamel, G. and Prahalad, C.（1994）, *Competing for the Future*, Harvard Business School Press.（一條和生訳『コア・コンピタンス経営』日本経済新聞社，1995 年）

Hofer, C. W. and Schendel, D. E.（1978）, *Strategy Formulation:Analytical Concepts*, West publishing Company.（奥村他訳『戦略策定』千倉書房，1980 年）

Mintzberg, H., and Ahlstrand, B. and Lampel, J.（1998）, *Strategy Safari: A guided tour through the Wilds of Strategic Management*, Free Press.（斎藤嘉則監訳『戦略サファリ』東洋経済新報社，1999 年）

Porter, M. E.（1980）, *Competitive Strategy*, Free Press.（土岐他訳『競争の戦略（新訂

版)』ダイヤモンド社，1982 年）
伊丹敬之（2012）『経営戦略の論理（第 4 版)』日本経済新聞社。
佐宗邦威著，DIAMONDO ハーバード・ビジネス・レビュー編集部編（2021）「組織の「存在意義」をデザインする」『PURPOSE パーパス』ダイヤモンド社，31 ～ 63 ページ。
佐藤典司・八重樫文監修著，後藤智・安藤拓生著（2022）『デザインマネジメント論のビジョン』新曜社。
東レ（2023）ホームページ　http://www.toray.co.jp/aboutus/philosophy.html（2023 年 4 月 3 日アクセス)。
トヨタ自動車（2023）ホームページ　http://global.toyota/jp/company/vision-andphilosophy/global-vision（2023 年 1 月 23 日アクセス)。
日本経営協会編（1999）『わが社の経営理念と行動指針』日本経営協会総合研究所。

第2章

競争優位性

第1節　競争要因と競争優位性

1．競争優位性とは

ポーター（Porter, M. E.）は，企業の競争優位について「競合他社とは異なるトレードオフを内包する独自のバリュープロポジションを多数の活動が適合し補強し合うバリューチェーンを通じて提供できるかどうかで決まる」としている。

やや難解な表現であるため，本書では，まず，これを紐解くことから始め，競争優位性について理解していく。

競争優位性の前提には，競争し対抗する複数の企業の存在が不可欠である。これが「競合企業」であり，自社とは異なる「競合他社」とも表現される。

「トレードオフ（trade off）」とは，両立できない関係性を示す。つまり，自社と競合他社が並び立つことなく，市場においてどちらかが生き残る関係であることをあらわしている。

また，企業が生き残るためには，「独自のバリュープロポジション」が必要であるとしている。バリュープロポジション（value proposition，価値提案）とは，企業が特定の顧客（customer segments）に対し，事業として提供する新商品やサービスを通じて，顧客ニーズに応える価値を提供することである。

つまり，競争優位性を確保するためには，顧客が認める独自の価値を提供することが求められる。

さらに，企業独自の価値は，「多数の活動が適合し補強し合うバリューチェー

図表２－１　バリューチェーン

	企業インフラ（経営管理）					マージン（利益）
支援活動	人的資源管理					
	技術開発					
	調達					
主要活動	購買	製造・オペレーション	出荷	営業・マーケティング	サービス	

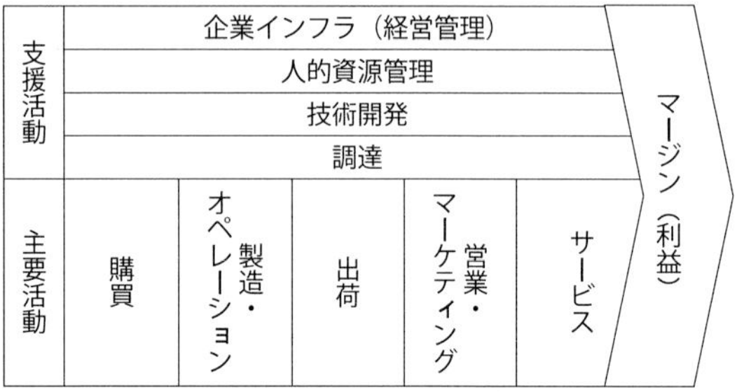

出所：Porter, M. E. (2008), *On Competition Updated and Expanded Edition*, Harvard Business School Publishing Corporation.（竹内弘高監訳『〔新版〕競争戦略論Ⅰ』ダイヤモンド社，2018年）より筆者作成。

ン」を通じて提供することが求められている。バリューチェーン（value chain）とは，企業活動を通して生み出される価値の連鎖である（図表２－１）。

バリューチェーンは自社内だけでなく，取引先や顧客にも存在する。それぞれの企業のバリューチェーンは，相互に依存し合う活動によって連動する形で結びついている。企業が独自のバリューチェーンを築き上げることも競争優位性を獲得する上で重要な要素となる。

なお，ポーターは業界内の単一企業のバリューチェーンについては，「バリューシステム（value system）」と呼んでいる。

以上を踏まえると，企業の競争優位とは，企業が市場において生き残るために，いかに顧客ニーズに応える自社独自の価値を自社内や取引先と連携し合いながら提供し続けられるかということで決まる，ということができる。

2．5つの競争要因

（1）競争要因の前提

ポーターは，企業が競争優位性を発揮しなければならない要因が５つあることを示し，５つの競争要因（five force）と称した。

５つの競争要因の前提として，企業の競合となる対象が以下の５方向に存在する。

①　同じ業界内の競合企業

企業は同じ業界内で直接競合している企業との競争に集中する傾向がある。

ただし，業界の外側にも競争優位性を発揮しなければならない相手が以下の4方向に存在する。

②　供給業者（supplier，売り手）

企業に部品や材料を提供してくれる企業であり，「売り手」とも呼ぶ。

③　顧客（買い手）

顧客は消費者（consumer）であることもあれば，法人であることもあり，「買い手」とも呼ぶ。

④　代替品

企業が提供している製品やサービスを陳腐化し，既存の市場を奪ってしまう代替品を指す。

⑤　新規参入者

他の業界や地域から既存の市場に参入してくる企業を指す。

（2）5つの競争要因とは

企業は前項の5方向に存在する競争相手がもたらす「5つの競争要因」に対抗し，競争優位性を確保しなければならない。5つの競争要因とそれぞれの競争要因に対して求められる対応は以下の①～⑤となる（図表2－2）。

図表２－２　５つの競争要因

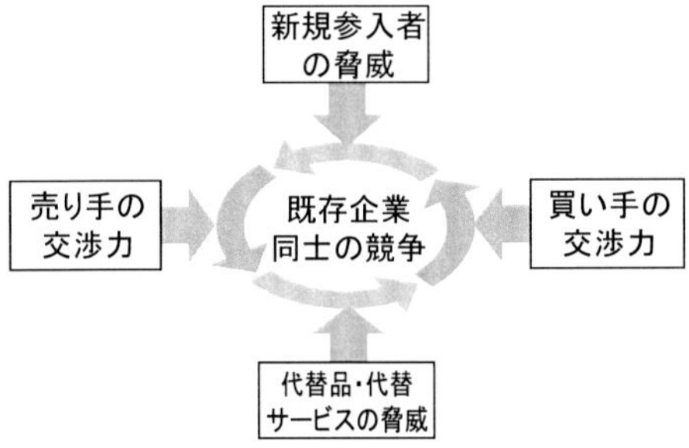

新規参入者の脅威
売り手の交渉力
既存企業同士の競争
買い手の交渉力
代替品・代替サービスの脅威

出所：Porter, M. E. (2008), *On Competition Updated and Expanded Edition*, Harvard Business School Publishing Corporation.（竹内弘高監訳『〔新版〕競争戦略論Ⅰ』ダイヤモンド社，2018年）

① 既存企業同士の競争

同じ業界内に存在し市場を奪い合う企業同士がもたらす競争要因である。たとえば，自動車産業であれば，自動車メーカー同士での競争関係をあらわす。

企業は，競合企業と価格・品質・納期という事業の基本的な領域で競争優位性の獲得を目指し，しのぎを削ることになる。

② 売り手の交渉力

企業が取引している材料や部品の供給先などの供給業者（売り手）がもたらす競争要因を「売り手の交渉力」という。

たとえば，自動車業界であれば，自動車部品を供給する部品メーカーが自動車メーカーにもたらす影響力をあらわすことになる。

売り手のほうが大手企業である場合や，半導体やレアメタルのように他に適切な供給業者が見つからない場合，企業は競争優位性を獲得する手段を模索することになる。

③ 買い手の交渉力

企業に対して顧客（買い手）がもたらす競争要因を「買い手の交渉力」という。買い手は，法人の顧客であることもあれば，消費者であることもある。

企業は，顧客からの値引交渉や，顧客からのコスト増加につながる要求（品質の向上，納期の短縮，小口配送等）に対応するための手段を模索し，競争優位性の獲得を目指す。

なお，②「売り手の交渉力」から，①「既存企業同士の競争」，③「買い手の交渉力」にかけての横軸は，バリューチェーンの「主要活動」と密接に関係している。

④ 代替品の脅威

企業の製品やサービスに対して代替となり得る製品やサービスがもたらす競争要因である。

過去の代替品の例としては，通信市場で大きなシェアを誇った折畳式携帯電話が，スマートフォンの登場によってすべて置き換わってしまったという事例がある。

同じ機能，あるいは，高機能であるにもかかわらず低価格の製品や他業界の製品によって置き換えられてしまう脅威に対して，競争優位を獲得する方法を模索することになる。

⑤　新規参入の脅威

既存の業界に新たな企業が参入して競争が激化し脅威となることでもたらされる競争要因である。たとえば，異業種からの参入や海外等の他地域からの参入がこれにあたる。

そこで，次項では，企業が新規参入者に対して競争優位性を確保するための参入障壁の構築について学ぶ。

３．参入障壁

企業は，「新規参入者の脅威」に対抗し，競争優位性を確保し維持するため，参入障壁を設ける。一方，新規参入者は参入障壁を突き破り，競争優位性の獲得を目指す。

ポーターによると以下の７つの参入障壁がある。

①　規模の経済

事業規模の大きい企業ほど，大量生産により製品１個あたりの固定費用の割合を薄めることができ，コスト削減効果が高まるため，新規参入者に対して参入障壁を築くことができる。

なお，固定費用とは，企業の売上高等に影響を受けることなく，一定に発生する費用であり，事業を継続する上で固定的に発生する費用である。

新規参入者はこの参入障壁によって，市場への参入当初から多額の投資が求められるため，コスト面で不利な競争を強いられることになる。

②　ネットワーク効果

企業が製品やサービスに多くの顧客を集め，ネットワーク効果を創出する状況も新規参入者に対する参入障壁となる。

ネットワーク効果とは，製品やサービスを購入する顧客が増えるほど，顧客がその製品やサービスに支払ってもよいと考える金額が増加する状態，あるいは，企業の価値が増大する状態を指す。

企業がネットワーク効果を得て，相当数の顧客を確保し増加し続けている状況においては，新規参入者がその企業の競争優位性を覆すことは難しい。

③　スイッチングコスト

スイッチングコスト（switching cost）とは，企業が取引先（売り手）を変更する場合に生じる費用である。

企業が取引先を変更する場合，新たな購入品に合わせた仕様の変更や，従業員への研修，業務プロセスや情報システムの修正を行わなければならないため，多額の費用（スイッチングコスト）の負担が発生する。

新規参入者が自社の製品やサービスに切り替えてもらうため，すでに他社の製品を活用している顧客に多額のスイッチングコストの負担を強いることになる場合，顧客は新規参入者からの購入を控えるため，競争優位性を獲得できないことになる。

④　投資資金

新規参入において多額の投資が必要になる場合，新規参入者にとっては参入障壁になる。とくに広告宣伝費や研究開発費等，投資後の回収の見込みが不透明な資金が必要な場合，こうした資金を調達し投資できない企業は新規参入ができず，競争優位性を獲得できないことになる。

ただし，市場の収益性が高い場合，金融機関や投資機関が新規参入者に対して積極的に多額の資金を融資する場合もあり，資金面が参入障壁として機能しない場合もあることに注意する必要がある。

⑤　製品・サービスによる差別化

既存企業が製品・サービスのコスト面や品質面において差別化ができている場合，新規参入者にとって参入障壁となる。

既存企業が差別化する方法としては，独占的な技術，希少な原材料への優先的な取引権，立地面での優位性，ブランドに対する顧客のロイヤルティ（loyalty）等がある。新規参入者は，既存企業の差別化要素に対抗し，競争優位性の獲得を目指すことになる。

⑥　流通チャネルの確保

既存企業が製品・サービスを流通させる経路を確保している場合，新規参入者にとって参入障壁となる。

新規参入者が自社の製品・サービスを流通させ競争優位性を獲得するためには，既存企業の流通チャネルに対抗し，独自の流通チャネルを開拓する必要に迫られる。

⑦　政府の政策

政府が特定の業界（通信，医薬品，建設他）への新規参入を制限，あるいは，禁止している場合，新規参入者にとって参入障壁となる。

新規参入者は，政府に申請し認可を得る必要があるが，政府の方針によって，参入障壁が強化されることもあれば，参入が促進されることもある。

第２節　経営資源と競争優位性

1．経営資源

経営資源とは，企業の経営活動に必要な資源や能力である。前節では，企業の外部の存在に対する競争優位性の確保について学んだ。

本節では，企業が競争優位性を確保するため，企業の内部にある経営資源も重要な要素となることを学ぶ。

企業の経営資源には，「ヒト（人的資源）」「モノ（物的資源）」「カネ（資金）」「情報（情報資源）」がある。

①　ヒト（人的資源と組織）

企業は競争優位を確保するため，優秀な人材（ヒト）を確保することが求められる。また，個々の人材だけでなく，人間関係を組織として機能させる必要がある。

バーナード（Barnard, C. I.）は，組織を「2人以上の人間の意識的に調整された活動や諸力のシステムである」と定義した上で，組織には，「貢献意欲（willingness to serve）」「共通目的（common purpose）」「コミュニケーション（communication）」の３要素が求められるとした。

なお，バーニー（Barney, J. B.）は，組織資本（organization capital）という形で，人的資源から組織の要素を独立させている。

現在，SDGs（Sustainable Development Goals）が掲げているように，企業にお

けるジェンダー平等や柔軟な働き方という要素も，多様かつ優秀な人材を集め，モチベーションや貢献意欲の高い組織を構築し，企業が競争優位を確保する上で，重要な要素になっている。

② モノ（物的資源）

企業の経営資源にとって，設備や機械等（モノ）を保有することも競争優位を確保する上で重要な要素である。企業が保有する設備や機械等の資産を有形固定資産という。

こうした資産は，取得する上で多額の資金や多くの時間が必要となり，競合他社では早急に入手が困難な資産もあるため，差別化の要素となり得る。

ただし，競争優位を確保するためには，いくつかの注意点がある。

まず，製造業企業が高価な加工用機械を購入しても，自社よりも大手の企業と同じ機械を購入した場合には，必ずしも差別化にならない。むしろ，大手企業と価格競争に陥るリスクがあるため，注意が必要である。

もう1つの注意点は，サービス化への対応である。デジタル化の進展により，クラウドサービス（cloud services）等を通じて，高額の有形固定資産を保有していなくても，顧客同士をマッチングすることで顧客ニーズに応えるサービスとして提供できるようになった。

たとえば，ホテルという有形固定資産をもたなくても，自宅を含め宿泊施設を貸したい人と泊まりたい人をマッチングするサービスにより，宿泊サービスを提供できてしまう。こうしたサービスの進展は，有形固定資産を保有する企業から競争優位性を奪う可能性がある。

③ カネ（資金）

企業にとって資金力（カネ）も競争優位性を確保する上で重要な要素になる。企業は，新たな設備の導入や新規事業の立ち上げを目的に，金融機関からの借り入れや，自己資金の活用等によって資金調達をする。

企業が競争優位性を確保し維持するためには，継続的な投資が欠かせないため，自社事業での安定した収益の確保とともに，金融機関（とくにメインバンク）との良好な関係の維持，適切な自己資本比率の確保と維持が重要である。

なお，自己資本比率とは，総資本のうち純資産の占める割合である。自己資本比率が高いほど，借入金（他人資本）への依存が少なく，安全性が高いといえる。一般的には，自己資本比率は40%で良好，70%が理想的であるといわれている。

ただし，高すぎる自己資本比率は成長への投資が不十分であるともいえるため，競争優位性を確保するためには適切な投資も心掛ける必要がある。とくに近年の日本企業は将来のリスクに備えて，内部留保と称される自己資金の貯めこみが顕著であり，成長への投資が求められている。

④　情報（情報資源）

近年のデジタル化の進展により，企業が競争優位性を確保する上で，情報資源の位置づけは重要度を増している。

伊丹は，企業において最も特異性が高い経営資源は企業の内外に蓄積された知識としての情報（情報的経営資源，以下，情報資源）であるとした。

情報資源には，企業に蓄積されたノウハウ，技術，熟練度，顧客情報，企業の外部に蓄積された当該企業についての信用，イメージ，ブランドなどが含まれる。つまり，情報資源では，経営資源である「モノ（物的資源）」で取り上げた有形固定資産とは対極にある「無形（固定）資産」が対象となる。

企業は競争優位性を確保するため，デジタル化による経営革新であるDX（digital transformation）に取り組み，情報資源を活用し，企業の競争優位性を強化する取り組みを進めている（「DX戦略」については第15章を参照）。

2. コアコンピタンス

企業が経営資源を活用し，企業を成長させ，競争優位を確保し続けるためにはどのような能力をもてばよいのだろうか？

プラハラッドとハメル（Prahalad & Hamel）は，企業の成長を可能にするコアコンピタンス（core competence，中核能力）について「顧客に特定の利益をもたらすスキルや技術の集合体である」とした。また，「競争力の源泉であり，個々の製品やサービスは果実である」としており，コアコンピタンスは，製品単位のものではない，ということに注意する必要がある。

また，プラハラッドとハメルは，企業のコアコンピタンスには，3つの条件があるとした。

① 顧客価値

顧客に価値をもたらすものであることが求められる。企業は競争力を高めるために，顧客に認知されている価値を他の何よりも高めることが重要である。

② 模倣困難性

企業のスキルや技術が競合他社によって模倣困難であり，その企業のスキルや技術が競合他社と比較して数段優れているという水準が求められる。

③ 多様な市場への展開

単一の市場ではなく広範で多様な市場へ参入する可能性をもたらす能力であることが求められる。

3．リソース・ベースド・ビュー

（1）リソース・ベースド・ビューとは

バーニー（Barney, J. B.）は，リソース・ベースド・ビュー（resource-based view of firm，以下，RBV）を提唱し，企業は個々に異質で複製に多額の費用がかかる経営資源を活用することで競争優位性を確保するとした。

RBVには2つの前提がある。1つは「経営資源の異質性（resource heterogeneity）」であり，企業は企業ごとに異なる経営資源の集合体であるという前提である。

もう1つは，「経営資源の固着性（resource immobility）」であり，企業の経営資源には複製企業が大変大きく，その供給が非弾力的（変化に対してあまり反応を示さない性質）であるという前提である。

その上でバーニーは，企業が保有する経営資源が市場の機会を活用でき脅威を無力化し，同種の経営資源を保有する企業がごく少数であり，経営資源を模倣するためのコストが非常に高いか，供給が非弾力的である場合，その経営資源は企業にとって競争優位の源泉となるとした。

（2）VRIOの問い

バーニーは競争優位性を分析する手法としてVRIO分析を提唱した。

VRIO分析は，経済価値（value），希少性（rarity），模倣困難性（inimitability），

組織（organization）という企業活動に対する４つの問いによって構成されており，その頭文字（VRIO）を取って名付けられている。

①　経済価値（value）に関する問い

企業が保有している経営資源や能力（capability）によって，市場の機会や脅威に適応できるか？

②　希少性（rarity）に関する問い

企業が保有する経営資源や能力を，どれくらいの競合企業がすでに保有しているのか？

③　模倣困難性（inimitability）に関する問い

企業が保有する経営資源や能力を保有していない競合他社は，同様の経営資源等を獲得するためにコスト面で不利な立場に置かれるか？

④　組織（organization）に関する問い

企業は自社が保有する経営資源や能力を活用して，組織能力を十分に発揮できるよう組織的な方針や手続きが整っているか？

（３）VRIO フレームワーク

企業に対する経済価値（V），希少性（R），模倣困難性（I），組織（O）の問いをもとに，企業の競争優位やコアコンピタンスの状況を示したフレームワークが VRIO フレームワークである（図表２－３）。

企業が保有する経営資源に「経済価値がない」場合，企業は市場の機会を活用，あるいは，脅威を無力化するための経営戦略を実行できない。経済価値のない経営資源は企業にとって弱みとなるため，取り除く必要がある。

企業が経営戦略を実行する際，経済価値のない経営資源を活用すると，その経営資源を保有していないか，保有していても使用しない競合企業に対して「競争劣位」に陥ることになる。結果として，競争劣位にある企業は標準を下回る収益しか得られないことになる（図表２－３の（1））。

企業が保有する経営資源に「経済価値があるものの希少ではない」場合，経営戦略の実行において企業がこの経営資源を活用すると，競合企業に対して「競争均衡」の状態であると同時に標準レベルの収益をもたらすことになる。

図表２－３　VRIO フレームワーク

	経済価値があるか（V）	希少か（R）	模倣コストは大きいか（I）	組織的に活用されているか（O）	競争優位	コンピタンス（能力）	強み・弱み
(1)	No	ー	ー	No	競争劣位	ー	弱み
(2)	Yes	No	ー	調整項目	競争均衡	ー	強み
(3)	Yes	Yes	No		一時的競争優位	固有のコンピタンス	強み
(4)	Yes	Yes	Yes	Yes	持続的競争優位	持続可能な固有のコンピタンス	強み

出所：Barney, J. B. (2002), *Gaining and Sustaining Competitive Advantage (Second Edition)*, Pearson Education, Inc.（岡田正大訳『企業戦略論（上）基本編』ダイヤモンド社，1995 年）

企業が経営戦略を実行する際に，経済価値はあるが希少ではない経営資源の活用を怠ると競争劣位となる可能性があるという点では，この種の経営資源は企業にとって強みと位置付けられる（図表２－３の（2））。

企業が保有する経営資源が「経済価値と希少性はあるが，模倣コストが低い」場合には，企業が経営戦略を実行する上でその経営資源を活用すると「一時的な競争優位」をもたらす。

この種の経営資源を経営戦略の実行に活用する企業は，業界で最初にこの経営資源を活用し，先行者利益を獲得する企業となる。しかし，競合企業がこの競争優位を認識すると，模倣コストが低いため，容易に新規参入するか，代替製品やサービスによって同様の戦略を実行してしまう。そして，先行企業が得た競争優位は消えてしまう。

ただし，「経済価値と希少性はあるが，模倣コストが低い」という経営資源は，最初に活用した時点から，競合企業の模倣によって先行者利益が消えるまでの期間は，先行企業が業界において標準を上回る収益を獲得できる。そのため，この経営資源は，企業にとっての強みであり，「企業固有のコンピタンス」と言える（図表２－３の（3））。

企業が保有する経営資源が「経済価値と希少性があり，さらに模倣コストが大きい」場合には，企業が経営戦略の実行において，この経営資源を活用することは，その企業に「持続的な競争優位」と業界の標準を上回る収益をもたらす。

この場合，競合企業は先行者利益を獲得している企業の経営資源の模倣コストが高過ぎるため模倣できず，むしろ，模倣を試みることで競争劣位に陥ってしまうため，同様の経営戦略を実行できない。

そのため，「経済価値と希少性があり，さらに模倣コストが大きい」という経営資源は，これを持つ企業の大きな強みであり，「持続可能な企業固有のコンピタンス」があると言える（図表２－３の（4））。

なお，VRIO フレームワークにおける組織に関する問い（組織的に活用されているか）は，調整項目として機能することになる。

たとえば，「経済価値と希少性があり，さらに模倣コストが大きい」という経営資源を持つ企業であっても，組織的に活用できるような組織体制の構築に失敗していれば，確保できていたはずの収益の一部が失われるということが起こり得るのである。

第３節　まとめ

本章では，企業が競争優位性を獲得するための戦略的な取り組みについて３つのポイントを押さえておきたい。

１点目は，企業が競争優位性を確保し，生き残るためには，「５つの競争要因」を前提に，自社内や取引先と連携し合いながら，顧客のニーズに応える自社独自の価値を提供し続ける必要がある，ということである。

２点目は，企業が成長し，競争優位性を確保し続けるためには，企業独自の経営資源から生じる真の強みである「コアコンピタンス」が重要である，ということである。コアコンピタンスは，顧客から価値を認められること，模倣困難性，多様な市場への展開可能性という３つの条件をみたす必要がある。

３点目は，「リソース・ベースド・ビュー（RBV）」という戦略的な視点から，企業ごとに異質で複製に多額の費用がかかる経営資源を活用し，競争優位性を確保する，ということである。RBVの分析手法には「VRIOフレームワーク」があり，経済価値・希少性・模倣コスト・組織能力で優れた経営資源をもつ企業には，「持続可能な企業固有のコンピタンス」がある。

【参考文献】

Barnard, C. I.（1938）, *The Functions of the Executive*, Harvard University Press.（山本安次郎・田杉競・飯野春樹訳『経営者の役割』ダイヤモンド社，1968年）

Barney, J. B.（2002）, *Gaining and Sustaining Competitive Advantage（Second Edition）*, Pearson Education, Inc.（岡田正大訳『企業戦略論（上）基本編』ダイヤモンド社，1995年）

Hamel, G. and Prahalad, C. K.（1994）, *Competing for The Future*, Harvard Business School press.（一条和生訳『コア・コンピタンス経営—大競争時代を勝ち抜く戦略』日本経済新聞社，1995年）

Porter, M. E.（2008）, *On Competition Updated and Expanded Edition*, Harvard Business School Publishing Corporation.（竹内弘高監訳『〔新版〕競争戦略論Ⅰ』ダイヤモンド社，2018年）

伊丹敬之（1984）『新・経営戦略の論理』日本経済新聞社。

第3章

顧客ニーズへの適合

第1節　はじめに

近年，現代企業は情報化，グローバル化，モノづくり戦略の変化など新たな経営環境の変化にさらされている。このような経営環境の変化のなかで，近年，競争力の維持または発展に不可欠な要因の1つとして注目されているのが「顧客ニーズをいかに満たす」という課題である。私たちは，ポスト・モダン的な特徴，すなわちモダンの時代に主流であった専門家達が主導する普遍的で統一的な「大きな物語」より，数多くて異質な「小さい物語」へと移行している現代社会で生きている。さらに，21世紀に入り，過去において体験すらできなかった「ニュー・ノーマル（新しい日常）」の時代に突入しているといわれている。とくに，グローバル化や情報化の進展はポスト・モダンの傾向をさらに強化しているように見られる。このような急激に変化している経営環境のなかで，企業はいかなる経営戦略を駆使すればいいのか。日本で著名な経営学者であるドラッカー（Drucker, P., 1993）は，『現代の経営』（The practice of management）において，企業が事業を行う究極的な目的が「顧客の創造」にあると主張した。彼は主著のなかで顧客創造について以下のように語っている。

「事業家が満足させる要求は，それが充足する手段が提供される前から顧客が感じているかもしれない。中略.，，，しかし，その欲求は，単に想定されるものであって現実の欲求ではない。実際には，事業家の行為が人間の欲求を有効需要に変えたとき，初めて顧客が生まれ，市場が生まれる。欲求が感じられていないこともある。企業が広告，セールス活動，新製品の発明によって欲求を生み出すとき，初めて欲求が生まれるケースである。」

このように事業家はそもそも自社と無関係な人間（単なる消費者）に対し，彼らの欲求を満たす行為を通して究極的に顧客を創り出すことになる。さらに，ドラッカーは，顧客創造という本来の目的を達成するために，２つの企業家的機能，すなわちマーケティングとイノベーションという特有の中心的な機能が用いられるという。いずれにせよ，世の中に企業が存続するためには，マーケティングという下部の機能（functions）をいかに有効活用するかは大きな課題である。

こうして本章では，顧客創造のために「顧客ニーズをいかに掴むか」に注目する。具体的には，顧客のニーズの意義，顧客満足と顧客ロイヤルティ，顧客ニーズとマス・カスタム化という全体的な流れで考察する。

第２節　顧客ニーズの意義

まず，「顧客ニーズ（customer needs）とは何か」という定義から始めよう。顧客ニーズと類似する表現には，「顧客要求（customer requirements）」，「顧客の期待（customer expectation）」などがあるが，厳格な区分をしないままに使用する場合が多いため，ここでは顧客ニーズに限定する。一般的に，顧客ニーズとは「顧客のもっている欲求，要求，需要」という意味をもっている。

図表３－１　ニーズ，ウォンツ，ディマンドの区分

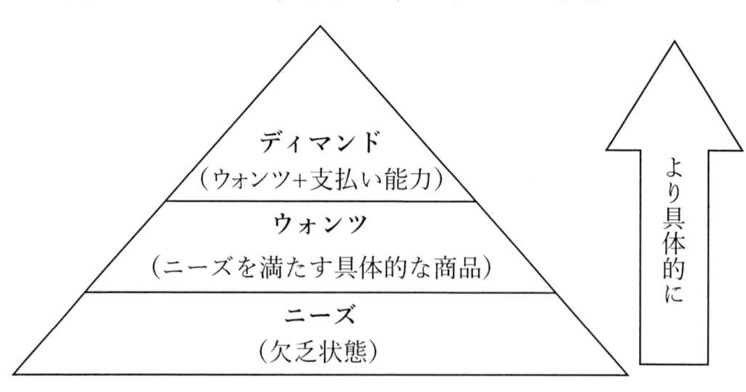

出所：筆者作成。

しかし，マーケティング分野では図表３－１が示しているように，人間がもっている欲求，要求，需要は明確に区分して使用している（鈴木・白石，1995）[1]。

まず，ニーズとは「人間が感じる欠乏状態」を指す用語であり，生理的欲求や原初的本能のことを指す。当然，経済活動する人間は，さまざまなニーズを意識したり，自覚したりするのが普通である。次のウォンツ（wants）とは，「人間のもつ固有の文化や，個人のパーソナリティによって形成されるニーズのこと」である。さらに，ディマンド（demand）とは，「買う能力があり，買うことを望んでいる人々によって支えられた特定の製品やサービスのウォンツのこと」を指す。たとえば，お腹が空いた人が「何か食べたいなあ」と思うことがニーズに該当し，空腹の状態から脱却するために具体的な商品としてカレーライスを選ぶ行為がウォンツになる。さらに，このウォンツを満たせるお金をもっている状態がディマンドになる。したがって，ニーズからウォンツへ，ウォンツからディマンドへと変わる段階で徐々に人間の有する欲求を満たす手段が具体的になる。

次に，人間のもつニーズにはいかなる方向性や段階性があるのかについて検討する。人間の心理学的な要素を経営学に取り入れ，経営管理などの一般理論として応用しているのが「マズローの欲求５段階説（Maslow's concept of hierarchy of needs)」である。この仮説によれば，人間がもつ欲求（needs）には，生理的な欲求，安全の欲求，社会的欲求，尊敬の欲求，自己実現の欲求という５つの階層があり，人間はこれらの基本的欲求によって動機付けられるという。さらに，人間の欲求は最も基本的なニーズである生理的な欲求から，徐々に安全の欲求 → 社会的欲求 → 尊敬の欲求 → 自己実現の欲求という順により高次元の欲求に動機付けられる仮説である。

企業が売れる商品をもつためには，顧客ニーズに合ったものを提供しなければならない。しかし，近年の顧客のニーズの多様化または高度化の現象は，企業が顧客ニーズを的確に把握すること自体を困難にさせている。消費者行動を観察したり，アンケート調査やヒアリングによって情報を収集したりするような経営手法は，時々刻々変化する現代の顧客のニーズにいかに答えていくかの鍵となる。また，単に顧客ニーズに答えるのではなく，一歩先を行って企業が顧客ニーズを創造していくことが新たな市場の開拓につながっていくであろう。

第3節　顧客満足と顧客ロイヤルティ

1. 顧客満足

次に，上述した顧客ニーズは企業側の課題として「いかに満たせるのか」あるいは「いかに答えるのか」という問いに触れてみよう。顧客ニーズの本質として取り上げた顧客の欲求・要求・需要を満たすという意味でしばしば登場する概念に，顧客満足（customer satisfaction）がある。この概念は，日本ではCSや「顧客満足度」とも訳され，1990年代以後，CS推進室，CS運動という形で小売業やサービス業はもちろん，自動車，家電，食品，日曜雑貨などの製造業まで広く浸透している[2]。

顧客満足に関する理論的な展開と系譜は，時代別に以下の流れがある[3]。

1950年代は，顧客満足が企業経営に必要なものとして認識された時代であり，「経営学の父」ともいわれているピーター・ドラッカー（Drucker, Peter, 1954）によって最初に取り上げられた。彼は，企業が永続的な発展を成し遂げるためには，ビジネスの目的が単なる利潤追求だけではなく，究極的に「顧客創造」に繋がらないといけないと主張した。さらに，この「顧客創造」の達成のためには，その方策として顧客満足の仕組みを構築し，事業機能としてのマーケティングとイノベーションにおける明示の必要性が強調された。その結果，魅力的な製品やサービス，コスト削減機会を獲得できるという。

1960年代は，顧客満足の理念定着と体系化の動向が見られた時期である。具体的には，顧客中心的な考えとしてマーケティング・マネジメント，マネジリアル・マーケティング論が開花した時期でもある。近年，マーケティング分野では完全に定着している4P論がマッカーシ（Macathy, J. E., 1960）によって提唱されたのもこの時期である。4P論は，断片的に扱われていた製品（product），価格（price），プロモーション（promotion），チャネル（place）に関する統一的な仕組みとして知られている。標的市場から顧客に対して自社が望む反応を引き出すために，企業がこれらのツールに組合せるマーケティング・

ミックスとしての把握の必要性について強調されている。

1970 年代は，社会価値導入と顧客満足の測定の時期である。1960 年代から始まった成長あるいは競争優位という名の下で行われた無分別的な投資は，不正・不当販売，欠陥商品販売，不正な情報提供，個人情報の漏洩などのような後遺症を生じさせる結果となった。これらの企業の動きに対しては，米国社会からの強力な反感を買い，コンシューマリズム，公害告発運動や住民運動が活発に引き起こされる大きな原因となった。また，このような社会価値を取り入れる動きは，顧客満足をどのレベルまで満たせるのかという明示的な追求目標ないし成果指標の提示を余儀なくさせた。

1980 年代は，低成長時代の突入という時期的な特徴をもっており，競合企業間の熾烈な競争が見られた時期である。高度成長を成し遂げていた 1960 年代と 1970 年代の状況とは異なり，市場の成熟化により企業間の激しい競争が繰り広げられた。その結果，顧客満足に対する企業の認識も「競合企業よりいかに競争優位に立つのか」が重要な課題となっていた。この背景の下で，この時期には競争戦略の権威者としてよく知られているハーバード大学教授のポーター（Porter, M. E., 1985）が主張した「競争優位の戦略」が経営学全般に大きな影響を及ぼすことになる。このような競争優位性を重視するような戦略的動向は，いわゆるバブル経済崩壊後である 1980 年代後半に日本においても「CS ブーム」という形で社会的な現象を引き起こした。

1990 年代には，企業間の競争がさらに激しくなり，顧客満足に関しても「関係の経済性」，すなわち，顧客との関係性を重視する傾向が表れた。これは従来のマーケティング戦略の基準として使われていたターゲット市場のなかにおいてシェア拡大を重視する傾向から脱却し，既存の顧客のロイヤルティを測定することによって選別された優良顧客を差別的に管理することに重点が置かれる傾向に変わっている。近年，関係性マーケティング，CRM，顧客ロイヤルティ管理などの用語は顧客との関係性を重視する企業の戦略と関連している。

顧客が満足するレベルにはさまざまな類型が存在する。不満足ではないが，満足してもいない「非満足」のレベルから，感動や歓びを表すほど満足している「顧客感動（customer delight)」までさまざまな形が存在している。

実際に，2000年以後，日本の産業においては，欧米企業に対する日本企業の位置付けとして「現場は強いのに会社はそれほど儲かっていない」という分析がなされている[4]。これは従来まで多くの日本の企業が展開していた経営戦略が生産現場を中心にひたすら経営資源とケイパビリティを鍛える戦略と，有利な市場ポジション獲得戦略とに傾倒しており，共通の課題として感性や感動を重視するような戦略づくりには重点を置いていなかったという反省が製造現場や学界を中心に行われている。とくに，モノづくりに感性や感動を重視する戦略を盛り込んでいるイタリアメーカーをベンチマーキングする動きもあったが，日本の産業界への導入の困難さなどを理由に，いわゆるイタリアベンチマーキングのブームは短期間で弾けるような結果となった。

しかし，近年，トヨタ自動車などのレクサスのモノづくりの高級化傾向はこのような感性や感動を重視する戦略的な取り組みと無縁ではないであろう。換言すれば，これは従来までのトヨタの顧客満足度指標が「顧客不満足（イライラ）のなさ」であったが，これからは「積極的な顧客満足（ワクワク）」も重要であることを認識していることに他ならない。

一方，顧客満足は，顧客がモノやサービスを提供される前後の顧客の評価によっても3つの区分ができる[5]。

① 期待＝実際（普通）

② 期待＞実際（不満足）

③ 期待＜実際（満足）

顧客は企業が提供するモノやサービスを購入すると同時に評価を始める。この評価に関しては，顧客が有する個人的な属性，すなわち，生まれた環境，学歴，国籍，置かれている社会的・文化的・経済的環境によって異なるため，当然主観的な評価が行われる。これもさらに，顧客がモノやサービスを手にする前の期待（欲求）と，実際に利用した後に経験するものには個人的な差異も存在する。

図表３－２　顧客満足の類型

軸	概念1	質問例	概念2	質問例
全体と個別	総合満足	全体的に見て，XYZにどれくらい満足しているか。	属性別満足	XYZの○○（属性別・部門別に，どれくらい満足しているか。
時間軸	取引特定的満足	今回，XYZを利用して，どの程度満足しているか。	累積的満足	過去半年の経験を振り返って，XYZにどの程度満足しているか。
消費段階	選択満足	XYZを選んだことは，あなたにとって良い選択だったのか。	生活満足	XYZについて，あなたの生活の豊かさにどの程度役立っているか。
感動と失望	顧客感動	XYZについて，次のような経験がどれくらいあったか：良い意味で驚いた，興奮した，楽しかった	顧客失望	XYZについて，次のような経験がどれくらいあったか：イライラした，がっかりした，怒った

出所：小野譲司（2010）『顧客満足（CS）の知識』日本経済新聞出版社，41ページ。

さらに，顧客満足については，図表3－2が示しているように，「全体と部分」「時間軸」「消費段階」「感動と失望」という４つの軸をベースに満足の程度が相異することがわかる(6)。すなわち，これは顧客が購入したモノやサービスに対して「全部満足しているか，一部だけなのか」「購入した時点だけ満足しているか，購入後も継続的に満足しているか」「購入したモノやサービスに非常に感動するほど満足しているか，満足していないのか」という顧客の反応に関連する次元である。

ではここで顧客満足を単なるマーケティングという低次元に止めるのではなく，経営戦略との関連性について検討してみよう。当然ながら，現代の企業は限られている経営資源のなかで顧客満足という目標に向かって邁進しなければならない存在である。したがって，顧客を満足させるための企業行動様式は以下の３つの「戦略的顧客満足」の条件の下でとられるべきであろう(7)。

第１に，「選択性」についてである。これは，顧客が要請するすべてのものを満たすことは不可能である前提があるため，より高次の顧客満足のためには一部の顧客満足を犠牲にすることも含むことを意味する。

第２に，「競争優位性」についてである。これは，顧客満足の方向性として常に競争相手より優れた戦略が目標として置かれる点である。グローバル化の進展が加速化している今日のような時代では，現在の競合相手企業はもちろん，今後成長可能性の高い企業や潜在能力の高い企業の市場参入を想定する，メガ・コンピティションを常に考慮することが重要である。単に顧客満足を自己満足的なレベルで止めておくことでは将来の発展は期待できないであろう。

第3に，「投資発想」についてである。これは，顧客満足に対する企業の考え方がコストとして限定される近視眼的なアプローチではなく，経営資源の投入と産出において時間的な余裕をもつ投資発想でなければならない点である。

顧客満足を重視して成功した企業の事例としては，日本マクドナルドを取り上げる（8）。まず，私達に非常に馴染み深い存在であるマクドナルドについて紹介する。世界100カ国以上でグローバルな事業を繰り広げているマクドナルド社は，日本において約2,900程度の店舗を擁しており，15万人以上の「クルー（従業員を正規雇用者と非正規雇用者を問わずそう呼んでいる）」を抱える企業である。しかし，同社は，いわゆる「ジャンクフード」を製造する企業や長時間労働にさらされる企業という汚名も着せられていた。同社はその汚名を払拭するために数多くの制度を作っている。その制度のなかで，ここではとくにEVP（employee value proposition）について紹介する。このEVPとは直訳すると「従業員価値提案」と訳されるが，近年従業員の満足度を高める重要な制度として注目に値する。

このEVPは「フレキシビリティ」「ファミリー&フレンド」「フューチャー」という3分野から成り立っている。

同社によれば，クルーの採用時に以下の4つのプロセスについて触れるという。

①競争や外部マーケット環境について理解する
②従業員が満足して働ける環境整備
③第3者から評判を得る
④EVPを伝えるコンテンツ

とくに，同社が①について考案するようになった動機は，「求職者のニーズ」

図表３－３　マクドナルドのEVPのイメージ

出所：『PR Time マガジン』（https://prtimes.jp/magazine/mcdonalds-evp-interview/）
2022年1月5日にアクセス。

や「マクドナルドが従業員に提供する価値」が何かという基本的な考え方を明らかにするためであった。

図表３－３が示しているように，従業員のEVPへの理解と拡散を通して従業員満足度の向上を図る。そのような動きは，さらに顧客サービスの向上，顧客数の増加，売上高の上昇と繋がり，最終的には利益増大をもたらすという考え方である。

２．顧客満足から顧客ロイヤルティへ

一方，顧客ロイヤルティは1990年代以後の低成長の企業の生き残り戦略として，既存の顧客のロイヤルティを測定することによって選別された顧客を囲い込むことに，大きなウェートを置いている概念である。企業にとっての顧客は新規顧客と既存顧客が存在する。ここでマーケティングの大きな役割は新規顧客の獲得とそれを維持することにあるが，新規顧客を開拓するためには，新たなコストの支出は避けられない。したがって，既存の顧客が継続的に自社の製品を購入するように手がけることが戦略上の重要なポイントになる。図表３－４が示しているように，日本における顧客ロイヤルティは，1990年代後半の低成長期に数多くの企業において導入されている。顧客ロイヤルティは，顧

客満足度を向上し，再度顧客に自社の製品やサービスを購入または利用してもらうことに主な目的がある。結果的に，このようなプロセスを通して当該企業の収益性が向上するため，顧客の生涯価値につながることになる。ここでいう顧客生涯価値とは，自社の顧客として維持することで将来のある一定期間内において企業が獲得できる利益の正味現在価値（NPV：net present value）のことをいう。したがって，顧客ロイヤルティを向上することは，将来の企業価値の向上と連動する可能性が高いと思われる。

しかし，顧客ロイヤルティは，自社製品の購入後，顧客自身の今後の利用意向（いわゆるリピーター）や家族や友人など第三者への推奨意向など具体的な行為がともなうかどうかが顧客満足と区分する相違点となりうる[9]。

では顧客ロイヤルティを高めるには，いかに戦略を立てるべきなのか。最も高い付加価値を生み出す可能性のある顧客を見極め，こうした顧客の維持に努め，彼らのマインドシェア（Mindshare）を高めることが重要である。ここでいう「マインドシェア」とは，顧客の心のなかで，その企業がどのようなポジションを占めているかということを指す用語である。

したがって，顧客が他にもっと良い企業や他店の魅力的な商品を見つけたらすぐにでも移りたいと思うならば，その企業や店舗のマインドシェアは低い。こ

図表３－４　日本の顧客ロイヤルティ

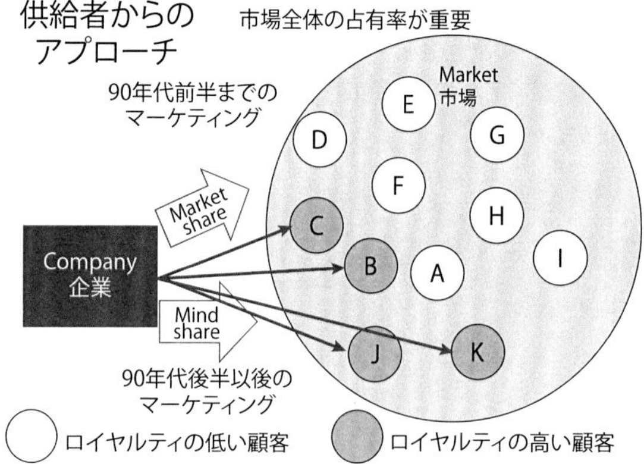

出所：筆者作成。

れに対し，商品やサービスに満足しており，今後も継続的に自社との取引を続けたいと顧客が思うならばマインドシェアは高い。これと関連して，顧客が自社からの離反率を5%程度改善することだけで，クレジットカード会社は75%，自動車ディーラーは30%，保険会社50%の利益率の向上を味わうことができると主張している[(10)]。

実際に，顧客ロイヤルティの向上のためには，図表３－５が示しているように，RFM分析が行われている。要するに，自社製品やサービスを購買している顧客の性向について，直近購買日（recency），購買頻度（frequency），購入金額（monetary value）という尺度をもって測定する方法のことをいう。各々の基準を１～５に設定（125 = 5 × 5 × 5）し，顧客価値が高い人々に対して手厚い優遇をするというマーケティング手法の１つである。

実際に，フリークエンシー・プログラム（frequency program）は，自社の利益貢献度が高い顧客ほど大切な顧客であり，彼らに手厚いインセンティブを提供するマーケティングのことをいう[(11)]。これは具体的に，近年日本でも自社の優良顧客を囲い込む戦略として知られている「ポイント制度」や「ロイヤルティ・プログラム」などがある。これは事例としてアメリカン航空が1981年に実施したマイレージ・プログラムが見られるが，日本では1992年に航空会社から導入した実績がある。

日本においても近年顧客ロイヤルティに成功した事例としてはプロ野球球団の広島カープがある。同球団は，親会社をもたない新球団の形で近年毎年業績を上げている。日本のプロ野球球団は，全体的に年々集客数が減少する傾向を

図表３－５　RFM分析（顧客選別の基準）

顧客分類の基準	内容	尺度
直近購買日	「どの顧客が最も近く自社製品やサービスを購入したのか」	R1-R5
購買頻度	「自社製品やサービスをどの程度で購入または利用しているのか」	F1-F5
購入金額	「顧客が自社製品やサービスに対してどの程度の金額を支出したのか」	M1-M5

出所：ヒューズ，アーサー著，秋山耕訳（1999）『顧客生涯価値のデータベース・マーケティング―戦略策定のための分析と基本原則』ダイヤモンド社，65～72ページ。

見せているが，同球団は，ファンと球団の一体化という差別化戦略を通して増収増益を実現している。

3. 顧客ニーズとマス・カスタム化

近年，顧客の個別要望に応えるカスタムメイドやオーダーメイドの特徴を，大量生産（マス生産）のコンセプトに取り入れながら低コストで実現しようとする考え方にマス・カスタム化がある。個々の顧客のニーズに合わせた多品種多量生産のことを意味するマス・カスタム化という用語はマス（mass；大量）とカスタム化（customization）の合成語である。マス・カスタム化（mass customization）の概念は，デイビス（Davis, Stanley M.）の1987年の著書である『完璧な未来（Future Perfect）』の公刊をきっかけに経営学のなかで一般的に使用されるようになった。この概念はすでにトフラー（Toffler, Alvin）が1970年に公刊した『未来の衝撃（Future Shock）』で 大量生産とカスタム化のパラドックスが克服できるという可能性を予見した。その後，この概念は，Pine（1993）によって製品の多様性と個別化への対応に必要な戦略としてその概念が精緻化された。彼はマス・カスタム化の概念を「フレキシビリティと迅速な対応性を通して製品のバラエティーとカスタム化を提供する技術と管理技法の利用」と定義している。Hart（1994）は「自分の顧客が望む物を，望む時に，望む場所で，望む方法で効率的に提供する能力」であると規定している。

さらに，Zipkin（2001）はマス・カスタム化を提供するためには３つの要素が不可欠であると主張している。すなわち，誘引（顧客との相互作用と特定情報を取得するためのメカニズム），プロセスの柔軟性（情報を通して製品を製造する生産技術），およびロジスティクス（各アイテムのアイデンティティを維持して，的確なものを的確な顧客に提供できる事後的な調整段階と分配）を取り上げている。

マス・カスタム化は個別顧客の多様な要求と期待を満たしながらも大量生産に劣らない，低い原価の維持が大前提である。これは情報技術と生産技術が飛躍的に発展することによって可能になったのである。顧客の個別的要求に対応するためには，開発・生産・販売・配達のすべての企業活動のプロセスのなかで，顧客の注文にマッチさせる可能性を探し出すのがカギである。

マス・カスタム化の成功事例は米国のパソコン製造業者のデルコンピュータと出版業者マグロウヒルなどが上げられる。前者のデルコンピュータは，電話で顧客の注文を受けて顧客が要求する機能を備えたコンピュータを大量生産することによって大企業に成長した。また，後者のマグロウヒルは，100部未満の注文にも適切に対処して大きな利益を上げた。このような注文生産は，顧客の必要から出発して企業活動全体に対する革新を前提とするという点で，生産者の発想に基づいた単純な多品種化とは区別される。

1990年代に入り，マス・カスタム化の動向はコンピュータ，自動車，自転車などの業種において見られた。いずれの３つの業種でもすでに既存の規格化した製品の大量生産・大量販売の体制では市場からの要請への対応が困難となり，新たな戦略の突破口として個別化への対応を余儀なくされていた。実際にこの時期では実務界が主導的な立場でマス・カスタム化の実現に積極的に取り組む動向が見られた。このような動向は，日本において1990年代の半ばに「生・販統合」[(12)]，「製販同盟」[(13)]，「製販統合」[(14)]等の形で現れた。なお，この３つの用語の使用法の差異は，業種別の差，アプローチの差（生産活動領域からか，もしくは販売活動領域からかのアプローチの差）に峻別された。

その後，1990年代後半から2000年代に入り，顧客が重視する属性の１つである「感情的属性」を重視する婦人服，アクセサリー，靴，紳士スーツ，化粧品，メガネなどの業種においてマス・カスタム化の傾向が見られるようになった。これらの業種では，個別オーダーのカスタム化から入手した情報技術を利用して，さらなる効率化に成功した点が従来のものとは異なる[(15)]。

第４節　おわりに

以上，本章では，顧客ニーズの意義，顧客満足と顧客ロイヤルティ，顧客ニーズとマス・カスタム化について概観した。とくに，日米における顧客満足の時代別展開と，マス・カスタム化の実態を通して企業側が顧客ニーズを満たすことがいかに重要であるかについて明らかにした。しかし，経営環境の変化がその激しさを増している今日において，企業側が顧客ニーズを的確に満たすために必要とされる経営戦略の駆使にはさらなる工夫が必要であろう。

さらに，今後において現代企業は情報化の急激な進展によって顧客とのやり取りの過程において得られた数多くの顧客情報に着目する必要がある。言い換えれば，その顧客情報を管理するための人的資源の管理や育成は避けて通れない緊急課題である。さらにそれらの情報を俊敏に生かしたアジル経営（agile competition，迅速な経営）も当面の課題として認識しなければならない。実際に，日本の多くの企業は時々刻々生成されているビッグデータなど，大量の情報量をいかに処理し統制するのかという深刻な課題に直面している。

たとえば，GAFAM（ガファーム）といわれているグーグル，アマゾン，フェースブック（現在はMetaに改名），アップル，マイクロソフトが全世界を支配しているといっても過言ではない。それらの企業に見られるデジタル・プラットフォームのような新たな仕組みは，データをさらに量産している効果をもたらしている。データを利用すること自体が組織にとって新しい動向ではあるが，そこから一歩進んでいかにそれらのデータが利用されるかについての期待は急激に増えている。今日の企業組織はそれらのデータから創出される洞察（insights）にさらに焦点を当てている。その洞察は企業の意思決定に情報を提供したり，具体的な行動に移ったり，戦略など将来行くべき方向性を決める際に手助けとなったりもする。DX（digital transformation）とビッグデータを取り扱うところで生成された膨大な量のデータから得られる洞察に対するニーズは，「ビッグデータ現象（big data phenomena）」に集約される。総務省によれば，このビッグデータの特徴として多量性，多種性，リアルタイム性があるという[(16)]。

【注】

（1）鈴木・白石（1995），99ページ。
（2）小野譲司『顧客満足（CS）の知識』日本経済新聞出版社，2010年，12～13ページ。
（3）嶋口充輝『顧客満足型マーケティングの構造』有斐閣，1994年，32～48ページ。
（4）藤本隆宏「自動車，しぶとい能力構築」経済教室『日本経済新聞』2002年6月19日朝刊。
（5）金沢尚基『現代流通概論』慶應義塾大学出版会，2005年，134～135ページ。
（6）小野譲司，前掲書，40～42ページ。

（７）嶋口充輝，前掲書，53 ～ 57 ページ。
（８）『PR Time マガジン』（https://prtimes.jp/magazine/mcdonalds-evp-interview/）2022 年１月５日にアクセス。
（９）顧客ロイヤルティの定義については，以下の文献を参照せよ。
Reichheld（1993），pp.64-73. 田村訳（1993），４～ 13 ページ。
Reichheld（2003），pp.46-54. 松本訳（2004），60 ～ 71 ページ。
Smith and Wright（2004），pp.183-205.
（10）木村達也「顧客ロイヤルティ創造のマーケティング戦略」佐久間信夫・芦澤成光編著『経営戦略論』創成社，103 ページ。
（11）木村達也，同上書，103 ～ 104 ページ。
（12）「生・販統合」の概念は生産活動領域からのアプローチで，とくにより高度なフレキシビリティの達成という観点に重点をおいている。具体的には，自動車・鉄鋼・半導体産業を研究対象とし，産業間の差異を明らかにした岡本博公（1995）のものと，日本の自動車産業における企業間関係を普遍的なものとして考え，他の国への適用可能性を打診しながら，メーカーとディーラーとの間のコーディネーションについて取り扱った浅沼萬里（1995）のものがある。
（13）「製販同盟」は販売活動領域からのアプローチに重点が置かれ，事例として小売業を研究対象とした流通論的あるいはチャネル論的な性格が強い。代表的なものには，矢作敏行・小川孔輔・吉田健二『生・販統合マーケティングシステム』白桃書房，1993 年がある。
（14）「製販統合」はメーカーとディーラー間における「情報の統合」と「意思決定の統合」とに重点をおいた概念である。代表的なものには石原武政・石井淳蔵編『製販統合』日本経済新聞社，1996 年がある。
（15）片野浩一『マス・カスタマイゼーション戦略のメカニズム』白桃書房，2007 年，２～３ページ。
（16）総務省ホームページ（https://www.soumu.go.jp/）2022 年８月 22 日閲覧。

【参考文献】

Davis, S. M.（1987），*Future Perfect*, Perseus Books.

Drucker, P. F.（1993），*The Practice of Management*, Harper & Row.（上田惇生訳『現代の経営（上・下）』ダイヤモンド社，1996 年）

Hart, C.（1995），"Mass customization: conceptual underpinnings, opportunities and limits", *International Journal of Service Industry Management*, Vol.6, No.2, pp.36-45.

Pine, B. J.（1992），*Mass Customization: The New Frontier in Business Competition*, Harvard Business Press.

Reichheld, F. F.（1993），"Loyalty − based management", *Harvard Business Review*, March − April, pp.64-73.（田村明比古訳「２つのロイヤリティーがつくる好循環経営」

『DIAMOND ハーバード・ビジネス』June − July, 1993 年, 4 〜 13 ページ)

Reichheld, F. F. (2003), "The one number you need to grow", *Harvard Business Review*, December, pp.46-54. (松本直子訳「顧客ロイヤルティを測る究極の質問」『DIAMOND ハーバード・ビジネス』June, 2004 年, 60 〜 71 ページ)

Smith, R. E. and Wright, W. F. (2004), "Determinants of customer loyalty and financial performance", *Journal of Management Accounting Research*, 16, pp.183-205.

Toffler, Alvin (1984), *Future Shock*, Bantam. (徳山二郎訳『未来の衝撃』中央公論新社, 1992 年)

Zipkin, P. (2001), "The Limits of mass Customization", *MIT Sloan Management Review*, vol.42, No.3, pp.81-87.

石原武政・石井淳蔵編 (1996)『製販統合』日本経済新聞社。

岡本博公 (1997)「生産・販売統合システムの発展」『日本経営学誌』<創刊号>, 48 〜 56 ページ。

小川孔輔・吉田健二 (1993)『生・販統合マーケティングシステム』白桃書房。

小野讓司 (2010)『顧客満足 (CS) の知識』日本経済新聞出版社。

片野浩一 (2007)『マス・カスタマイゼーション戦略のメカニズム』白桃書房。

金沢尚基 (2005)『現代流通概論』慶應義塾大学出版会。

佐久間信夫・芦澤成光編著 (2004)『経営戦略論』創成社。

嶋口充輝 (1994)『顧客満足型マーケティングの構造』有斐閣。

嶋口充輝・内田和成編著 (2004)『顧客ロイヤルティの時代』同文館出版。

鈴木安昭・白石善章編 (1995)『最新商業辞典　改訂版』同文館出版。

パワー, J. D. 4 世・ディノーヴィ, C. 著, 連見南海男訳 (2006)『J. D. パワー顧客満足のすべて』ダイヤモンド社。

ヒューズ, アーサー著, 秋山耕訳 (1999)『顧客生涯価値のデータベース・マーケティング—戦略策定のための分析と基本原則』ダイヤモンド社。

古林宏 (2003)『CRM の実際』日本経済新聞出版社。

山本昭二 (2007)『サービス・マーケティング入門』日本経済新聞出版社。

第4章

競争戦略

第1節　はじめに

世の中には沢山の企業が存在するが，どの企業も，「顧客に商品を売って収益を得なければ存続ができない」という点には変わりはない。つまり，企業は，消費者に，数ある商品の中から，自社の商品を選んでもらう必要がある。他社ではなく自社の商品を選んでもらうという競争に，企業は勝たねばならない。

無論，企業側にとっては，苦労せずに収益を得るのが理想であるから，競争が激しくない状態の方が望ましい。買う側にとっての購入の選択肢が自社の商品しかないといった，いわゆる独占，あるいはこれに近い状態の寡占は，その典型である。しかしながら，世界各地の企業が世界各地で顧客を奪い合う激しいグローバル競争が繰り広げられる今日，競争戦略を学ぶことの大切さは増すばかりである。本章では，競争で生き残るための戦略について，検討する。

なお，商品を買ってもらうには，商品を買う側，つまり顧客の都合を考える必要がある。多くの商品が市場にあふれ，それらを自由に購入できる場合，顧客は値段と値打ちで商品を選ぶ。つまり，企業の競争力は，商品の値段を安くできる能力と商品の価値（性能や品質など）を高める能力という2つの基準から考えることができる。自由競争市場においては，これら2つの能力が競争で優位に立つためのカギである。

第２節　競争戦略と業界構造

1. 正しい戦略に近づくための２つの視点

企業は，生き残るための戦略を常に模索しており，経営戦略論はこの模索に有用なツールを提供するものである。企業が生き残るには，収益性，すなわち稼ぐことあるいは稼ぐ力を確保することが必要である。収益性を確保するには，企業の外と内にある収益性の源泉を把握し，その源泉に適切に対処することが求められる。であるから，収益性の源泉とその対処法の発見に近づくことが，経営戦略論の主要課題とされてきた。

収益性の源泉は，企業の外にも内にも存在する。企業が稼ぎやすい業界に身を置くことができているか否かは，当然その企業の収益性を大きく左右する。業界の構造を把握し，競争が穏やかな業界，仲間が多い業界，あるいは自分が一番強い業界に身を置くことは，生き残る上で大切である。他方，同様に，企業が優れた資源や能力を備えているか否かもまた，当然その企業の収益性を大きく左右する。

経営戦略論で考案されてきた正しい戦略に近づくための思考法も，大きく分けて，企業の外の業界構造に着目してそこから近づく思考法と，企業の内部資源に着目してそこから近づく思考法の２通りがある。

まず，業界構造に着目し，そこから正しい戦略を考える方法には，その主流なものとして，ポジショニング・アプローチがある。その特徴は，既存の業界構造に着目して，自社にとって最も都合がよい環境のなかに，自社を的確に位置づける（positioning）ことを戦略策定の柱とすることにある（青島・加藤，2012，18ページ）。ただし，近年では業界構造を新しく作り変えることも視野に戦略を考える方法も，研究が進んできている[(1)]。

次に，企業の内部資源に着目し，そこから正しい戦略を考える方法は，総じて，リソース・ベースド・ビューと呼ばれる。リソース・ベースド・ビューに関しては，経営資源（第６章）と組織能力（第７章）を扱う章が別途設けられているため，リソース・ベースド・ビューについてはそちらを参照されたい。本章では，企業の外部環境に着目して戦略を考える議論を取り上げることとする。

2. 業界構造と企業行動の因果関係

（1）SCP モデル

ポジショニング・アプローチでは，SCP モデル（S-C-P モデルとも表記される）という考え方を踏まえた議論が展開されてきた。SCP モデルの“S”，“C”，“P”は，それぞれ業界（産業）構造（Structure），企業行動（Conduct），業界全体（あるいは個別企業の）成果・業績（Performance）の頭文字である。企業が生み出す成果は，企業の行動によってもたらされるが，企業の行動は当然その企業が属する業界の状況に規定される。SCP モデルは，業界構造（S）が企業行動（C）を決定し，その企業行動が成果（P）を決定するという因果の図式を表したモデルである。

SCP モデルは，もともと経済学で考案されたモデル（「SCP パラダイム」という）である。そのため，本来は，特定の企業だけを利するような要素を業界から取り除くために考案されたものである。業界構造から働きかける独占禁止法や公正取引委員会等は，SCP モデルに基づく政策である。これに対して，経営戦略論における SCP モデルは，本来の狙いを逆手にとって，自社（あるいは特定の企業）のために自社だけを利するような要素を発見するという視点から用いられる(2)。

（2）ゲーム理論の発想

SCP モデルにおける因果図式は，業界構造が企業行動，さらには成果を決定づけるという，単線的でかつ一方通行的なものとして描かれている。しかしながら，現実には，企業が業界構造に影響を及ぼすこともあれば，ある企業の行動がほかの企業の行動を誘発することも少なくない。つまり，複線的であり，また双方向的に影響を及ぼし合うのが現実の企業同士あるいは企業と業界全体の関係性である。

こうした企業と外部環境の複雑な関係の全体像を明瞭に描き，具体的に説明すべく取り入れられてきたのが，経済学等で発展してきたゲーム理論である。ゲーム理論は，行為主体間の相互作用（加藤，2014，101ページ）に着目して事象を説明する理論である。自社に都合がよい業界構造あるいは企業行動を導くことができる可能性が存在するのであれば，企業の収益性追求への貢献を目的とする経営戦略論においては，当然そのメカニズムの解明が目指されることになる。こうして，経営戦略論では，ゲーム理論の発想を取り入れる等，よりダイナミックな現実モデルに基づいた議論が展開されている(3)。

なお，後述するように，現在は，政府による規制が次々と緩和されるばかりか，企業が自社に有利な業界構造を作り出すべく競争するような時代である。さらに，企業同士が，業界の垣根を超えて競争したり，協力したりする時代，またオール電化のようにかつての異なる業界が1つの業界(4)に融合するような時代でもある。このような時代である現代において，業界構造を与件として収益性を説明したり，業界という視点から企業の競争力を説明したりすることはますます困難になってきている。

第3節　業界構造分析の手法

1. ファイブフォース分析

最もよく知られている業界構造分析の手法に，マイケル・E・ポーター（Porter, Michael E.）のファイブフォース分析がある(5)。ファイブフォース分析は，業界がもつ長期的な収益性を，5つの競争要因がもたらす影響から考察する分析ツールである。この分析ツールを図示化したものが，図表4－1である。ポーターにとっては，顧客や供給業者も，自社の収益を守る上では戦う相手，つまり「競争相手（competitors)」である（Porter, 1980/2004, p.6; 訳書20ページ）。

①　競争要因1：新規参入の脅威

ある業界の新規参入の脅威が強い場合には，生産過剰と競争激化に陥る可能性が高く，つまりその業界は収益性が低下する可能性が高いという構造特性を備えている。新規参入の脅威の程度は，参入障壁と参入者による既存業者から

図表４－１　ポーターの５つの競争要因

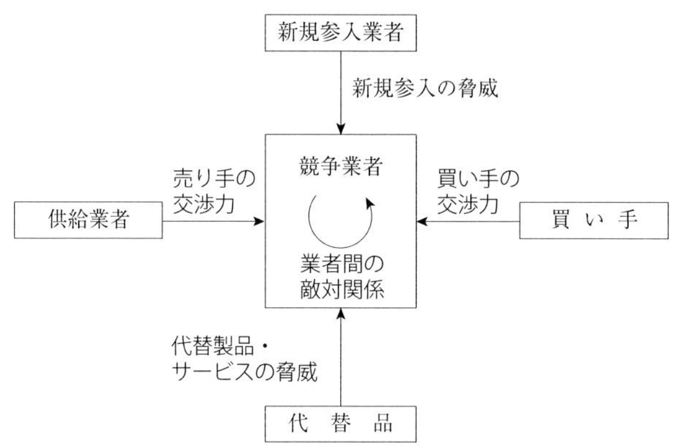

出所：Porter, M. E.（1980/2004），*Competitive Strategy*［First Free Press Export Edition], NY: Free Press, p.4.（土岐坤・中辻万治・服部照夫訳『新訂　競争の戦略』ダイヤモンド社，1995年, 18ページ）

の反撃の予想によって決まる。たとえば，規模の大きさや特殊技能が求められる業界では，これらを備えた企業は優位に立ち，他方でこれらをもたない企業が参入してくる可能性は低い。

② 競争要因２：既存競争業者間の敵対関係の強さ

既存競争業者間の敵対的関係が強い場合には，企業が生き残るにはそれだけ沢山の労力が必要となるため，その業界は収益性が低下する可能性が高い構造特性を備えている。市場シェアの争奪戦が熾烈であり，とくに激しい価格競争に陥っている場合や，さらには撤退障壁が高くて容易にその市場から逃げ出せない場合には，深刻な痛手を負いかねない。

③ 競争要因３：代替品の脅威

どの業界も，自身の業界の製品と同じ機能を果たしうる製品をもった業界と，「広い意味で競争しつづけている（Porter, 1980/2004, p.23; 訳書41ページ)。」代替品の方が，自身の業界の製品よりも価格や機能面で魅力的であれば，消費者は代替品の市場へと流れていき，業界全体が衰退し，収益性が低下しかねない。この場合は，競争業者同士が手を組み，業界の総力を挙げて，代替品勢力を迎え撃つことが求められる。

④　競争要因４：買い手の交渉力

⑤　競争要因５：売り手の交渉力

売り手と買い手は，お互いに，自分の利益を最大化すべく行動する。買い手（あるいは売り手）同士を競わせたり，値下げ交渉をしたり，高い品質やサービスを求めたりして，できるだけ自身に有利な条件を引き出そうとする。つまり，弱い立場にある買い手（あるいは売り手）は強い立場にある売り手（あるいは買い手）よりも競争力は弱くなり，弱い立場側の収益性は低下する。

ポーターは，業界の収益性は，以上の５つの競争要因の結集によって決まるとし，「5つの競争要因ごとに防衛可能な地位をつくり出すために，攻撃あるいは防御のアクションを打つこと（Porter, 1980/2004, p.29; 訳書 50 ページ）[(6)]」が，効果的な競争戦略であるとしている。

2. ファイブフォース＋ワン

ポーターのファイブフォース分析では，脅威となる競争相手からいかにして自社を守るかという点に焦点が当てられている。しかしながら，現実には，企業同士が協力することで，より安くて価値のある商品を生み出すことも，それによって収益性を高めることも可能である。こうした他の商品の価値を高める性質を備えた商品を，補完財[(7)]という。

補完財は，より安くて価値のある商品を生み出す源泉であることから，その提供者である補完的生産者[(8)]は，ポーターの５つの競争要因に加わる第６の要因として注目されている。ポーターの5つの要素と補完的生産者は合わせて，「シックスフォース」や「ファイブフォース・プラス・ワン」などと呼ばれている（加藤，2014，106 ページ）。補完的生産者が第６の要因とまでみなされるようになったのは，後述するブランデンバーガーとネイルバフの研究の功績が大きく，本章の参考文献をはじめ，彼らの研究はさまざまな文献で言及，引用されている。

3. 戦略グループ

業界間で収益性の差があるのと同じように，業界内の企業間にも収益性に差が存在する。どの業界にも，成功している企業もあれば，失敗している企業も存在する。ポーター（Porter, 1980/2004）は，この業界内で生じる収益性の差を，移動障壁（mobility barriers）と戦略グループ（strategic group）という概念を用いて説明する。

戦略グループは，業界内に存在する企業を，戦略上重要な要素をどの程度備えているかに基づいてグループ化したものである。各社は置かれている戦略上の状況が異なるため，他社の戦略を模倣することは容易ではない。ブランド力がない企業がブランド力を武器に戦うことはできないし，規模の小さい企業が大量生産体制を敷くことはできない。つまり，ある戦略グループに属する企業が別の戦略グループに移動することは難しく，戦略グループの間には移動障壁が存在する。こうして業界内には，さまざまな戦略グループが生まれ，また成功している企業とそうではない企業が生まれることになる。

このポーターの考え方を用いることで，業界での成否を分ける重要な特性，移動障壁，自社の位置づけ，業界のトレンド等の理解が容易になる（山田, 2016, 81 ページ）。

無論，同じ戦略グループに属する企業の間にも，当然差は存在しうる。この点について，ポーターは，「そのグループ内での企業の地位は，これまでの実績と，その企業の技能と経営資源の賜物である（Porter, 1980/2004, p.144; 訳書, 202 ページ）」と述べている。また，戦略グループ間の移動障壁も，個々の企業が有する経営資源にかなり左右される。それゆえに，たとえ企業の外に目を向けるところから出発して戦略を練る場合にも，戦略を練る過程では，企業内部の状況にも目を向けなければならない。

第 4 節　ポーターの 3 つの基本戦略

1. 3 つの基本戦略

ポーターは，企業がとりうる戦略の基本的な型を提示したことでも知られて

図表４－２　ポーターの３つの基本戦略

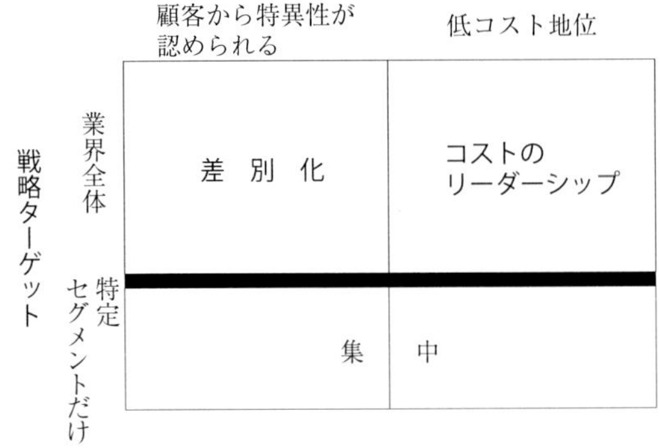

出所：Porter, M. E.（1980/2004）, *Competitive Strategy* [First Free Press Export Edition], NY: Free Press, p.39.（土岐坤・中辻万治・服部照夫訳『新訂　競争の戦略』ダイヤモンド社，1995年，61ページ）

いる。彼は，5つの競争要因にうまく対処し，業界で自らの地位を防衛し，競争相手に打ち勝つための戦略には，3つの基本の型があるとした（図表4－2）。

（1）コスト・リーダーシップ戦略

コスト・リーダーシップ戦略は，同業他社よりも低いコストの実現を目指す戦略である。これを実現することができれば，熾烈な価格競争下でも最も収益性の高い企業となることができる。業界最安値であるから買い手の値引き交渉にも防衛力が強い。また最も経営効率が高いので，売り手が仕入れ価格を引き上げたとしても，商品価格への影響を業界のなかで最も低く抑えることができる。無論，業界のなかで最も低コストであるため，代替品に対する防衛力もとても強い。低価格化は，規模の経済性を発揮する，あるいは経験を積んで効率性を高めることによって実現できるが，これらは新規参入業者が容易に模倣できることではない。

（2）差別化戦略

差別化戦略は，同業他社とは，「いい意味で何かが違う」と顧客に認めてもらうことを目指す戦略である。いい意味で他社とは違う何かを創造することを，差別化（differentiation）という。技術水準，ブランド・イメージ，顧客サービス等，差別化にはさまざまな方向性があり，「理想的には，複数の面で差別化するのがよい。」（Porter, 1980/2004, p.37; 訳書59ページ）差別化された製品とはいえ，無論，顧客が購入できる価格でなければならない。そのため，「差別化戦略では，コストを無視してよいのではなくて，コストが第1の戦略目標ではないという点を強調しておかなければならない。」（Porter, 1980/2004, p.37; 訳書59～60ページ）

差別化戦略に成功した企業の場合，顧客は製品の値段ではなく，製品あるいは会社がもつ別の「何か」に価値を見出している。たいていの場合，この「何か」は，模倣や獲得が容易ではないから，売り手，買い手，競合他社，新規参入業者，代替品に対しての強い防衛力をもたらすことになる。

（3）集中戦略

集中戦略は，特定のターゲットのみに的を絞ることで，高い収益性の実現を目指す戦略である。特定の顧客，製品種類，地域等，集中戦略にもさまざまな方向性がある。コスト・リーダーシップ戦略と差別化戦略は，業界全体を視野に高い収益性の実現を目指す戦略であるが，集中戦略の場合には，これら2つの戦略ではカバーできない業界の隙間を狙って高い収益性の実現を目指す戦略である。特定の顧客の好みに合わせること，特定の地域で深く愛されること等は，全体を相手にしていたのでは対応しきれない。集中戦略では，業界全体で高い市場シェアを獲得することは不可能であるが，特定の人々にはなくてはならない企業として，競争相手に対して高い防衛力を備えることになる。

ポーターは，3つの戦略が必要とする経営資源や経営方法等はそれぞれ異なるため，現実には両立は困難であるとしている（Porter, 1980/2004, p.42; 訳書65ページ）。複数の戦略を同時に達成しようとすると，たいていの場合結局は，中途半端で一貫性もない，「真ん中で身動きが取れない企業（a firm that is “stuck in the middle”）」[(9)] になってしまうという（Porter, 1980/2004, pp.41-44; 訳書64～

67ページ)。つまり，自社の状況からみて最も適切な戦略，すなわち，「その企業の強みにいちばんぴったりとし，競争相手がいちばん応戦しにくい戦略(Porter, 1980/2004, p.44; 訳書68ページ)」を選ぶことが求められる。

2. 基本戦略の両立に関わる環境の変化

先述したとおり，ポーターは製品の値段と中身を両方よくすることに対して，「二兎を追う者は一兎をも得ず」といった見方をもっていた。しかしながら，現代は，値段と中身を両方よくすることが技術的に可能となり，またそのような商品でなければ市場から淘汰されるほどの激しい競争が繰り広げられている。つまり，製品の値段と中身を両方よくできるか否かが，競争で生き残る上でのカギとなってきている。

こうした変化は，グローバル化，規制緩和，国際競争の激化，技術革新（特に情報通信技術），経済理論の発展等，さまざまな要因が複合的に作用してもたらされたものである。いわゆる職人技が不要な工程は生産コストが安い国で集中して大量生産したり，他方で無数の顧客の注文にもすぐに対応できるシステムを導入したりすることで，安くて中身もよい商品を世に送り出すことが可能となった。安くて中身もよい商品が世の中に大量に出回ることは，人々の暮らしが豊かになることを意味するため，各国政府も，競争を促す政策を積極的に取り入れてきた。

個々の顧客ニーズへの適合を図りつつ，標準化と大量生産による低コスト化を同時に追求することは，マス・カスタマイゼーション（mass customization）と呼ばれる。これは，大量生産を意味するマス・プロダクション（mass production）と個別・受注生産を意味するカスタマイゼーション（customization）を掛け合わせた言葉であり，すでに広く知られている言葉である。

さらに，もはや差別化戦略では，収益性の確保が難しい業界も現れている。技術水準の向上により，品質・性能面での顧客のニーズを満たすことは容易となった。消費者の多くは，自分にとって過剰な品質の高級品ではなく，自分に合ったそれなりの品質の低価格品を購入する。品質・性能面での顧客ニーズをすでに十分に満たしている商品であふれかえっている市場において差別化を図っても，いわゆる「過剰品質」や「オーバーシュート（overshoot，やりすぎ）」と評されるような商品が生み出されるばかりで，売上の増加にはつながらない。そのため，市場は，それなりの品質で，かつどれも同じ程度の品質の低価格の品物であふれかえるようになる。こうした現象は，コモディティ化[10]と呼ばれ，生産コストの安い中国や韓国勢の台頭を許し，過剰品質の代名詞でもある日本企業を長年苦しめてきた現象でもある。

第５節　協調の戦略

1. 協調とその戦略的意義

かつてとは異なり，現在は，先述したように，企業が国や業界の垣根を越えて世界中で自由に競争する，いわゆるグローバル競争の時代である。こうした熾烈な競争が行われる時代においては，少しでも自社の商品の価値を高めるべく他社と協力したり，少しでも強い陣営に身を寄せたりする，いわゆる，仲間づくり，陣営作りが戦略的に重要な意味をもつ。実際に，企業同士の協調行動である，提携（alliance）やジョイント・ベンチャー（joint venture），コンソーシアム（consortium），パートナーシップ（partnership）[11]といった用語を盛んに新聞で見かけるほど，協調行動は日常的なものとなっている。

とくに，現代の企業は，どの業界の商品にとっても重要な補完財である情報通信技術（Information and Communication Technology：ICT（技術））を，自社商品に組み入れることが差し迫った課題となっている。近年注目を集める，金融業界での金融IT（フィンテック），自動車業界でのCASE（つながる車，自動運転，シェアリング，電動化）やMaaS（自動車という製品を売るのではなく自動車を使った移動というサービスを売る），電機業界でのIoT（モノのインターネット）等は，いずれも情報通信技術の技術革新を自社の競争優位につなげるための動きが加速するなかで盛んに使われるようになった用語である。これらの領域での合従連衡や異業種提携は日常茶飯事である。

また，グローバル化が進むなかで，世界中どこでも使うことができるような商品は，使い道が国内だけに制限されるような商品よりもはるかに魅力的である。繰り返しとなるが，政府が競争を制限したり，独占企業が存在したりしない限りは，安くていいものを世の中に提供できる企業が競争に勝利し，これができない企業は負けることになる。国境という制度的・文化的垣根が存在するなかで，企業は異業種だけでなく国外の企業とも協調を迫られる場面が増えている。

協調戦略は，デファクト・スタンダード（de facto standard：事実上の標準）を獲得するための競争で最も頻繁にみられた（山田，2016，123ページ）。デファクト・スタンダードは，法制度や認証機関等が定めたものではなく，競争の結果，市場で標準としての地位を事実上確立した規格である。業界標準となる規格の確立に成功することで，企業は，自社の規格を採用しない製品を市場から締め出し，大きな収益を安定して獲得することができる。デファクト・スタンダードの確立には，同じ規格を採用する企業を増やす必要があるため，協調の戦略が現実に有力な選択肢となるのである。なお，デファクト・スタンダードとは対照的に，法制度や認証機関等が定めた標準は，デジュリ・スタンダード（de jure standard：公的標準）と呼ばれる(12)。

こうした状況下で，競争に加えて協調という視点も取り入れて，自社の状況ととるべき経営戦略を適切に判断する必要性は高まる一方である。

2. バリューネット

協調の戦略の代表的な研究として，ブランデンバーガー（Brandenburger, Adam M.）とネイルバフ（Nalebuff, Barry J.）の研究（Brandenburger & Nalebuff, 1996/2002）がある。彼らが企業の収益性と外部要因との関係を分析するために提起した概念図であるバリューネット（Value Net，価値相関図）（図表4－3）は，ポーターのファイブフォース分析の概念図と対比する形でよく取り上げられている。

バリューネットの概念図は，ポーターのファイブフォース分析の概念図と似通った見た目をもつが，その内容はポーターの概念図とは大きく異なっている（加藤，2014，100～102ページ）。この違いは，それぞれが異なる経済理論に立脚して考案されたことによる。競争環境の捉え方も想定されている企業行動もまったく異なっているのであるから，両者の内容が異なるのは当然である。

図表４－３　バリューネット

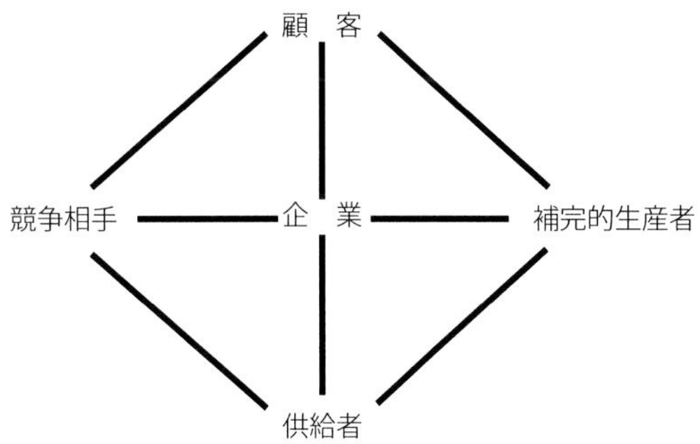

出所：Brandenburger, A. M. & Nalebuff, B. J.（1996/2002）, *Co-opetition*, UK：Profile Books, p.16.（嶋津祐一・東田啓作訳『ゲーム理論で勝つ経営』日本経済新聞社，2003年，41ページ）

ファイブフォース分析は，ポジショニング・アプローチの代表的研究成果として知られるモデルである。つまり，与件の業界構造の下で，そして敵に囲まれた状況の下で，いかに生き残りを図るのかという視点から，正しい戦略を考えるべく考案されたツールである。業界での生き残り策を考えるために考案された，いわば業界を基軸とした議論のツールである。

これに対して，バリューネットは，ゲーム理論を取り入れた代表的研究成果として知られるモデルである。ゲーム理論には，業界構造がすべてを決めるといった視点も，また企業同士が常に敵対関係にあるといった視点もない。とくにバリューネットは，他社との協調を視野に入れることが生き残る上で不可欠であるという視点から，正しい戦略を考えるべく考案されたツールである。

バリューネットは，競争（敵対）と協調という二重の視点から，外部要因が企業に及ぼす影響を把握する分析ツールである。補完的生産者という要素を含むことは，これを含まないファイブフォース分析との大きな相違点である。第3節2. でも先述したとおり，補完的生産者と協調することで，企業は自社商品の価値をより高めることができる。競争が激化する今日，自社商品の価値を高めることに非合理的な企業が生き残ることは難しくなる一方である。もはや「周りには敵しかいない」という視点は，生き残る可能性を自ら放棄することにもつながるような危険なものの見方であるといえよう。

ブランデンバーガーとネイルバフは，企業にとって重要なのは価値の創造と価値の分配であり，そのためならば協調も合理的な選択肢の1つであると強調する。確かに，他社と協力してより競争力のある商品を生み出し（価値の創造），その収益を分け合うことで（価値の分配），自社だけで努力した場合よりも高い収益を得られるのであれば，協力した方が合理的である。とくに補完財のもつ意義が広く認識された今日，1社単独で競争力のある商品を生み出すことは至難の業ともいえよう。

ただし，ブランデンバーガーとネイルバフは，補完的生産者は，商品の価値を高める次元では協調関係にあるが，その価値を分け合う次元では競争関係にあるとも指摘している。つまり，補完的生産者が協調するのは，協調しない場合よりもより大きな成果と見返りを得るためであり，決して利他的な行動ではないのである。それゆえに，協調関係とはいえども，その実，緊張関係と敵対関係といった色彩も強く帯びた関係でもあるのである。自社の最終的な取り分は，自社と他社の相対的なパワー関係によって決まることとなる。

第6節　おわりに

企業が生き残るには，正しい戦略を策定し，これを遂行することが求められる。本章では，戦略を巡る既存研究の成果や戦略の成否に関わる重要な状況の変化について検討した。企業内部に着目して正しい戦略に近づこうとする研究も進展しているが，こちらは後の別の章のテーマであるので，本章では企業外部に着目して正しい戦略に近づこうとする研究に焦点を当てた。

企業は自身が有利に戦えるような環境に身を置くことが望ましい。問題となるのは，有利な環境の特性を理解し，どの環境が自社にとって有利な環境であるのかを把握することである。そして，これと同じくらい大切な理解として，環境は変化するものであり，それゆえに正しい戦略の内容も，そして正しい戦略に近づくための方法もまた変化するということである。

実際に，先行研究では，その時代と環境において，正しい戦略に近づくために最も適切であると思われる方法がとられていた。業界の線引きが明瞭で，国が市場に積極的に介入し，ルールも安定していたような時代には，業界とその構造を基点に環境を捉える方法（例，SCPモデル）がとられていた。その後，業界の線引きも国の介入も薄れ，あらゆる境を越えて企業が自由に競い合うようになった時代へと移行が進むなかで，より状況のダイナミックさを捉えられる方法（例，ゲーム理論）が求められるようになった。

ポジショニング・アプローチで知られるポーターも，業界の構造は変化するものであり，それは根本的に変わることが多く（Porter, 1980/2004, p.156; 訳書215ページ），さらには状況次第で業界の境界もどんどん変わっていく（Porter, 1980/2004, p.186; 訳書252ページ）と指摘している。戦略を策定する上でどのツールが適しているのかは，企業がどのような状況に置かれているのかによって当然変わる。「業界の変化は，戦略策定にとって非常に重要な意味をもつ（Porter, 1980/2004, p.156; 訳書215ページ）。」

経営戦略論では企業が生き残るためのツールがさまざま開発されてきたが，どんなに優れたツールも，正しい用途で正しく使用できなければ，有効に機能しない。したがって，経営戦略論を学ぶ際には，各モデルや概念の定義に加えて，これらそれぞれの用途と使い方を正しく理解することが大切である。

【注】

（1）青島・加藤（2012）は，これを，「ゲーム・アプローチ」と呼んでいる。

（2）経済学の場合には消費者と生産者の双方が得られる利潤（あるいは余剰）の最大化が議論されるが，経営戦略論の場合には生産者側が得られる利潤の最大化が議論される。つまり，経営戦略論では，消費者の取り分は主たる議論の対象とはならないのである。

（3）後述する協調戦略の普及のようにゲーム理論の発想は積極的に取り入れられてきたが，ゲーム理論に基づいて構築された理論自体は，経営戦略論では数が少ない。（青島・加藤，2012，101ページ）

（4）ポーターいわく，「業界（industry）」とは，「互いに代替可能な製品を作っている会社の集団（Porter, 1980/2004, p.5; 訳書19ページ）」のことである。かつては，電力は熱の提供に適さず，ガスの代替品ではなかったが，現在はオール電化のように電力はガスの代替品となっている。

（5）マイケル・E・ポーターは，今日世界で最も著名な経営戦略論研究者の1人である。バリュー・チェーン（Value Chain）や共通価値の創造（Creating Shared Value，略してCSV）等，数々の経営戦略に関わるフレームワークを研究成果として発表してきた。

（6）引用箇所の強調はポーター自身によるもの。

（7）補完財とは，「当該製品・サービスが有する機能や価値を引き出す上で，重要な役割を果たす製品やサービスのこと（加藤，2014，106ページ）」である。

（8）「補完的企業」とも呼ばれる（青島・加藤，2012，100ページ）

（9）この引用の訳は，訳書ではなく，加藤（2014, 28ページ）に従った。なお，訳書では，「窮地に立った企業」と訳されている。

(10) コモディティ化とは，「参入企業が増加し，商品の差別化が困難になり，価格競争の結果，企業が利益を上げられないほどに価格低下すること」（延岡ら，2006，24～25ページ）と定義される。この定義は，陰山（2019）の研究でも直接引用され，彼の研究でも定義として採用されている（14ページ）。

(11) 山田（2016）いわく，「他社との協調を表す言葉としては，コーペティション（co-opetition），ネットワーキング（networking），ジョイント・ベンチャー（joint venture），アライアンス（alliance），コンソーシアム（consortium），パートナーシップ（partnership），コラボレーション（collaboration）などの用語などがあるが，これらは同義語として，あまり区別されずに用いられている（123ページ）」

(12) デファクト・スタンダードについての詳しい研究成果として，山田（2008）がある。

【参考文献】

Brandenburger, A. M. & Nalebuff, B. J.（1996/2002），*Co-opetition*, UK：Profile Books.（嶋津祐一・東田啓作訳『ゲーム理論で勝つ経営』日本経済新聞社，2003年）

Porter, M. E.（1980/2004），*Competitive Strategy*［First Free Press Export Edition］, NY: Free Press.（土岐坤・中辻万治・服部照夫訳『新訂　競争の戦略』ダイヤモンド社，1995年）

青島矢一・加藤俊彦（2012）『競争戦略論〔第2版〕』東洋経済新報社。

陰山孔貴（2019）『脱コモディティ化を実現する価値づくり』中央経済社。

加藤俊彦（2014）『競争戦略』日本経済新聞出版社。

延岡健太郎・伊藤宗彦・森田孔一（2006）「第1章　コモディティ化による価値獲得の失敗―デジタル家電の事例―」榊原清則・香山晋編『イノベーションと競争優位』NTT出版，14～48ページ。

山田英夫（2008）『デファクト・スタンダードの競争戦略［第2版］』白桃書房。

山田英夫（2016）「第3章　戦略の策定」大滝精一・金井一頼・山田英夫・岩田智『経営戦略〔第3版〕：論理性・創造性・社会性の追求』有斐閣，63～107ページ。

山田英夫（2016）「第4章　競争の戦略」大滝精一・金井一頼・山田英夫・岩田智『経営戦略〔第3版〕：論理性・創造性・社会性の追求』有斐閣，109～130ページ。

第5章

ビジネスシステムの環境への適合

第1節　はじめに

企業は市場で顧客ニーズの変化や競合する企業の動きを認識し，その動きに適合する取り組みを行うことになるが，その取り組みが経営戦略として理解できるものである。適切に市場の動きに適合し，またそのために，企業内部の経営資源が利用される。その企業内部では経営資源が組み合わされ，連携した業務活動が実現されなければならない。そのためには，まず業務活動実現の枠組みの構築が求められることになる。その枠組みが，ビジネスシステム（business system）と呼ばれるものである。

ビジネスシステムと類似した概念に，ビジネスモデル（business model）がある。この概念も人によって多様な定義がされている（加護野，1999。小野・根来，2001。加護野・井上，2004。Johnson et al. 2010）。本章ではビジネスモデルは戦略，ビジネスシステム，経営資源や組織能力をも包摂する包括的な概念として認識している。したがってビジネスシステムを，ビジネスモデルを構成する１つの構成要因として認識しておくことにする。

ビジネスシステムは企業を取り巻く環境要因である顧客のニーズに適合し，また競合企業の動きに適合し，製品やサービスを提供する業務活動の枠組みを意味する。この枠組みについては１企業を超える枠組みも存在している。業務活動を構成する要因を分けると，業務活動そのものとその活動を可能にする業務の枠組みがある。ビジネスシステムは製品やサービスを顧客に届けるため，企業内部の経営資源と組織能力から形成される業務の枠組みを意味している。

図表５－１　典型的な製造業のビジネスシステム

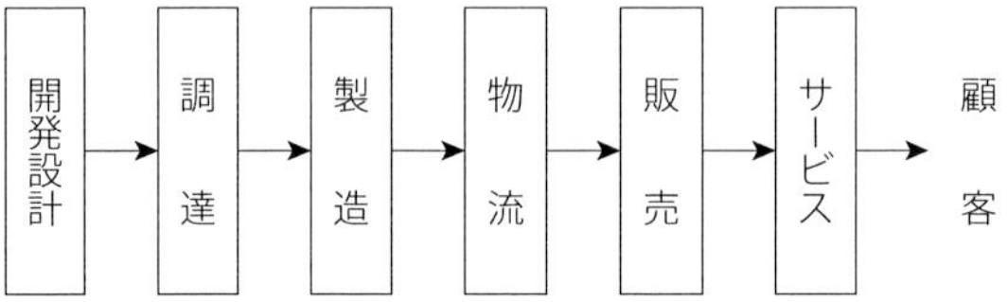

開発設計 → 調達 → 製造 → 物流 → 販売 → サービス → 顧客

出所：筆者作成。

この業務の枠組みのなかで，必要な経営資源が組み合わされて，一連の企業活動が実現されることになる。ビジネスシステムは，この業務の枠組みを意味するが，その優れた業務活動のデザインを積極的に行い優れた業務活動を実現するには，業務の枠組みの問題を絶えず発見し，その改善への取り組みを行う必要がある。

この業務の枠組みは，組み立て加工型の製造業であれば，開発，設計，そして部材の調達，調達した部材の組み立て，完成品の一時的補完，その発送，そして販売店での販売，販売後のサービスの提供という一連の業務活動が想定できる。当該企業が対象とする製品・サービスを提供するのに必要な一連の活動が密接に結びついたシステムを形成している。このシステムがなければ製品・サービスを適切に顧客に提供することはできない。そのようなビジネスシステムの典型例は図表５－１のように示すことができる。

他方，この業務活動のシステムをもち，その活動を通じて企業は利益を獲得しなければならない。業務システムのなかのどの活動で利益を獲得するのか，その目的達成のため全体の業務活動の繋がりが考えられ，ビジネスシステムが構成され具体的活動が実現されることになる。

ビジネスシステムは活動の枠組みであり，その実質的な活動はその枠組み内で行われる。活動を構成する要因としては経営資源と組織能力がある。その経営資源には，人的資源，金銭的資源という有形資源が存在する。また目で見ることができない情報等の資源としては無形資源が存在する。経営資源の詳細は本書の第６章で詳述することになるが，これらの経営資源が組み合わされ，具体的な業務活動が実現されることになる。

第２節　ビジネスシステムの外部化と内部化の基準

当該企業が，すべての優れた経営資源と組織能力をもち，それを企業内だけで組み合わせたビジネスシステムを実現することは困難になっている。競合企業同士での競争に適合するため，一部の業務活動は他社に任せ，自社ではそれ以外の優れた経営資源と能力をもつ業務を担当するビジネスシステムを採用することがおこなわれている。競合する企業間で当初はすべての業務活動で優れた経営資源と組織能力をもつ取り組みを行うが，結果として特定業務について競争優位性をもつことになっている。すべての業務を社内に置くことを業務の垂直統合（vertical integration）という。しかし一部の業務だけを自社内に置き，後のすべての業務を他社に委託する業務の在り方が一般的になっている。このような違いが生まれる理由は，すべての業務を担当することは，製品コストを下げるうえで困難であるからである。

ビジネスシステムは，利益を生み出す仕組みももたなければならない。そのためには，費用を削減することと，利益を得る仕組みを組み入れる必要がある。そのためには自社で担当する業務と，他社に任せる業務を分けてビジネスシステムを構築する必要がある。問題はその分ける際に考えなければならない要因である。自社内に業務活動を置く要因として，以下のものが考えられる。

第１の要因は，特定業務活動で優れた業績を実現できる経営資源と組織能力が存在し，それが競争優位性の源泉になっている場合がある。その場合には，その業務活動を自社内に置く必要がある。逆に，競争優位性の形成に結びつかない場合には，自社内に置く意味がないといえるだろう。このような業務活動への多くの経営資源や組織能力の投入は無駄になり，無駄な費用の発生につながるからである。その場合には他社の特定の業務活動を利用することで対応する必要がある。

具体的には，物流という業務で優れた成果を生み出す企業が存在すれば，物流業務をその企業に委託することで，大きく物流コストの発生を抑制することができる。逆に，優れた技術を生み出している研究開発等の業務活動，そして顧客と直接接触して顧客のニーズの変化データを蓄積できる販売業務等については，費用がかかっても他社に任せず，自社内に置く必要がある。このような業務活動は，多くの費用が発生しても経営資源の蓄積や組織能力の形成には不可欠で，持続的に競争優位性を生み出せるからである。

第２の要因は未来時点における競争優位性の確保を目指すという目的である。現時点で，競争優位性を生み出す経営資源や組織能力のない業務活動であっても，未来の時点で競争優位性をもつようにすることは可能である。そのためには，積極的に経営資源の投入を行うことが計画されなければならない。費用は多く発生するが，社内にその業務を置く必要性がある。逆に，現時点でもまた未来の時点でも，競争優位性形成に結びつかないと判断される業務活動は，他社に委託する必要がある。

第３の要因はビジネスシステムを構成する業務活動間に，密接な関係が形成されている場合である。その結果として，優れた品質や機能が生まれる場合である。たとえば完成品の組み立て業務と基幹部品の生産業務との関係に密接な関係がある場合には，その基幹部品の開発を推し進めることと，高機能・高品質の完成品の製造との関係を維持する必要が生まれる。密接な業務の一方を外部企業に任せると，従来の優れた品質と機能を実現できなくなるからである。たとえば自動車の組み立て工程と塗装の工程は多くの場合，密接な関係が構築され社内でその業務が行われ，優れた車の品質とコスト削減が実現されている。それは２つの業務が密接な関係にあるからである。

以上３つの要因に基づいて，ビジネスシステムの骨格が決められることになる。

第３節　ビジネスシステム適合の３つの基本類型

ビジネスシステムは製造業と小売業ではその必要とされる業務内容は異なり，それにともなって形態も異なる。また，顧客のニーズのどのような部分に適合するのかによってもビジネスシステムは異なる。しかし，まずビジネスシステムの設計を考える場合，以下の２つの要件を考える必要がある。

第１に，そのビジネスシステムが対象とする顧客のニーズに適合する製品・サービスを提供することである。顧客のニーズに適合するビジネスシステムを実現できなければ，企業の存在意義はないからである。

第２に，競合企業からの反撃に対抗できることを要件として挙げることができる。すぐに有効な反撃ができないのであれば，持続的な利益の確保ができないからである。持続的に利益を確保できるビジネスシステムを作るには，より効率的にビジネスシステムが機能するようにしなければならない。つまり，より費用を削減すること，そして高機能・高品質の製品・サービスを実現することが求められることになる。さらに未来のビジョンに基づいて新たな業務活動をビジネスシステムに組み入れることも必要になるだろう。

以上２つの要件を充足するビジネスシステムは，多様な形態をもつことになる。そのすべてを取り上げることは不可能だが，典型例を３つ挙げることができる。まず第１の形態が，顧客のニーズの価格面での適合を目的とする安価な製品・サービスを提供するビジネスシステムである。このビジネスシステムは，価格の安さによって競合企業に対抗しようとする形態である。

第２の形態には，機能の優れた製品・サービスを提供するビジネスシステムが存在する。この場合は，製品・サービスの機能と品質の面での適合を目的としている。競合企業とは異なる差別化を実現するビジネスシステムである。

第３のビジネスシステムは，製品・サービスを購入する便利さとスピードという面での適合を目的とするビジネスシステムである。いわば便利さとスピードを提供するビジネスシステムである。

この他にも，顧客ニーズの他の側面での適合を目的とするビジネスシステムが存在するが，以下ではこの代表的な３つのビジネスシステムについて検討しよう。

1．顧客に安価な製品・サービスを提供するビジネスシステム

顧客ニーズのなかでも低価格という面へのニーズが，今日の所得が伸びない状況では大きい割合を占めるようになっている。それに適合するビジネスシステムを，多くの企業が検討し導入している。その代表的な方法はビジネスシス

テムの全体もしくは特定の業務で規模の経済性（economy of scale）を実現して，大きくコストダウンを実現する方法である。そのためには，大規模な工場，物流センター，店舗網を作り利用することが求められる。また，業務活動の自社での規模の経済性を利用する取り組みを行うことと，他社への委託で実現する方法がある。

自社での取り組みで大規模な工場や物流センターを造るには，大規模な設備投資が必要である。また，その設備を維持するには，毎年多額の固定費負担をしなければならない。その設備を継続的に利用する可能性が明らかである場合，そしてその業務活動で，情報・知識という無形資源の蓄積を行う必要がある場合には，自社で当該業務活動を担当する必要がある。しかし，市場の成長の可能性が明らかでない場合，あるいは無形資源の蓄積をせず，製品・サービスの製造または提供の費用削減だけを行う場合には，その業務を専門的に行う企業へ委託することが行われる。委託先の企業は，競合他社からも業務を受託し，規模の経済性を実現し安価な製品・サービスを実現することになる。業種としては衣料，電子部品，デジタル製品，そして食品関係で多くなっている。これらの製品・サービスでは，国内の中小企業だけでなく，競合企業への委託も多く行われるようになっている。その動きは徐々に拡大している。この典型的なビジネスシステムは図表５－２のように示すことができる。

図表５－２　顧客に安価な製品・サービスを提供するビジネスシステム

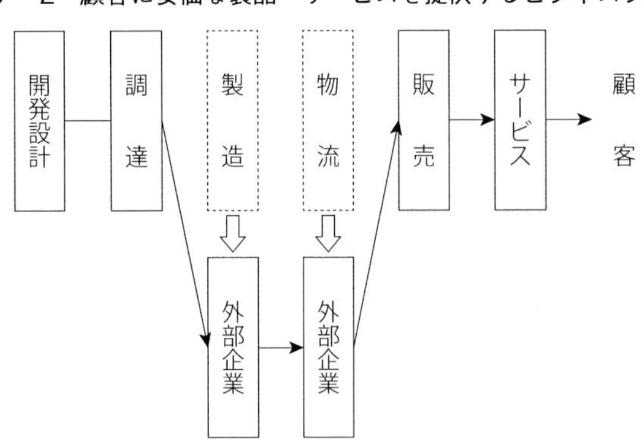

出所：筆者作成。

さらにグローバルに特定業務を集中的に，しかも大規模に専業企業へ委託するという方法がある。その業務も多様なものがあるが，その代表例がデジタル製品の製造を行うEMS（Electronics Manufacturing Services）企業への委託である。このEMS企業の多くは台湾と中国沿海部に集中して立地し，大規模な工場を建設している。

これらの企業では，最新の機械設備で電子部品・製品の大規模な生産活動を行い，製品１単位当たりの費用を極限にまで引き下げることが可能になっている。それを可能にするのは，多くの競合企業から同様の製造業務の委託を受け，大規模に製造を行っているからである。これによって，どのデジタル製品・部品を製造する単独の企業よりも規模の経済性を実現し，均一品質での部品・製品の低価格化を実現できるようになっている。これは製造業務だけに限られたことではない。販売や物流，そして一部の開発に関しても同様の理由から，専業の外部企業に委託することも多く行われるようになっている。

しかし，このような方法にも多くの問題が存在する。第１に，多くの競合する企業が利用するため，ほとんどの製品・サービスで差のない汎用化されたものが多くなる傾向がある。そのために，競合する企業間での激しい価格競争に巻き込まれ，競争優位性を失う可能性が大きくなる。第２に，委託した業務活動での製造方法，品質管理法，コスト削減の方法について，自社の意思を反映することができなくなる。さらに，その業務に係る技術，ノウハウ等の自社内への蓄積ができなくなる。第３の問題は，長期的に製造コストが下がらなくなる可能性が生まれる。それは第２の問題の結果として生まれる問題といえるだろう。

これらの問題に適切に対処しなければ，競争優位性を持続的に維持することは困難になるといえるだろう。これらの問題を十分に理解し，ビジネスシステムを設計する際に使い分けることが求められる。問題点があっても，その優れたコスト削減効果の側面を生かすことと，問題への対処を行うことが求められることになる。その具体例を見ておこう。

事例１：家具のニトリ

国内の家具業界で急成長しているのが，ニトリである（日経ビジネス編集部，2007，参照）。低価格で品質も悪くなく，一定品質の製品を提供している。このニトリでは，製造業務の大半を契約する海外の協力工場に委託している。しかし，家具の開発は自社で行っている。また，製造の一部についても自社内で行っている。独自のビジネスシステムによって，低価格と均一品質を実現している。競合する家具の大手企業では，製造業務はすべて委託か買い付けを行い，自社では販売だけを行う企業が多くあるが，ニトリはそのようなビジネスシステムとは大きく異なるビジネスシステムを採用している。ニトリのビジネスシステムを簡潔に図に示すと図表５－３のようになる。

その具体的特徴点を挙げてみよう。実際のビジネスシステムは複数の業務活動の連鎖する取り組みとして存在している。またビジネスシステムの特徴点は，業務活動を構成する経営資源や組織能力と密接に結びついている。具体的なビジネスシステムの特徴点は，以下に要約できる。

①　一貫した製造活動をベトナムの自社工場で行っている

自社工場ですべての製造活動を行うわけではない。多くの製造活動は提携する他企業へ委託している。この点が大きな特徴になっている。自社工場では，

図表５－３　ニトリのビジネスシステム

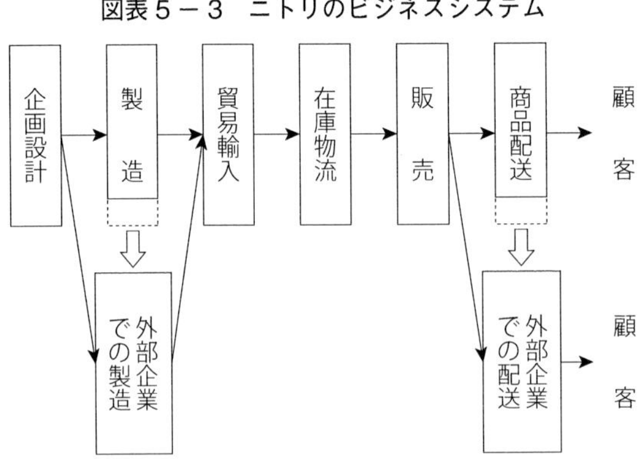

出所：筆者作成。

徹底的に部材である木材の有効利用を実現している。廃棄する木材の比率は5%程度で，95%を利用している。家具の見えない部材の材料として利用し，木材を使いきっている。また，この工場には社長自らが乗り込んで，コスト削減の具体的な指示を出している。そのため，原材料価格が高騰しているなかで，その原価率を低下させている。このような端材の有効利用だけでなく，さまざまなコスト削減の工夫を行い，コストを削減する仕組みが作られている。この自社工場で，コスト削減の方法，品質管理方法の開発・改善が行われている。

2003年に設立されたベトナム工場では，約800人の作業員が4万3,000平方メートルの工場内で切断，塗装，組み立てという作業ごとに複数のチームに分けられている。その作業と作業の接続で一部の部品を多く作りすぎないように，「カンバン方式」が導入されている。部材の在庫量を適切に維持し，無駄を圧縮している。毎日1時間ごとの生産計画を作り，それに従って生産活動が行われる。チーム内では役割分担が明確にされており，役割に応じて仕事が行われる。

各チームには班長がおかれており，ほかのチームと比較して作業が遅れていないか常に目を光らせている。グループごとの作業効率について，班長はグループごとの責任が課せられている。その結果いかんで給与やボーナスに差が生まれる。また降格人事もある。そのために効率を上げるよう，積極的に提案して効率を上げるようにされている。

そして，ベトナムの自社工場で成功した方法が，提携する東南アジアの他社工場でも導入され，それによって他社への委託生産で家具を製造する場合でも，ニトリの考える十分な品質とコストの実現を可能にしている。

②　物流センターに巨大な自動倉庫を利用

ニトリは，日本国内に物流センターを2007年時点で6カ所持っている。その6カ所の物流センターには，ビル6階建ての高さの巨大な自動倉庫が建設されている。自社で開発した自動倉庫で，物流の効率化を目指して開発が行われている。商品の回転率を高くするために，自動倉庫内には1万4,400の棚があり，ぎっしりと商品在庫が並べられている。2から4週間分の在庫が納められ，商品の注文が入ると自動的にピッキングし，出庫することが可能になっている。さらに倉庫内では商品のおき方が工夫され，頻繁に売れるものは手前に置くように日々見直しがされている。

また，商品の倉庫内への搬入に際し，トラックからの運び出し，倉庫内への搬入作業が発生する。その際には人手が必要になるが，家具の大きさが異なるために，機械では対応できないことがある。その作業をできるだけ早くする工夫がされている。1チーム6人でトラックから家具を下ろし，持ち方，商品に触れる回数，運び方まで細かく決められている。また家具を運び出す際の方法，その家具を覆うカバーについても検討されており，各物流センターではQCサークルが作られ，週に1度は荷物の積み方等について協議がされている。

③　店舗での販売方法

販売業務は，大型店舗で自社で担当している。商品の回転率を上げるために，店舗でも顧客に効率的に買ってもらう仕組みが作られている。また，商品を場面ごとにコーディネートして販売がされている。顧客は部屋をイメージして購入でき，商品数は売れ筋商品に絞り込まれている。そのために顧客が迷うこともなく購入ができるようにされている。店舗は3.6メートルの広い通路と5メートルの高い天井が特徴である。カートを引いても邪魔にならない。店舗で顧客が買いやすい工夫は本社が担当している。そのために本社の社員は5年おきに約半年から1年現場に戻って働くことになっており，現場を知ることでさまざまな工夫が生まれる仕組みが作られている。

以上のように，ニトリのビジネスシステムは，製造業務活動の大半を委託することで，製造活動での効率的な活動を実現し，家具製造のコストを大きく下げるビジネスシステムになっている。家具の開発，販売，そして物流については自社が担当していた。これらの業務は規模の経済性を利用する取り組みが実現されていた。そして作業方法の改善への取り組みが行われていた。

ニトリでは，製造業務の委託が生み出す問題に対し，適切な対応がされていた。その第1の方法として，自社でも製造業務の一部を担当し業務の改善を行い，その成果を委託先にも移転していた。それにより提携工場での製造コストと品質，そして納期を改善することが可能になっていた。また第２の方法は，業務の委託に際し１社だけではなく複数の事業者へ委託を行い，競争を生み出すようになっている。これにより，より効率的な製造業務の実現が可能になっていた。

このようなビジネスシステムは，手ごろな品質と価格の家具需要が増加することを前提にしている。その限りでは有効なビジネスシステムが構築されているといえるだろう。国内だけでなく海外での需要の拡大にも対応することで，このビジネスシステムの成長が可能になっている。

2. 高機能・高品質の製品・サービスを提供するビジネスシステム

安価で一定の品質・機能をもつ製品を求めるニーズがある一方で，高機能・高品質の製品・サービスを求める顧客ニーズに適合するには，規模の経済性を最優先したビジネスシステムとは異なる対応が求められる。言い換えれば，高品質・高機能の製品づくりに必要な複雑な業務を組み合わせたビジネスシステムを構築する必要がある。そして，複雑な業務を行う担当者の技術，スキル，知識をもつ人材を絶えず育成する必要もあるだろう。そのため，複雑な業務を細かくコントロールできるように，自社内に置く必要性が生まれる。また，必要な技術，スキルを開発し，知識を絶えず生み出す業務も社内に配置しておく必要がある。

こうして一企業内部で，開発から販売，そしてアフターサービスまでの業務を担当し，それらの業務で高品質・高機能を実現し，さらにスキルの形成やノウハウの蓄積を行い，顧客データの蓄積を行うことになる。また人材育成業務も社内に置く必要がある。その極端な形態が，すべての業務を社内で担当するビジネスシステムである。このビジネスシステムは垂直統合型（vertical integration）と呼ばれている。その典型的なビジネスシステムは，図表５－４のように示すことができる。

図表５－４　高機能・高品質の製品・サービスを提供するビジネスシステム

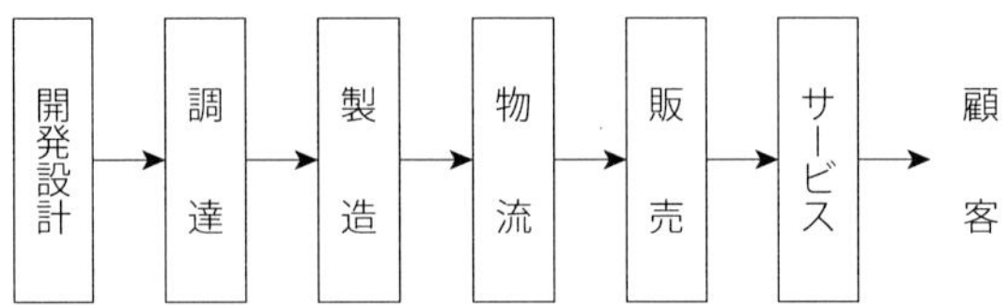

出所：筆者作成。

しかし，このようなビジネスシステムにも問題がある。その第1の問題は，高品質・高機能の製品・サービスの市場規模が相対的に小さい点である。そのため，すべての小規模な業務活動を1つの企業内で行うことは，規模の経済性の効果的な利用ができないことを意味している。必然的に製品・サービスの提供価格は高くならざるをえない。したがって，すべての業務活動を1つの企業内だけで行う垂直統合型の企業は，相対的には少なくなっている。提供する高品質・高機能の製品・サービスを実現するのに不可欠な業務活動だけを社内で行い，残りの業務は規模の経済性を最大限利用する企業に委託する方法を採用することでコストを削減することが一般的に行われているが，それでもコストは高くならざるをえない。

第2の問題は，このようなビジネスシステムでは，多くの業務活動を1つの企業内で行うため，複雑な業務活動の調整が必要になることが指摘できる。そのために間接的な管理業務も増えて，結果として管理部門の肥大化が進展し，間接費も増大する。

このようなビジネスシステムを採用するパナソニックのPC事業について，見ていく（日経ビジネス編集部，2010b参照）。

事例２：パナソニックのPC事業

パソコンのシェアでは，他社の後塵を拝しているパナソニックであるが，国内の12インチ型以下の液晶ディスプレーをもつノートパソコンのシェアでは，26％（2009年）になっている。また，海外向けにはタフブックの名称でPC販売を行っている。国内の競合メーカーのPC事業は生産拠点を人件費の安い中国と台湾に設置したり，EMS 企業に委託し生産を行うようになっている。そして国内には設計と開発拠点だけを置くことが多くなっている。しかし，パナソニックのノートパソコン事業では，ビジネスシステムを構成する業務のほぼすべてを自社グループ内で行い，しかも生産業務を国内で行っている。基本的なビジネスシステムは，図表５－４と同様に示すことができる。2009 年のレッツノートとタフブックの合計年間生産台数 69 万台のうち，約 9 割が国内で生産されている。そして，基幹部品も自社グループの国内子会社で生産を行っている。このビジネスシステムの特徴点は以下の２点にまとめることができる。

①　垂直統合型のビジネスシステム

ノート型パソコンの垂直統合型のビジネスシステムが構築され，PC の生産は神戸市の中心街から地下鉄で 30 分ほどの工場で行われている。残りの一部が台湾で生産されている。

生産費用の点からは，国内での生産のために製品価格を上げざるをえない。しかし，あえて国内での生産を行うのは，PC ユーザーの業務を止めないためである。顧客がノートパソコンを使用していて不具合が発生しても，パナソニックの場合は連絡後３日以内で修理を行い返還可能である。その理由は修理拠点が生産拠点のなかに設けられており，すぐに対応できるようにされているからである。

②　生産工程への情報・知識のフィ―ドバック

同社では世界 12 拠点に PC 修理センターを設置している。そしてその修理情報のすべてが神戸工場へ集められることになっている。それによってパソコンの不具合の原因がどこにあるのかを常時把握できるようになっている。不具合原因が特定されると，パソコンの生産工程のどこに問題が発生しているのか，すべて遡って検証する「部品トレーサビリティ」の体制が構築されている。パソコンに内蔵されているマザーボードに２次元のバーコードが割り振られており，生産工程ごとにスキャンして製造内容を記録させている。そのため修理情報から不具合を生み出す電子部品を特定でき，また生産工程の改善を行い，故障のおきにくい生産工程の実現がされている。

さらに，不具合が生まれたパソコンのデータから，その可能性があるパソコンを割り出して故障の起きる前に修理の対応ができる体制が作られている。このようなモノとサービスを合わせて提供することが，パナソニックのビジネスシステムを構成している。

安価なPCが市場で大きく成長するなかでも，パナソニックのノートブックの製造と販売はほとんど影響を受けていない。このような製品とサービスの提供は，EMSへの生産委託では実現できない。またサービスの提供から生まれる修理情報が生産の現場に素早くフィードバックされることで，製品機能の改善につながっていた。これも生産と修理を自社内で，しかも国内に置くというビジネスシステムだから可能になっている。

パナソニックのビジネスシステムは，ほぼ垂直統合型のビジネスシステムになっており，価格は比較的に高く設定されている。しかし製品販売後の修理サービスでは，他社との差別化を実現するビジネスシステムになっている。製造と修理業務との協力関係が形成されている。そのため，国内の工場内に修理の拠点が置かれて業務間の密接な協力関係が形成されていた。

自社内にすべての業務を置くことから生まれるコストを上回る問題解決上の利益が生まれていた。この利益が大きく，そのノウハウ，情報，知識の蓄積が新たな製品開発につながっている。

3. 購入・配達の便利さとスピードを実現するビジネスシステム

顧客ニーズのなかで近年，とくに購入・配達の便利さとスピードに対するニーズが高くなっている。われわれが製品・サービスを購入する場合，販売する店舗へ足を運び，そこで製品・サービスを選択し購入代金を支払い，製品をもち帰るかサービスを受けるのが一般的である。しかし，販売する店舗が自宅から離れた場所に立地している場合には，重い買い物をもって帰らなければならないこともある。そのような場合には，買い物をする上での不都合や不便さを感じることがある。

この不都合や不便さを解消するニーズに対応する方法としては，インターネットや電話によって購入する方法がある。企業側はインターネット上に商品やサービスのカタログを掲載しておき，それを顧客に選択してもらい発注を受け，配送する方法を採用することになる。また，この方法では店舗をもたないために，それに投下される固定費がなくなり，大きな費用削減にもつながるため，近年ではこのビジネスシステムを採用する企業が増加している。

このビジネスシステムにも多様なものが存在するが，配達のスピードをとくに加速し，顧客のニーズに対応するビジネスシステムが存在する。配達を発注翌日に行うサービスや，発注後１時間以内の配送で，顧客のニーズに対応するビジネスシステムも生まれている。また，配送料を無料にするビジネスシステムも生まれるようになっている。このビジネスシステムは図表５－５のように示すことができるだろう。

図表５－５　購入・配達の便利さとスピードを提供するビジネスシステム

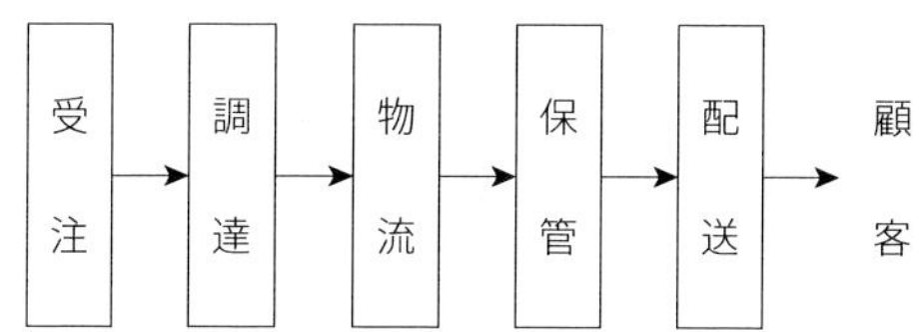

出所：筆者作成。

しかし問題点もある。その第１の問題は，配送上の費用が発生する点である。その費用が大きくなると，利益を生み出すのが困難になる点である。第２の問題は，商品金額が安価な製品だけで，しかも購入量が少ない場合には配送費用の負担ができなかったり，インターネットサイトの維持費用が負担できなくなる点である。これらの問題に対応するため，顧客の注文金額を一定額以上に設定することで，配送費用の負担を減らすことが行われている。以下では，このビジネスシステムを採用している株式会社カクヤスの例を見ていこう。

事例３：株式会社カクヤスのビジネスシステム

株式会社カクヤスは設立当初は東京23区で事業を展開し，酒類の販売業務での配達の便利さで顧客のニーズに対応するビジネスシステムを実現していた。その後，営業の範囲は拡大され，現在では東京23区以外では首都圏および大阪等の飲食店と住宅地の密集している地域へと営業範囲と店舗を拡大している。

カクヤスの対象とする商品は特別なものではなく，一般的な酒類や清涼飲料，その他食品類を主に取り扱っている。価格設定は特別に安いわけではない。他の激安量販店の販売価格よりも高いが，一般の酒類販売店やコンビニエンスストアよりは安い価格設定がされている。顧客のニーズのなかの価格の安さに対応するのではなく，価格はそれほど安くはないが，一定地域内であれば，ビール１本から２時間以内に無料で宅配するサービスが，カクヤスの事業内容の特徴になっている。

都市部では女性や高齢者，また車をもたない人を中心として重い酒類を安く買うよりも，玄関先までもってきてほしいというニーズが生まれている。しかもその日のうちに欲しいというニーズも多くなっている。これらのニーズに対応するサービスの実現がカクヤスの主要な事業内容になっている。当初は無茶といわれたサービスであったが，十分に宅配のコストを賄って利益を生み出すビジネスシステムになっている。この無料宅配で利益を生み出すビジネスシステムが，カクヤスの競争優位性を生み出す源泉になっている。しかし，このビジネスシステムは簡単には他社が模倣できないビジネスシステムになっている。その特徴は以下のように整理できる

① 従業員に危機感を浸透させている

２時間以内に無料で宅配を行う上で，すべての従業員に改革が必要な会社の現状を包み隠さず説明し，宅配に活路を見出さなければ存続が困難な点が，共有されている。従業員の納得感がなければ現場での困難を克服できないため，従業員の納得は不可欠であった。つまり従業員の２時間以内の宅配への意欲を引き出す取り組みがまずあって，はじめてこのビジネスシステムが可能になっている。しかしその後，店舗ごとに１時間単位で受注件数を決めることで，１時間以内での配送としている。

② 宅配網の設定を限定

宅配網はすべての地域には設定されず，限定的にその地域が設定されている。店舗から半径1.2キロメートルをカバーする体制が作られ，１時間以内での配送を可能にしている。この体制が確立することで，ほかの競合企業が参入しようとしても容易には模倣できない。

③ 価格設定を激安店より高く，コンビニよりは安く設定

価格設定を激安店よりも高く，しかもコンビニエンスストアでの購入に対抗できるような設定がされている。また激安店に対しては無料宅配サービスの存在で十分な競争優位性をもつことが可能なビジネスシステムになっている。カクヤスのビジネスシステムは図表５－６のように示すことができる。

図表５－６　カクヤスのビジネスシステム

調達 → 保管 → 受注 → 物流（23区内等） → 宅配（23区内等） → 顧客

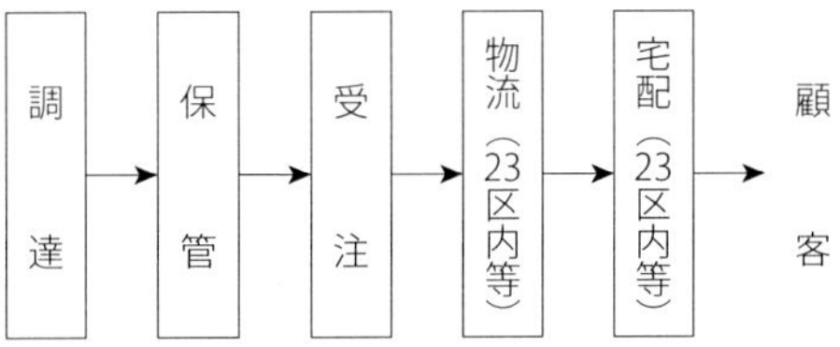

出所：筆者作成。

以上のように，カクヤスのビジネスシステムは顧客の便利さとスピードのニーズに適合したビジネスシステムになっている。そのビジネスシステムを支えているのは第１に挙げられていた従業員の危機意識と納得感であった。１時間以内での宅配サービス実現への従業員の意欲がなければこのビジネスシステムの実現はできないからである。意欲をもって取り組む人材が重要な経営資源になっている。また１時間以内にまとまった商品を宅配できるように，宅配先を調整する経営上の能力も存在している。1.2キロの半径のなかで，利益が生まれるように，宅配先を調整するのは容易ではない。そこに独自のノウハウが存在している（日経ベンチャー編集部，2004，2006年，日経トップリーダー編集部，2009，2014，カクヤスホームページ参照）。

しかし，このビジネスシステムにも問題が存在する。第１の問題は，１時間

以内に無料で配送するサービスは，都市部で人口密度の高い地域でなければ実現できないという点である。そして第２の問題は，人口密度の他に高齢者が多く住む地域でなければならない点である。人口密度が高く高齢者の多く住む地域以外の地域では，このビジネスシステムは有効に機能せず，事業としては成り立たない。しかし人口減少する今日，過疎化した地域が増えているが，それに対応することはこのビジネスシステムでは不可能である。

第４節　ビジネスシステム効率化の方法

ビジネスシステムは既述のとおり，当該企業が対象とする顧客に製品とサービスを提供するのに必要な，資材の調達から製品・サービスを届けるまでの一連の活動の枠組みを意味している。この業務活動の枠組みのどこかで利益を得なければならない。また，競合企業と同じ業務活動では，差が生まれず適切な利益を得ることはできないだろう。類似するビジネスシステムでは競争優位性は生まれにくく，低い利益の達成しかできないといえるだろう。そのような事態を回避し，より効率的なビジネスシステムを実現するには，ビジネスシステムのもつ問題に効果的に対処する必要がある。既述した３つの事例でもその方法のいくつかが示されていた。対処法には多くの方法があるが代表的な４つの方法を以下で挙げておこう。

①　費用削減をさらに進める

第１の方法は，費用削減をさらに進めるという方法である。そのためには，ビジネスシステム全体の業務，もしくは一部の業務をさらに大規模に行う仕組みを作るという方法が存在する。コストを削減して利益を確保するという方法である。具体的には特定の業務での規模の経済性を利用することで，固定費用を削減する取り組みである。ニトリの事例にもあったように大規模な物流倉庫や販売店で規模の経済性を実現し，コストを下げる取り組みが具体例として示されていた。また，生産工程を大規模化するために，競合する他社の製品製造を受託することも行われている。

また，多くの製品に使用される部品の共通化もこの方法の例である。部品の製造を大規模に行い，大きく製造コストを削減するという方法である。この取り組みは自動車業界では広範に行われており，複数の車種で利用される部品を共通化することで大幅なコストの削減が実現されている。また，製造業務全体を製造受託する企業に集中させるという方法も行われている。その方法はすでにEMSへの業務委託として，電子部品生産では広く行われている。

②　他社への業務委託から生まれる問題への対処

他社への業務の委託はまた多くの問題を生み出していた。その問題に対処することも必要である。ニトリの例で挙げたように，自社内でも委託した業務を並行して行うことで，その業務で生まれる改善策を製造業務の委託先企業へ移転することが行われていた。これによって業務の効率化を確実に実施することが可能になっていた。委託先企業に業務改善を任せるのではなく，自社でも業務の一部を担当することで実現されていた。さらに特定の業務を1社ではなく，複数社へ委託することで競争させ，委託した業務のコントロールを実現することも行われている。

③　優れた人材を限定した特定業務だけに充てて，優れた業務を実現するという方法

具体的には製品の設計・開発活動に多くの優れた人材を担当させることや，製造活動で特殊な技能が必要な工程に，他社にはいない人材を充てて，優れた製品機能を組み入れるという方法である。

④　業務と業務の繋がりを密にし，企業活動全体のスピードを上げる方法

業務活動間の連携をスムーズにするために情報システムを活用し，情報伝達上の誤りをなくし，数量等の修正を素早く行うことで効率化を達成できる。これによって多くの仕掛品在庫を最小化することが可能になる。また多くの手間を省略化することができる。これを可能にしているのがIT技術の進歩である。情報を業務活動間で共有化することで，手待ち時間の無駄や作業の無駄を最小

化することができる。

業務活動のつながりを密接にする方法には，業務活動の場所を地理的に近接して配置するという方法もある。これによって部品移動の時間を短縮しコストを下げることが可能になる。例としては，トヨタ自動車のカンバン方式を挙げることができる。カンバンは現在では電子化されているが，自動的に後工程で使用される部材の数量，種類を前工程に連絡する方法である。IT 技術によって部材や商品の流れを確実に把握し，その情報を全社的に共有化することで業務活動全体の連携を容易にしている。また，部品を納品するサプライヤーや自社のグループの部品工場も隣接地に配置され，移動時間とそれにかかるコストを大きく削減している。業務活動をグローバルに展開する企業ではさらに工夫し，効率化を進めている企業もある。建設機械を扱うコマツは，そのよい例といえるだろう。コマツは建設機械の組み立て工場を世界各地にもち，市場に近い場所で最終製品を完成させて，輸送上の効率性を高くしている。日本国内では製品の開発と設計，そして基幹部品の生産が行われている。もちろん国内向けの製品組み立ての工場はあるが，供給する基幹部品の生産が多く行われている。その基幹部品は製品原価の 3 割近くを占めるが，そのなかでも独自の油圧バルブが製品機能を最大限引き出す部品になっている。この部品は多くのさまざまな技術のすり合わせが必要とされるもので，その生産はブラックボックス化されている。このように基幹部品の技術をブラックボックス化することで，コマツはグローバル市場で競争優位な地位を確保している（日経ビジネス編集部，2010a 参照）。

以上のように，大きくは 4 つの方法でビジネスシステムを効率化し，競合他社と差別化することを通じ，競争優位性の持続的な確保が行われている。

第 5 節　まとめ

優れたビジネスシステムの形成は，経営戦略を実現する上で中心的な課題となっている。しかし，簡単にこのビジネスシステムを構築することはできない。実際には多くの試行錯誤を通じて，さまざまなアイデアを組み合わせて構築されている。そのため，一旦構築されるとそのビジネスシステムを変更することは困難になる。また，一旦構築されたビジネスシステムに適合しない事業への新たな進出も困難になる。すでに成功している企業が新規事業への進出で，多く失敗するのはこのビジネスシステムの特性が大きな原因になっている。

トヨタ自動車では，その事業対象は大衆車市場を念頭にビジネスシステムが構築されている。そのため大衆車市場に対応したビジネスシステムが強固に構築されている。また，そのビジネスシステム内の業務活動に対応した知識をもつ人材や，製造方法，品質管理方法，そして販売方法が形成されてきた。さらにそのビジネスシステムを効率化するための手段が採用され，より一層効率的な企業活動が実現されてきた。しかし，国内市場の縮小にともない，大衆車以外の市場として，高級車市場に進出することになった。しかしその高級車市場に対応するビジネスシステムは，従来のものとは大きく異なるものであった。そのために，新たなビジネスシステムを構築することが決定され，高級車レクサス専用の開発業務，生産業務，販売業務，サービス業務から構成されるビジネスシステムが構築されることになった。このように成功したビジネスシステムからの排他性という新たな問題に対応する必要性がうまれることになる。

【参考文献】

Johnson, M. W., Christensen, C. M. and Kagermann, H. (2010), "Reinventing your Business Model", *Harvard Business Review on Business Model Innovation*, Harvard Business School Press, pp.47-70.

小野桂之介・根来龍之（2001）『経営戦略と企業革新』朝倉書店。

加護野忠雄（1999）『競争優位のシステム―事業戦略の静かな革命』PHP 研究所。

加護野忠雄・井上達彦（2004）『事業システム戦略』有斐閣。

日経トップリーダー編集部（2009）「無茶な改革に社員を巻き込んだ３代目社長の『3 つの働き方』」『日経トップリーダー』８月号，14 ～ 17 ページ。

日経トップリーダー編集部（2014）「お客様のための数値管理に徹する」『日経トップリーダー』11 月号，18 ～ 21 ページ。

日経ビジネス編集部（2007）「ニトリ―効率性は自前で磨く」『日経ビジネス』８月 20 日号，40 ～ 45 ページ。

日経ビジネス編集部（2010a）「勝つ法則は自ら創る―コマツ社長インタビュー」『日経ビジネス』12 月 13 日号，24 ～ 27 ページ。

日経ビジネス編集部（2010b）「生き残りへの処方箋―サービスで買わせる」『日経ビジネス』12 月 13 日号，28 ～ 29 ページ。
日経ベンチャー編集部（2004）「酒屋の三代目，宅配 DS で独走」『日経ベンチャー』2 月号，50 ～ 54 ページ。
日経ベンチャー編集部（2006）「Face　ザ・経営者―カクヤス社長　佐藤順一」『日経ベンチャー』1 月号，21 ～ 27 ページ。

第6章

経営資源の適合

第1節　はじめに

顧客のニーズに適合する製品・サービスを開発し，それを提供することが企業活動の最も重要な取り組みといえるだろう。顧客への製品・サービスを提供するために利用されるさまざまな物，人，金銭，そして情報，知識等が経営資源といわれるものである。この経営資源の蓄積と利用の在り方が企業活動の成果を左右することになる。したがって，経営資源について何が価値ある資源なのかを認識し，それを蓄積し，さらにそれを適切に利用することが経営戦略の具体的な取り組みになる。しかし市場が変化するなか，何が重要な経営資源かは大きく変化している。

顧客が求めるものが明らかな場合には，求めるものを提供する準備を計画的に進めることができる。計画的に金銭を準備し，必要な資材を調達し，人を集め生産もしくは販売する場所を確保することを行うことになる。その場合には，金銭である資本金が重要な資源と認識される。他方，今日では多くの場合，顧客のニーズは明確化していないのではないだろうか。顧客自身も漠然とは感じているのだが，それを口に出し人に話したりすることはない。他人から問われることで，気付くことが多いだろう。このような場合には，計画的に十分に経営資源を準備し，製品・サービスを提供することは困難である。その場合には，顧客情報を集め，蓄積し，潜在的なニーズを探り，そのニーズの充足を行うのに最小限必要な経営資源を準備し，小さな規模での対応を行い，結果を見て生産を拡大するかどうかを判断することになる。この状況では，判断結果から生まれる知識が最重要な経営資源になる。

さらに，顧客ニーズへの本質的な適合を行うため，製品・サービスについて仮説を作り，新たな製品・サービスを提示し，新たな顧客ニーズを生み出し，新たな市場を生み出す取り組みも存在する。この取り組みは，ブルーオーシャン戦略（blue ocean strategy）の取り組みとされている（チャン・キム＆モボルニュ，2015）。この場合には，あくまでも企業側が独自の顧客のニーズに関する仮説を作り，従来の顧客ニーズの理解を転換する必要性がある。その仮説が実際に当てはまるのかどうかは，実際に製品・サービスを提供し，その結果を見る以外に検証を行う方法はない。そこから知識がもたらされることになる。

経営資源は短期間で蓄積することはできない。そのため３年から５年を対象とする狭義の戦略だけではなく，10年から20年先の未来を見据えたビジョンを含む広義の戦略での対応が求められる。未来の市場における顧客のニーズに適合するためにも何が重要な経営資源かを認識し，蓄積し配置する必要がある。言い換えると，経営資源の蓄積は，現時点の３年から５年を対象とする戦略に基づくだけでなく，未来の新たな戦略を切り開くためにも経営資源の蓄積が求められるといえるだろう。

さらに，蓄積された経営資源は有効に利用されなければ，その価値を失うことになる。その有効活用については，企業の存在意義である経営理念，そのもとに策定されたビジョンに基づいた利用が検討されなければならない。その有効利用のための取り組みも，重要な取り組みになると考えられる。

経営資源を利用する経営戦略を策定，実行するのは人という人的資源である。その人的資源が意欲をもち，未来に向かって夢のあるビジョンと経営戦略の策定に取り組み，経営資源を利用し経営戦略を実現しなければならない。以上の関係は以下の図表６－１のように示すことができるだろう。

図表６－１　人と経営資源，経営戦略との関係

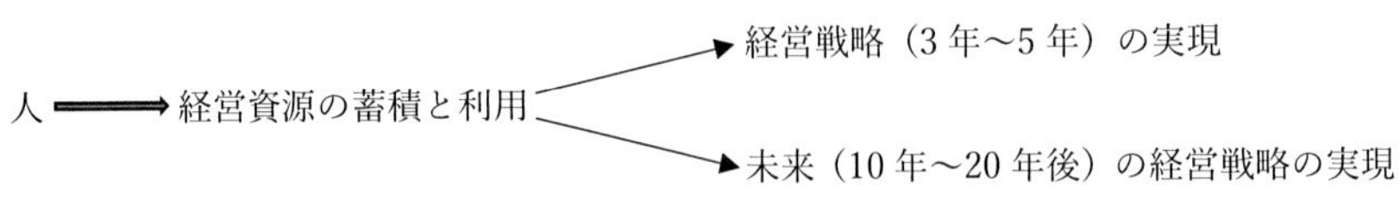

人 ⟹ 経営資源の蓄積と利用 → 経営戦略（3年～5年）の実現
　　　　　　　　　　　　　　→ 未来（10年～20年後）の経営戦略の実現

出所：筆者作成。

第2節　経営資源の種類

一口に経営資源といっても，その中身は多様であり広範囲なものが含まれる。また，そのカテゴリー分類の仕方も多様である。簡単に購入できるものから，長い時間をかけて自社内で作り上げなければ得られないものまで存在する。この資源について多様な分類が可能であるが，本書では4つのカテゴリーに分けることにする。それは，有形資源（tangible resource），人的資源（human resource），無形資源（intangible resource）あるいは見えざる資源（invisible assets），そして無形資源に含まれる組織能力（organizational capabilities）である。組織能力については次章で詳細に説明がされるので，本章ではそれ以外の有形資源，人的資源，そして無形資源を中心に取り上げる。

1. 有形資源

有形資源は比較的にその価値の評価がし易く，企業の貸借対照表にも確実に掲載され，資産として表示される。具体的には土地・建物などの不動産，生産設備，そして在庫としてもたれている原材料が存在する。さらに金銭も含まれる。有形資源は企業活動に不可欠な資源であり戦略上も重要な資源で，時に競争優位性を生み出す源泉になることがある。たとえば，保有する不動産が交通上の利便性の高い場所にあれば，その土地の有効活用は戦略上重要な意味をもつことになる。また，剰余金があればその有効活用も戦略上の重要な競争優位性の源泉になることがある。しかし，これらの資源が競争優位性の源泉になる場合は限られる。その有形資源が有効に利用されなければ，競争優位性の源泉になることはできないからである。たとえば，利便性の高い所にある不動産も，その利用法についての優れた情報・知識，そして意欲をもってそれを実現する人材がいて，初めて有効利用が可能になる。つまり，有形資源だけでは競争優位性は生まれない。優れた人的資源や無形資源と組み合わされて，初めて競争優位性の源泉になることができる資源といえるだろう。

2. 人的資源

人的資源は貸借対照表には掲載されないが，当該企業に働く従業員のもつ能力と技能，そして価値観と意欲をもつ最重要な資源として理解できる存在である。人的資源は他の資源と異なり，価値観をもちその他の資源を利用し能動的に企業活動を実現する存在である。その能力と意欲が，大きく戦略の内容と，その戦略の実行に影響する存在といえるだろう。人は価値観やその経験から生まれる視点から課題を発見し，その解決策を考え導き出すことができる。そして他の従業員と連携して，対話を行い議論のなかから新たな解決策を導き出す能力をもっている。その能力としては，論理的に思考する能力，そして経験，五感を使って判断する能力が挙げられる。個々の人が企業における最も重要な資源であり，企業活動での能動的な役割を果たす存在である。

人的資源に備わる論理的な能力は，論理的に思考し演繹的な推論を行うための数値上の分析と検証の能力を意味する。業界ごとの状況の違いはあるが，企業を取り巻く環境の変化が少なく比較的に安定している状況下では，この能力をもつことで競合に対し競争優位性を得ることはできる。しかし，この論理的な思考能力は当然のごとく競合企業でももつことが可能である。そのため，類似した戦略が策定されることから，競争優位の状況も直ぐに消滅する可能性は高くなるといえるだろう。

当該企業を取り巻く環境の変化が速く，大きく変化が起きるときには状況は大きく異なる。変化の状況が日常化すると，5 年後，10 年後の変化を予測することは困難になる。予測ができないなかでは，論理的に過去の延長で演繹的に未来を推論することでは新たな変化に対応することはできない。過去とは異なる未来の理想とする企業のあるべき姿を思い描くことが求められる。新たな未来を思い描くということは，論理的な推論からでは不可能である。その際には，人がもつ独自の価値観に基づいた経験を活かし，また五感を使い判断せざるを得ないのである。

今日の多くの企業では，新たな製品やサービスを考えだす上で，このような能力が求められるようになっている。こうして多くの多様な経験，多様な価値観をもつ人的資源が，不確実性の高い現代の市場状況では，最も重要な資源になっている。そのため多様な価値観，経験をもつ人が意欲をもつことが重要になっている点が指摘されている。言い換えればビジョンや戦略の内容に人の意欲を引き出す内容が求められるようになっている。そうでなければ優れた戦略の実現は不可能になっているといえるだろう。

3. 無形資源もしくは見えざる資産

この無形資源には広範囲のものが含まれている。まず，当該企業やその製品・サービスに対する評価，ブランドが挙げられるが，これらは顧客に蓄積されるという性質をもつ資源である。技術上の知識，特許，トレードマーク（商標），また，顧客に関する情報と知識，そして競合企業に関する情報と知識，取引事業者に関する情報と知識も重要な無形資産と捉えることができる。伊丹はこれらの資源を見えざる資産と表現している（伊丹，2012）。これらの資源は，市場での競争優位を生み出すうえで重要な役割を果たしている。

情報と知識は類似した概念として理解できるが，その違いを明確に認識しておく必要がある。情報は客観的なデータを一定の視点から解釈（interpretation）したものである。その視点とは，営業成績の視点や生産性の視点である。売り上げや労働生産性という視点からデータを集め比較し，その売り上げや生産性の現状を解釈するという視点である。その他，従来と異なる視点からも解釈することが不確実性の高い状況では強く求められる。このように，情報は一定の視点から解釈されたデータであり，さらに知識の基盤になるものである（野中・竹内，1996，85～86ページ）。

その情報とは異なり，知識は第1に人の信念や取り組み方と関係し，特定の立場，見方，あるいは意図を反映する。第2に，知識は常に特定目的のために存在する。その一方で，知識と情報の類似点は，両方とも特定の文脈の関係で意味をもつ点が挙げられる。そして無形資源の中心となるのは情報と知識の両者であると理解することができる。知識としては技術上の知識，特許は形式知という知識として理解できるものである。他方情報としては顧客に関する情報や，競争相手に関する情報が存在する（野中・竹内，1996，85ページ）。

これらの独自の無形資源をもち，それを利用して経営戦略を形成することで，競争上の優位な立場をもつことができる。それを持続的に行うには，絶えず優れた無形資源をもつ必要がある。そのためには無形資源を蓄積し，それぞれの無形資源の特徴を理解し有効に組み合わせ，一時的ではなく持続的に競争優位性を形成する必要がある。

無形資源の共通した特徴は以下の点に要約することができる（伊丹，2012）。

① 利用しても消滅することはない。逆に，無形資源のなかには利用によってその価値が増加するものがある。
② 簡単には獲得することはできない。時間をかけて形成もしくは蓄積することでしか獲得できないか，購入するときには高額な対価が求められる。
③ 多重に利用することができる。さまざまな場面で利用可能である。

以上の共通する特徴の他に，それぞれの資源には固有の特徴が存在する。その特徴を十分理解し，その資源の形成と利用を進める必要がある。

4. 組織能力

組織能力は有形・無形の資源，人的資源とは異なる。その資産を組み合わせビジネスシステム上で，製品やサービスへ転換する能力を意味する。具体的には企業で考案された管理上の制度や組織として存在する。これらは広い意味では無形資源に含まれるものであるが，他の無形資産とは区別して理解することができる。詳細は７章で説明がされる。

第３節　経営資源の蓄積と利用の独自性

経営資源を利用するには，まず，重要な経営資源を認識し蓄積することが必要である。何が重要な経営資源であるかは，市場での顧客ニーズをはじめとする変化のなかで独自に認識しなければならない。そのことで他社と異なる独自の経営戦略の可能性を生み出すことができる。結果として，競合他社による模倣が困難になる。

その独自の経営資源を蓄積するには独自の取り組みで経営資源を蓄積し，その利用方法についても絶えず見直す取り組みが求められることになる。

経営資源を蓄積する取り組みでは，すべての経営資源を対象とすることはできない。必要不可欠な経営資源は何かを限定する必要がある。その対象を規定するのは経営者の認識，経営理念，ビジョン，そこから生み出される目的であり，それに規定された全社レベル戦略と競争戦略，そしてビジネスシステムでの利用方法を挙げることができる。つまり蓄積された資源の現時点，および未来における利用を考えた蓄積に限定する必要がある。

未来を切り拓くには，どのような経営資源の蓄積を直接行うのかを決めなければならない。また業務活動での蓄積を行う場合には，その業務活動を限定しなければならない。限定しないと，多くの情報・知識に翻弄されて混乱が生まれる可能性が高くなってしまい，また多くの費用の発生が見込まれるからである。

ただし，目的を明確に限定しない一部の無形資源の蓄積が，偶然に優れた資源として利用されることはある。具体的には，研究開発においてはその取り組みの時間・費用の20%～30%を自由に自身の考える研究テーマの研究に利用できる制度が存在する。容認することで，偶然に形成される技術の可能性を生み出し，担当者の研究意欲を高くすることも目的にされている。

蓄積された資源は，その一方で有効に利用されなければならない。そのためには経営理念，ビジョン，戦略，そしてビジネスシステムで有効利用される資源を絶えず明確にする必要がある。人的資源であれば，人材として必要な技能を明確にし，その教育が必要とされる。無形資源である技術の開発では，求められる技術上の要件を明らかにするのと並び，技術上の知識や情報である知的財産の有効活用が求められる。近年ではこの知財の管理部門の重要性が高くなっている。過去に研究された成果のなかに，新たな技術の研究上で有効に利用できるものを探索する必要性が高まっている。

第４節　経営資源の蓄積方法

経営資源の蓄積について，直接行う部門を設置し，担当する直接的な蓄積の

図表6－2　2つの経営資源蓄積方法

①直接的な蓄積―教育訓練，製品技術と製造技術の研究開発，デザイン力，企業の製品・サービスに関するコマーシャル提供

②業務副次的な蓄積―顧客による製品・サービスへの信頼感形成，顧客情報，既存製品の改良，製造工程の技術改善

出所：筆者作成。

方法が存在する。それとは異なり，多様な企業活動が行われるなかで，必然的に生まれる情報や知識が存在する。その蓄積方法が業務副次的な蓄積である。それらの蓄積方法は，図表6－2に示すことができる。

1. 人的資源の蓄積としての教育訓練と意欲形成

人の能力を高める方法としては，従来は教育訓練を挙げるのが一般的だろう。その他にも企業外での教育訓練も挙げられている。また従業員の多様な経験による，業務のなかでの知識の蓄積を進める方法も存在する。ホンダが新採用の技術者を，F1レース車の開発チームに組み入れ，独自の経験をさせる取り組みも，技術人材育成上の重要な取り組みになっている。また，技能については，企業を取り巻く環境の変化が速く，その変化する状況のなかで対応できる技能を教育するという企業内教育の在り方が重要な経営上の課題にもなっている。近年では，デジタル化に関連する技能の必要性が高まっている。また多様性をもつため，女性の採用比率を増やし外国人材を採用する取り組みも行われている。多くの多様な経験も，さまざまな情報や知識を取得する上でも重要になっている。従来とは異なる情報・知識をもつことで，環境の変化に対する新たな戦略の可能性を高められると考えられるからである。多様な経験をすることで，新たな知識や情報を蓄積する方法として，近年注目され，多くの企業で採用されているのが「副業」制度である

副業は，当該企業では取得できない情報や知識を企業外部から獲得する有効な方法になる可能性をもっている。その情報や知識が従来と異なる新奇性を戦略内容にもたらす可能性をもつからである。その可能性を多くもつことは，従来の方法では得られない無形資源としての情報や知識をもつことを意味し，潜

在的に未来の時点の競争優位の可能性を生み出すことを意味する。副業は従業員の単なる生計維持の手段ではなく重要な戦略的取り組みになっており，経団連調査では５割以上の企業で副業が容認されるようになっている。企業内にとどまっていた人材を外に出すことで，副業先で新たな情報や知識を習得できる。また社内にいただけでは接することができなかった人脈も得られる。その情報や人脈が戦略に新たな意味を付け加える可能性をもてることになる。さらに社員の自発的な学びへの動機づけにも有効な方法になると考えられる。

副業人材を受け入れる企業側にも，大きな戦略上のメリットが生まれる。社内では得られない情報や知識をもつ人材を受け入れ，一時的に不足する専門的知識や経験をもつ人材の補完ができるというメリットがある。これによって，戦略の展開を素早く行うことが可能になるからである。電気機器メーカーのオムロンは2021年，中期経営計画や今後の長期ビジョン策定に向けた準備を行っていた。そのなかで，デジタルトランスフォーメーション（DX）や新規事業の創出，サービスマネジメントの強化が検討されていたが，それを担える人材が不足していた。それを解決する手段として，副業人材の確保が行われることになっている。副業人材に任せられる業務について現場部門で検討され，擦り合わせされたが，詰めていく上で重視されたのが「社会課題の解決」という視点であった。副業で応募してくる人材に対し，社会問題の解決に直接結びつくような新規事業の創出にテーマを絞り募集をしている。その結果，891人と応募者が殺到した結果となっている。その主要な理由は，社会問題の解決という理念を前面に打ち出しての募集であったためとされている。副業希望者のなかでも金銭報酬より社会貢献ややりがいを求める優秀な人材を多く集められている。採用のミスマッチがほとんどなく，想像以上の成果を出すことができたとされている（日経ビジネス編集部，2022b，参照）。

副業を認めることは，送り出す方も，それを受け入れる方の企業側にとっても，従来にはない経営資源蓄積の可能性をもつ人の技能，情報と知識，そして意欲を高める重要な方法になっている。

さらに，人材の古くなった技能や知識を新たな技能や知識に転換するための学び直しも，人材の知識を向上させる重要な取り組みになっている。社会の変化に対応した新たな技能や知識をもてなければ，副業もできなくなることは必然だろう。不確定な未来に対応する学び直しや副業を拡充する上で重要なのが，長期のビジョン，そして経営戦略である。その際に，企業の存在意義を明確に示すことが，優れた人的資源の成長と動機づけにとり不可欠になっている。

2. 無形資源の直接蓄積

直接的な無形資源の蓄積で中心となるのが，製品技術・製造技術の研究開発である。技術は自然界に存在する法則性を発見することから生まれる知識である。それを利用・応用することで具現化されたのが製品・製造技術である。その技術が利用され，製品・サービスとして実現される。その技術上の知識を生み出すのが研究開発である。研究は基礎研究を意味し，自然界に存在する法則性や規則性を発見する取り組みである。開発はその基礎研究から生まれる法則性を使って，製品・サービス上の技術，もしくは製造技術を生み出す行為を意味する。このような研究開発は，企業の全社レベルと競争レベルの戦略に対応して推進される。全社的にどのような事業領域で，どのような顧客ニーズに対応した製品・サービスを実現するかが決定され，その決定に基づいた研究開発の取り組みが行われることになる。

従来とは異なる画期的な技術の研究開発には，研究開発のビジョンを作成する必要がある。その基盤となるのが 10 ～ 20 年後に向けての企業全体のビジョンである。企業全体として 10 ～ 20 年後にどのような事業を行うべきかを明確にする必要がある。いわば企業の存在意義の明確化である。その存在意義を基軸に技術の開発目標を決定し，研究開発部門でのビジョンを作成することが行われる。

今日では，地球規模の課題解決が企業に求められている。その解決方法として優れた技術の研究開発が企業に求められている。そのためには，まず開発部門でのビジョンの策定が行われ，ロードマップが策定されている。そのロードマップに従い研究開発を進めることが行われる。

さらに，市場での競合他社の製品やサービスに対して，類似した製品・サービスを提供するのではなく，より顧客のニーズに適合するものを提供する必要がある。そのためには，さらに研究開発への要請は厳しくならざるを得ない。多様な方法で研究開発の促進が行われるが，以下では先進的取り組みをする企業の事例を取り上げ，研究開発を促進する方法についてまとめ整理しておこう。

事例1：村田製作所の研究開発促進方法

無形資源である技術の開発促進の先進的な例として電子部品メーカーの村田製作所を挙げることができる。村田製作所はスマートフォンなどの電子機器に使われるコンデンサーと呼ばれる部品を主に開発製造する日本を代表する企業である。コンデンサーには単価が1円を切るものもあるが，営業利益と売上高営業利益率はともに高く，競合企業を圧倒している。この村田製作所では，コンデンサー以外の部品でも世界トップシェアの部品も多く存在する。しかしいずれも小さな部品である点は共通している。その部品という事業での競争優位性を生み出す要因の1つが真似のしにくい部品に絞って製品化してきたことである。セラミックスは，その素材の選び方や配合の仕方，焼き方で，耐熱性や絶縁性，耐摩耗性などの特性が大きく変わるため他社の参入が困難であり，模倣が困難な製品とされている。第2の要因が，垂直統合の考えである。素材から製造装置まで自前で手掛け，製造工程をブラックボックス化し，他社がまねできないようにしている。そのため情報漏洩対策がされている。さらにその装置を使用する作業員にも装置使用上の技能が形成されている。第3の要因が，新製品開発のスピードの速さを生み出すことである。発売から3年以内の新製品の比率が約4割を占めている。その秘密は，商品技術という社内資格制度の存在である。設計から開発，生産，販売までの業務に関する知識と情報をもつ人材を意味する。商品開発の資格をもつ人材が新商品の開発時に，顧客企業の細かなニーズを聞き，それを設計や開発部門にフィードバックし，商品として仕上げることが行われている。顧客とのやり取りでは，商品技術だけでなく量産日程や販売価格も即断即決で決めることが可能にされている。商品技術の資格をもつ社員は開発，製造，そして海外勤務などのさまざまな部門の経験を経て，ようやく30代以降になって商品技術の資格が与えられる。その経験する過程で，顧客の問いかけや疑問に答え，その場で対応できる能力が形成されていく。その結果，即断即決で商談が進められ，開発のスピードも速くなっている。そして第4の要因が「机の下の研究」が許容されている。会社のプロジェクトとして認められていないため予算はないが，社内では自ら仮説を作り，就業時間の20%まで自由な開発が許容されている（日経ビジネス編集部，2019，参照）。

以上の4つの要因は，それぞれ研究開発のなかの開発を促進し，技術蓄積を促進する取り組みと捉えることができる。第1の要因では，開発の対象をセラミックスに限定し，圧倒的な情報蓄積が実現され，競合への対応が実現されていた。第2の要因は，生産設備の垂直統合であった。これも生産設備の自社独自の技術蓄積が行われ，模倣困難にして，独自の開発を可能にしていた。第3の要因では，営業担当を商品技術の資格をもつ人材にすることで，スピードの速い営業，開発，製造が実現されていた。そして第4の要因である「机の下の研究」は，自由な発想での開発を許容することで，開発の新たな方向への技術蓄積の可能性が生み出されていた。

村田製作所の事例から分かる開発の促進方法は，以下の3点に要約できる。

① 開発する対象を製造装置も含め，模倣困難なものに限定する。

② 開発速度を高めるため，営業，開発，製造が連携する。

③ 机の下の研究を認め，自由な研究の余地を与える。

事例2：テルモでの取り組み

次に，研究開発のスピードを速め，開発コストを下げる取り組みでは，前述の村田製作所とは対照的に，中核となる技術については自社での開発を行うが，周辺技術については他社の開発に任せることで技術蓄積を推進するのが，医療機器メーカーのテルモである。

テルモは2020年段階で，直近20年での売上高営業利益率は15～20%の水準を維持している。中核事業は心臓カテーテル治療用の機器である。心臓カテーテル治療機器ではテルモは後発であり，欧米の大手との間には技術格差が存在した。自前技術を生かすだけではその格差を埋めることができなかった。

すべての技術開発を手掛けるのは現実的ではないのが医療機器の分野であり，裾野が広く幅広い周辺分野が存在している。このような事業の場合には，必要な技術要素を割り出し，自社で手掛ける領域と外部から導入する分野を見極める必要がある。その際，将来の医療のビジョンを考え，それを具現化するのに必要な知識やスキルをもつ医師や研究者，そして企業を探し出し実用化を目指すことが行われている。つまり自前ですべてを行うのではなく，周辺技術については医師や研究者，そして他社に任せることで研究開発を進めている。こうして中核技術に注目して技術・知識が効率的に蓄積されている（日経ビジネス編集部，2020b，参照）。

さらに今日では，オープンイノベーションの取り組みが行われるようになっている。研究開発が企業内だけで自己完結的に行われるだけでは，その目標の達成ができない場合には，企業外部の企業もしくは研究機関との共同での開発に取り組む場合が存在する。それがオープンイノベーションと呼ばれる取り組みである。

外部の技術情報や知識を生かしイノベーションを生み出すことが，2003年ハーバード大学のヘンリー・チェスブロー（H. Chesbrough）によって提唱された（チェスブロー，2006）。その中心となる取り組みが研究開発活動である。オープンイノベーションでは，外部と連携することで開発期間を短縮したり，開発のコストを大幅に削減することを目的に行われている。その取り組みは，従来は製造業が中心の取り組みとされていたが，2019年の時点では金融機関や商社，鉄道会社などにも広がり，新たなサービスを立ち上げるうえでもその考えが広がっている。市場の変化が速く，顧客のニーズも素早く変化するなかでは，自社内だけで続々と新製品や新サービスを生み出すことが困難になってきている。また，デジタル技術の普及にともない業界の垣根を超えることが可能になっている。デジタル技術の開発については多くの企業が単独での開発ではなく，他企業との連携を行い，業務のデジタル化を行うようになっている。しかし，オープンイノベーションから生まれる具体的成果が十分には達成できていないという実態も指摘されている。その原因としては技術上の秘密，考えの違い，利害の対立等の問題の存在があると考えられる。オープンイノベーションの取り組みは，実際にはカタチだけでのものが多い点も指摘されている。この問題に対応するために，外部に求めるのではなく，企業内部にイノベーションの「種」を探す必要性も指摘されている。以上から研究開発促進策について，以下のように整理することができる。

④　中核技術以外の周辺技術の開発を外部に任せることで，技術開発を促進し速度を高めることができる。

3. 無形資源の利用促進

企業内部に過去に蓄積された研究開発の成果が，無形資源である技術である。その多くが企業で埋もれてしまっていることが指摘されている。その埋もれた研究成果が，重要な未来の研究につながる可能性が指摘されている。特許庁によると，日本企業がもつ有効な特許は 166 万件で，半分が休眠状態とされている。

社内に埋もれた研究成果を発掘することで大きな成果を出しているのが食品大手の明治である。明治は 2019 年 4 月，技術の掘り起こしのために既設の特許部を知財戦略部に改組している。研究所と同格の位置づけをしており，元々の特許の分析を行う人材だけでなく，経営企画部からもメンバーを集めている。これは，社内の埋もれた技術を発掘するには，全社および競争戦略との関係から解析するスキルが求められたためとされている。つまり目的なく，埋もれた技術を発掘するのではなく，一定の戦略，さらには長期ビジョンの視点から行う必要からであった。その成果について，同じ原料を使いながらこれまでにない製品につながる可能性があることが明らかにされ，製造工程を大幅に改善できる可能性が高いと経営陣により評価されている（日経ビジネス編集部，2020，参照）。

第 5 節　業務にともなう無形資源の蓄積と利用の促進

直接蓄積とは異なり間接的な無形資源の蓄積では，実際の企業活動にともなって発生する多様な情報の蓄積の可能性が存在する。そのなかには顧客情報，競合の情報，そして生産・販売現場等からの情報・知識が代表的な無形資源になると考えられる。企業の日常業務は，ビジネスシステムのなかで行われている。このビジネスシステムでは，自社内で行う業務と外部の企業で行われる業務が存在する。業務にともなう無形資源の蓄積は，自社内で行われる業務にともなって生まれる。逆に，自社で担当せず外部に外注化される業務では，無形資源の蓄積はできなくなる。業務にともなう無形資源の蓄積と利用方法としては，以下の２点に集約できるだろう。

① すべての業務にともなう無形資源ではなく，限定した無形資源の蓄積を行う。
② 蓄積された無形資源の有効利用を積極的に行う。

1. 対象業務を限定した無形資源の蓄積を行う

自社内での業務にともなう無形資源の蓄積も多様である。そのなかで業務上発生するすべての情報・知識を蓄積することはできない。多くの情報・知識に振り回され，混乱が発生する事態が生まれることが予想される。意図的に特定業務から生まれる情報・知識にターゲットを絞り，それを蓄積し，有効利用することで戦略，そしてビジネスシステムの実現が可能になると考えられる。つまり未来の時点における戦略とそれを実現するためのビジネスシステムを実現するために，日常業務で蓄積される情報・知識を限定する必要がある。

2. 蓄積された無形資源の有効活用を行う

業務にともなう情報・知識の蓄積には，顧客に関する情報・知識が代表的なものである。顧客のニーズへの適合を行うためには，日常的に絶えず優れた顧客情報・知識を蓄積し，それを利用した製品の開発から販売活動等を行う必要がある。そのため顕在的ニーズを明らかにするためさまざまなアンケート調査が行われる。また，顧客からのクレーム情報も重要な情報として扱われる。そのクレームから新たな製品・サービスが生まれる可能性があるからである。しかしそのような顕在的な顧客ニーズだけでなく，顧客との対話を通じて潜在的なニーズを捉えることも行われている。これらの顧客情報・知識を有効利用する取り組みの事例として興味深いのは，キーエンス社のケースである。

事例3：キーエンス社

センサー製造を主力事業とする電子機器メーカーであるキーエンスは，製造現場での異常を感知したり，生産性を高くする機器の開発と営業を行っている。他方，生産は外部企業に外注化されている。製品の特徴は高次元の製品だけではなく，アイデア商品も多い点である。製品のなかでアイデアを生かした新製品が7割になっており，他社にはない製品提供がされている。その一方で，ビジネスシステムは開発と営業を中心とする業務になっており，製造は外部企業で行われ，有形資源の保有は大幅に減らされている。ビジネスシステム駆動の原動力になっているのが，直接営業の取り組みである。競合が代理店を使った間接営業が主流であるのに対し，キーエンスは社員が営業を担当し，直接に顧客を訪問して顧客と直接対話を行っている。その理由は第1に競合を出し抜くスピードである。代理店を挟む競合他社では多くの時間がかかるが，間に代理店が入らないため早く対応が可能になっている。第2が，潜在的ニーズの掘り起こしである。営業担当者が現場を直接見ることで，顧客ニーズの掘り起こしが行われている。そのニーズ把握が，一握りの専門家ではなく多くの人の知恵を結集して行われている。そのための手段として「外出報告書」と「ニーズカード」が利用されている。「外出報告書」は営業担当者が毎日，商談ごとに手応えを振りかえり，どこで誰と会い，相手の反応を分刻みでタブレットに記入し，上司との共有がされる。また，商談でニーズ把握にともない，重要な情報が得られた場合，外報に加えニーズカードを作り，開発部門と共有する。顧客企業の人事情報の収集も行われ，営業活動に生かされている（日経ビジネス編集部，2022，参照）。

こうして営業や開発に生かすために社内での情報共有が当然視されている。顧客情報を営業担当1人で囲い込むのではなく，上司だけでなく，他の営業担当や海外担当とも共有化されている。このように，直接営業によって素早く顧客情報を取得し，蓄積して企業全体での有効利用する取り組みがされている。

第６節　経営資源の蓄積が生み出す問題

経営資源，とりわけ無形資源，人的資源の蓄積は３年から５年を対象とする戦略だけでなく，長期的なビジョンに基づいて行われ，新たな戦略の形成も考えて行われる。そのため直接蓄積と業務にともなう蓄積いずれにおいても，蓄積は長期的なロードマップに基づいて実行され，その蓄積された資源の有効活用が行われることになる。しかし競争環境の変化にともなう新規事業への取り組みが求められる状況では，従来の蓄積された資源では対応できない状況が生まれる。その様な場合，従来の蓄積された無形資源の利用が，逆に作用する可能性も生まれる。たとえば特定の技術を蓄積し，その有効活用を行う戦略で大きな成果を達成している場合には，その技術と異なる新たな技術の開発に積極的に取り組むことは困難になる。優れた技術蓄積は優れた成果をもたらすが，異なる知識を必要とする技術開発では，それが開発を遅らせる要因になる可能性をもっている。それは技術資源だけではなく，業務のなかで蓄積されてきた多くの情報・知識についても起こりえる。以上のように，環境の急速な変化に対応する際，新たな経営資源が求められることがある。その新たな環境の変化を早急に認知することが求められるが，その認知を阻害する可能性を蓄積された経営資源がもつことがある点には注意が必要である。

第７節　まとめ

「経営資源の適合」をテーマとする本章は，経営戦略を市場の要因から捉えるのではなく，企業の内部の資源から捉えなおすという視点に基づいている。しかし，市場における客観的な要因を無視してよいわけではない。客観的な市場の状況に適合するようにして，企業内の資源が利用され，はじめて経営戦略が実現できるからである。なかでも人的資源の重要性が指摘されなければならない。人は能動的な存在として，その他の資源に働きかける唯一の存在である。論理的な思考だけでは理解できない新たな状況に対して，自身の価値観，経験，そして判断も行うことができる存在でもある。当然のこととして失敗の可能性は確実に生まれる。その失敗から学び，新たな戦略を生み出すのも人という人的資源である。人の積極的な取り組みが，従来とは異なる戦略を生み出す鍵となっているからである。

従来と異なる経営資源の蓄積については，長期ビジョンと連動してその修正が行われなければならない。つまり長期ビジョンを前提として，はじめて経営資源の蓄積の内容も変更されるからである。そのためにはビジョンのなかで，自由な発想での経営資源の蓄積を許容する必要性も生まれている。そのために積極的に行われているのが村田製作所でも行われている「机の下の研究」の取り組みである。この取り組みの重要性は今後さらに大きくなると考えられる。また，人的資源での副業制度の拡大は，長期ビジョンでは予定されていない情報や・知識，さらには人脈をもたらす可能性をもつと考えられる。

本章で紹介された他にも，当該企業の枠を超えたステークホルダー・ダイアローグの存在も，企業の社会的責任への対応だけではなく，戦略上の情報・知識を獲得する場としても重要になっている。ステークホルダーの希望や未来に対する考えは，社内とは異なる視点から重要な情報や知識を生み出す可能性を意味する。それにより，新たな戦略を形成する可能性をもつことができる。

【参考文献】

Can Kim, W. and Maubrorgne, R. (2015), *Blue Ocean Strategy: Expanded Edition*, Harvard Business School Publishing Corporation.（入山章栄監訳『新版　ブルー・オーシャン戦略』ダイヤモンド社，2015年）

Chesbrough, H. (2006), *Open Business Models*, Harvard Business School Press.（栗原潔訳『オープンビジネスモデル』翔泳社，2007年）

Collis, D. and Montgomery, C. A. (1998), *Corporate Strategy: A Resource-based Approach*, the Macgraw-Hill Companies, Inc.（根来他訳『資源ベースの経営戦略論』東洋経済新報社，2004年）

伊丹敬之（2012）『経営戦略の論理（第4版）』日本経済新聞出版社。

日経ビジネス編集部（2019）「村田製作所　なぜ最強なのか」『日経ビジネス』6月3日号，30～51ページ。

日経ビジネス編集部（2020a）「種は社内にある　イノベーションの新作法」『日経ビジ

ネス』4月6日号，24～41ページ。
日経ビジネス編集部（2020b）「テルモ　成長導いた『脱・自前主義』」『日経ビジネス』4月6日号，50～54ページ。
日経ビジネス編集部（2022a）「解剖キーエンス　人を鍛える最強の経営」『日経ビジネス』2月21日号，8～31ページ。
日経ビジネス編集部（2022b）「二刀流で伸びる会社」『日経ビジネス』12月12日号，10～33ページ。
野中郁次郎・竹内弘高（1996）『知識創造企業』東洋経済新報社。

第7章

組織能力の適合

第1節　はじめに

企業の競争優位を持続させるためには，見える経営資源だけではなく，組織能力の存在を考える必要がある。組織能力とは，組織メンバーのもつスキルの協働によって生み出される能力であり，企業のさまざまな活動を効果的に遂行するために，企業の有する独特の資源や能力を統合し，競争優位の源泉となるものである。

本章では，組織能力とは企業にとってどのような存在であるのか，なぜ競争優位を持続させるために必要となるのかということを整理する。そして，環境の変化に対応するための組織能力であるダイナミック・ケイパビリティの概念を検討し，どのような組織構造がその創出のためには必要であるのか述べる。

また，企業が成長するための戦略と組織能力の関係を論じる。成長戦略には自社の既存の経営資源をもとに成長を図る新製品開発のような内部成長戦略とM&A（合併買収：Merger & Acquisition）などの外部から経営資源を獲得する外部成長戦略がある。それぞれの戦略では異なる性格をもつ組織能力が必要となり，その両者の特徴について論じる。

第2節　組織能力とは

いわゆるヒト・モノ・カネといわれる経営資源は，企業が活動していく上で不可欠なものであり，外部から代替的なものを再調達することが可能である。一方，組織能力は見えざる資産として存在し，たとえばcompetence, strength, skill, capability, organizational knowledge, intangible asset など論者によってさまざまな用語の使われ方がされている。そして，バーニー（Barney, J. B., 1991）が指摘するように，有価値性（value），希少性（rareness），模倣困難性（imitability），非代替性（substitutability）という特徴を有し，効果的に競争する上で必要となるだけでなく，他企業が簡単には模倣できないために競争優位を持続させることにつながる。つまり，これらは組織から物理的に取り出すことが困難であり，組織と一体化しており，簡単に移転することができないために組織能力として論じられるのである。

このような組織能力は，企業の経営活動において，選択されてきた過程で生じたすべての事柄を反映して，時間をかけて築き上げられてきた経路依存的な特徴を有するものである。したがって，企業のルーチン，プロセス，文化からも影響を受け，企業ごとに特徴が異なるものである。また，プラハラッド&ハメル（Prahalad, C. K. & Hamel, G., 1990）は，長期的な競争優位を獲得するには，環境変化に対応してさまざまな新製品を生み出すことが必要であり，それは企業が長い時間をかけて製品開発や研究開発に取り組むなかで形成されてきた能力が大きな影響力をもつと指摘し，これをコア・コンピタンス（Core Competence）として提唱した。

このコア・コンピタンスという概念も組織能力として捉えられる。コア・コンピタンスは，特定の技術だけをさすだけではなく，製品開発プロセスや生産システム，輸送システムや情報システムなどの事業プロセスも該当する。また，企業の機能レベルの議論だけでなく，多角化企業の全社戦略に関する分析にも適用され，新事業の進出においては製品との関連性よりも，事業の競争力の源泉である資源や能力の関連性が重要であるとする全社レベルの議論においても活用されている（Collis & Montgomery, 1998）。つまり，コア・コンピタンスは他の企業が容易には模倣できない競争優位を獲得し，それを持続するために必要な組織能力であり，その対象は全社戦略の策定から，製品開発に対する技術，事業上のシステム，さらに社内の特定の人材に至るまで幅広く適用されるものである。

経営戦略論において，企業の競争優位性の源泉に関する議論は，企業の内部と外部を対象に展開されてきた。企業外部に競争優位の源泉を求める研究は，事業領域として選択した市場で，他企業よりも低価格で販売するというコスト優位性か，または他企業の製品にはない付加的な価値をつけて製品を販売するという差別的優位性によって，競争優位を獲得できるとされてきた。つまり，企業が広範な市場領域のなかで自社が魅力的と考える市場を探求し，そこに自社を位置付けるという市場ポジショニングを競争優位の源泉であると捉えている。

一方で，組織能力にかかわる議論のような企業内部に焦点を当てた研究は，企業を経営資源や能力の集合体として捉え，それが企業特殊的で独自性が高く他企業が容易に模倣できない場合に競争優位を獲得でき，さらにそれを持続させることが可能であると考えている。この一連の研究は，経営資源に基づく企業の見方（Resource-Based View；RBV）といわれており，現在の経営戦略論においても重要な概念とされている。とくに経営資源でも見えざる資産としての情報的資源に焦点が当てられる。

第3節　ダイナミック・ケイパビリティとは

1. ダイナミック・ケイパビリティの特徴

競争優位の源泉としての組織能力を形成したとしても，環境が大きく変化するなかでは十分に対応できなくなる恐れがある。つまり，自社の強みは環境が変われば不適合となり，弱みに転換する場合もある。たとえば，書籍を考えてみる。情報技術の発展していなかった時代には，人気作家や時代に合った書籍を刊行し，それを全国の書店にいかに早く並べ，新聞などで広告をして認知度を高めるかが書籍の販売では重要であった。全国流通のためには出版社だけの力では対応できないために，出版取次（問屋）の存在も大きかった。現在では，本を書店ではなくネットで買うというケースも多くなり，電子書籍という形態も登場している。またマンガなどでは1冊の本を購入するのではなく，1話ごとの購入も可能である。こうした変化はビジネスモデル自体が変化してきたともいえる。現在では，老舗の大型書店もネット販売を充実させ，さらには電子書籍で読めるような方法，さらにはサブスクリプション的な仕組みも採用し，環境の変化に対して柔軟に対応できる体制を築いている。

企業にとっては，変化に対応して自己を変革する能力が必要であり，これをティース他（Teece, D. J. et al., 1997）はダイナミック・ケイパビリティとして提唱した[(1)]。そして，組織が意図的に新しい知識や資源を創造し，その拡大を図り，環境に合わなくなったものは修正していく能力である。RBV の概念では，自社内にいかに競争優位性の源泉となる経営資源を作り上げるのかという見方が重要とされたが，ダイナミック・ケイパビリティに関する理論ではどのようにすれば変化する環境のなかで競争優位を持続的に維持できるのかという問題意識から発している。つまり，既存の経営資源を有効活用し，さらに新しい経営資源を取り入れて企業を変革させていくことである。そして，この実現のために３つの能力が関係する（Teece, 2007）。

まず，脅威や機会を感知する能力（Sensing：感知）である。自社を取り巻く環境を正確に認識できなければ，時代遅れのものを生産し続けたり，他社に後れを取ってしまうなど業績悪化の要因にもなりかねない。顧客ニーズを的確に把握し，販売機会を逸しないために，先手で企業内のビジネスモデルを再構築する必要がある。次に，機会を捉え，既存の経営資源を再構成して競争優位を獲得する能力（Seizing：捕捉）である。新しい環境に対応するには現状の経営資源のままでは十分に対応できない。まずは既存の経営資源の組み直しを行い，環境変化に対応できるような組織体制を築くことである。既存のもの同士でも組み合わせによっては新しいものになることもある。いかに創造的に再編成できるのかが求められる。そして，競争優位性を持続可能なものにするために，組織全体を刷新し，変革する能力（Transforming：変容）である。組織の一部分だけを変えても，一時点では環境変化に対応できるかもしれないが，長期間にわたって優位性を持続させるためにはバリューチェーン全体にわたる組織全体の改革が必要になる。さらには，取引先を含めたサプライチェーンも従来のものとは変えていくことも必要になる。

先の書店の例でも，現在のようなネットが普及し，スマートフォンなどでどこでも読書ができるような状況下では，顧客が読みたいときに瞬時に手元で読めるということが重要になる。実店舗だけに依存している書店では，顧客が時間をかけて本を買いに行く必要があるために，このような状況に迅速に対応できないということになってしまう。そこで，ネットに対応できるようなビジネスモデルを作り上げることが必要になり，そのためには自社のみならず取引先などを巻き込んだ変革が必要となる。ただし，環境の変化を感知したとしてもすべての企業が変革できるとは限らない。それを支えているのが，経営資源を再構成（Orchestration：オーケストレーション）する企業家的な能力である。

このオーケストレーションの意義において，ティース（Teece, 2007）では共特化（Co-specialisation）の原理を提唱する。共特化の原理とは，2つ以上の相互補完的なものを組み合わせることによって，新たな価値を創造することである。従来の経営戦略論における類似の概念としてシナジーという用語がある。シナジーは相乗効果のことで，ある既存事業において蓄積されたノウハウや経営資源が，他の既存事業や新たな事業において活かされることを意味する。そして，シナジーが生じる場合は，投資コストの削減や収益性を高めることができるとされた。共特化の原理がシナジーと異なるのは，企業の競争優位を持続させるためのダイナミック・ケイパビリティの構築に大きな影響を与え，ビジネスモデルをも変えてしまうことにある。

たとえば，プラットフォームビジネスという顧客間の相互取引・情報交換の場となるような仕組みを構築し，価値を創造するビジネスモデルは共特化の原理を活用したものである。多くのプラットフォーム企業では，顧客からの支払いをメインの収入源とはせず，プラットフォーム参加企業からのプラットフォーム利用料や手数料を収入源にしている。そして，サービスやモノの利用者が増えることによって，そのサービスやモノの価値が高まるネットワーク外部性によって，一度支配的なプラットフォームを形成すれば，競合企業では太刀打ちできなくなる。

2. ダイナミック・ケイパビリティの実際
―富士フイルムホールディングスの例―

富士フイルムは，高いダイナミック・ケイパビリティを発揮してプロセス改革を行い，環境変化に柔軟に対応して成長をしてきた企業である[(2)]。2000年以降，デジタルカメラの普及を背景に写真用カラーフィルムの需要が急激に低下してきた。2000年当時は写真フィルムや印画紙など写真関連事業の売上げは全体の6割を占め，営業利益の3分の2に至っていた。主力市場の衰退を見越して，磁気テープ，液晶パネルの生産に欠かせないディスプレイ材料事業などフィルムに関連のある分野で商品開発を行っていく。またゼロックスとの合弁会社である富士ゼロックスの持株比率を75%に高めて収益の安定化を図る。そして，自社でデジタルカメラを開発して新たな市場に参入し，写真フィルムの売上低下を他事業でカバーするような変革を行う。

その後は，写真フィルムの開発やドキュメント・ソリューションで培ってきた技術を応用し，化粧品，医薬品，再生医療の分野に進出し，トータルヘルスケアカンパニーへと展開していく。この事業展開は，X線画像診断・内視鏡などの診断機器から，予防のためのスキンケア化粧品やサプリメントの分野に展開し，さらには治療を目的にした医薬品分野にも広がっていく。近年ではAIを活用した医療ITと再生医療に力を入れている。とくに医療ITでは最先端の画像処理技術と最新のAI技術を組み合わせることにより，次世代の画像診断に向けた取り組みをしている。また，医療関連の分野では同社に関連した技術などが存在しない場合もあるので，M&Aによってグループに取り入れている。

つまり，写真用カラーフィルムの需要低下という変化に対応し，変化を予測し先手を打ち，新しい分野のM&Aをすすめ，自ら変化を作り出すことによって以前よりも大幅に売上高を伸ばしている。また，2006年に第2の創業として，社名から「写真」を失くしたことも同社の今後の展開を社内外に示しており，大きな変革の表明といえる。一方で，かつての世界最大の写真フィルムメーカーであったアメリカのコダックは，フィルムカメラからデジタルカメラへの技術進歩の流れに対応できずに，2012年に倒産している。

3. ダイナミック・ケイパビリティを形成するための組織構造

ダイナミック・ケイパビリティが競争上で重要な要因になることはわかったが，どのように組織において効果的に活用することができるのか検討する。『2020年度版 ものづくり白書』によれば，現状維持を重視するような組織においては，新しい生産システムや技術を導入しようとする場合，職務体系や権限体系を現在のものとはできるだけ変えないために，大きな変化を回避する傾向が強くなる。一方，ダイナミック・ケイパビリティをもつ組織は柔軟であり，職務権限があいまいに規定されており，組織変革にともなって生じるコストは小さく，新しい生産システムや技術を導入しやすい構造になっている。つまり，変化に対して柔軟に組織構造を変えることが重要となる。

そして，ダイナミック・ケイパビリティを形成するには経営資源を再構成する企業家的なリーダーシップが必要である。経営者がリーダーシップを発揮しやすく，迅速な意思決定ができることが大きく影響し，これは平時の際の効率性や生産性を追求するとともに，不測の事態に対する柔軟性や俊敏性を重視することである。たとえば，昨今の新型コロナ禍のように，環境が劇的に変わるような状況下において，脅威を認識したうえで，環境変化に合わせて事業内容やビジネスモデルを柔軟に素早く変化させることによって危機を脱出し，さらなる成長につなげた企業もあった。このことから，いかに迅速に組織自体を変化させていくのかということも競争上では重要な要因となる。

次の節からは，ダイナミック・ケイパビリティの考え方を踏まえながら，成長戦略においてどのような組織能力を考えることができるのか検討する。

第4節　内部成長戦略における組織能力

1. 内部成長戦略にともなう組織能力

内部成長戦略は自社内部の強みとなっている経営資源を活用して成長を図る方法である。徐々に成長を図っていくために，その過程で新しい資源の蓄積や能力の学習が行われ，自社に特有のものとして形成される。内部成長戦略として新製品開発があげられる。既存の企業内に蓄積された経営資源を使って，外部環境の機会と市場のニーズに対応できるような製品開発が行われる。研究開発や技術開発を自社内で行うために，それらはコア・コンピタンスにもなる。ただし，技術革新の激しい環境では，新技術でもすぐに陳腐化する恐れや，現在開発中の製品が消費者に受け入れられるのかどうかという不確実性もある。

製品開発では，製品の設計思想であるアーキテクチャが重要となる。アーキテクチャとは，製品機能と製品構造のつながり方，および部品と部品のつなぎ方に関する基本的な設計思想と定義される（藤本，2001）。アーキテクチャはもの造りの基盤となる仕組みであり，組織能力とともに重要な概念である。

2. アーキテクチャと組織能力

アーキテクチャの特性は，部品設計の相互依存性によって，すり合わせ型（インテグラル型）と組み合わせ型（モジュラー型）に分類される。すり合わせ型は日本企業が得意とされる仕組みである。部品の設計を取引企業間で相互に調整することによって，製品全体での最適設計を行って性能を発揮するものである。トヨタ自動車のカンバン方式などが該当し，一貫した工程管理や部品間のきめ細かい調整が行われ，取引先などとのコミュニケーションを綿密に行うことによって高い水準の製品を作ることにつながっている。つまり，関連する企業を囲い込み，取引を安定することが競争力を高めるためには重要となる。一方で，綿密な調整を必要とするために，開発スピードを速めることは難しく，製品ライフサイクルが短くなっている環境のもとでは迅速には対応できない恐れもあり，優位性を維持し続けるためにはITなどを駆使することが課題となる。

組み合わせ型は，標準化したインターフェースやプラットフォームを前提とした部品の組み合わせによってもの造りを進めていく仕組みである。専門に特化して分業が行われており，それぞれの部品の性能が高くなる。多様な製品を迅速に設計できるために，短期間での開発が可能になり，新規参入も行いやすくなる。この方法はアメリカ企業の成長を支えてきた面もあり，パソコンメーカーなどで取り入れ，いかに業界標準（デファクト・スタンダード）となるのかということも競争優位を持続させるために必要となる。パソコンはすべての部品を完成品メーカーで作っているわけではなく，それぞれの部品を専門メーカーが作り，それを完成品メーカーは組み合わせているといえる。したがって，どのように組み合わせるのかという企業の選択がカギとなる。

アーキテクチャは製品によって最適なモデルは異なり，必要となる組織能力にも違いがある。内部成長戦略を行う場合には，アーキテクチャと組織能力をいかに適合させるのかが課題となる。

第5節　外部成長戦略における組織能力

1. 外部成長戦略にともなう組織能力

外部成長戦略は，企業が新規分野に進出する場合に必要となる経営資源を企業内部でつくる代わりに，自社に不足している経営資源を補完することを目的に，M&Aやアライアンス（戦略的提携）を行う。内部開発にかかる時間を短縮でき，戦略目標を素早く達成することを意図する戦略であり，他企業との融合によって，単独企業では達成できない経営上の効率性の獲得や，経営資源の補完や学習を行う。しかし，必要としない経営資源も獲得してしまうことや，相手企業との調整作業などにともなうコストの問題などが発生する場合もあり，このコストがメリットよりも大きくなることも考えられる。

こうした戦略を採用するときにも組織能力をみることができる。外部成長戦略は物理的な経営資源だけではなく，見えざる資産を獲得することが可能であり，いかに外部の資源を自社内に吸収できるのかという能力の存在が重要となる。われわれ人間でも物事を素早く正確に理解できるのかどうかは人それぞれである。たとえば，野球の技術など同じことを学んだとしても，学んだことを実践できるかどうかは人によって異なる。これは企業においても同じであり，M&Aを形成し，いかにマネジメントして成果を出していくのかが問われる。

このように，外部成長戦略にともなう組織能力はM&Aコンピタンス（M&A competence：中村，2003）やアライアンス・コンピタンス（Speckman et al., 2000）といわれる。とくにM&Aに着目して本稿では進めていく。M&Aはどのような企業をパートナーにするのか意思決定し，条件などの交渉を行い，成果を出すために組織統合の作業をしていく一連のプロセスとして考えられる。この

M&A プロセスをマネジメントしていく企業独自の組織能力が M&A コンピタンスであり，M&A の成否にも影響するものである。

具体的には，プレ M&A 段階においては，戦略目標の達成に貢献する買収候補企業を特定化するための分析評価能力である。候補企業の戦略・組織・財務・法務など多様な側面から適正な買収監査（デュー・ディリジェンス：Due Diligence）を可能とする能力である。交渉段階においては，信頼関係を構築し，将来に向けた方向性の一致や協力体制を作り上げることである。また，高額なプレミアムを支払ってしまうと，その回収が大きな障害となるので，適正な買収価格で契約することも必要となる。そして，統合段階では企業間における組織構造や人的資源・組織文化の統合から発生する組織的問題を調整する能力や，戦略的に重要な経営資源やスキルの移転，学習に関する能力が該当する。

組織統合は M&A を行った企業が期待した経営上の効果，つまりシナジーを実現するために行われる。これは，組織間協働としても捉えられ，2つ以上の組織が結合して協働目標を達成することであり，相互作用を通じてさまざまな問題の共通理解を形成していく過程である。それは，コスト削減や差別化の強化を期待して，企業間でさまざまな活動を共同するための相互関係を築くことである。研究開発活動で両企業の強みを相互活用し，より優れた製品を開発する場合などである。その実現のためには，両企業間の研究開発，生産，マーケティングなどの機能を共同化することから，規模の経済や差別化要因の強化が行われる。これは価値活動の共同化である。また，共同で行うことだけではなく，片方の企業がもつ経営上のノウハウや技能・知識を他方に移転するスキルの移転が行われる。

さらにダイナミック・ケイパビリティとの関係においては，複数の M&A を行った場合に，それらを調整してまとめ上げていく能力も関係する。たとえば，どのようなときにアライアンスもしくは M&A を採用するのか，これから行う M&A は将来の企業像にどのように関係するのか，将来の M&A にどのように結び付くのかということを組織的に検討することである。先の事例として取り上げた富士フイルムも M&A を１回ではなく複数回行うことによってトータルヘルスケアカンパニーとしての事業体として成り立ってきた。こうした将来も見据えた外部成長戦略を展開していく能力も組織能力に他ならない。

2. 経験と専門組織

外部成長戦略はすべての企業が実行するわけではなく，経験のない企業の方が多い戦略である。一連のM&Aプロセスは，M&Aを行うことによって初めて発生する複雑かつ困難なプロセスである。それぞれのプロセスで高い専門知識やスキルが要求される。M&Aの経験のない企業には，このプロセスを効率的に運営していくノウハウや知識は存在しない。したがって，経験は経営者層や担当者に対して教訓を提供し，新しい知識やスキルとなる。たとえば，プレM&Aの企業選択や交渉等に関わる専門的スキルは，われわれの場合でも何度も交渉を繰り返すことによって，その技能が高まるというように，経験によって向上する。ポストM&Aの変革活動においても，経験のある企業は，従業員の不安を生まないように急激な変化を避け，不満を解消するような管理を行う。そうすることにより組織的問題の発生を軽減でき，効果的な組織統合が可能になる。

こうした過程を経てM&Aコンピタンスは形成されていき，将来のM&Aに関連する不確実性を減少させていく。しかし，単にM&Aを繰り返すだけでは不十分であり，経験があるからといって，それがM&Aに関する知識の学習に直接的に繋がるわけではない。経験を次のM&Aのときに活用していくためには，担当者個人に依存するだけではなく，組織的に関連知識やスキルを蓄積する仕組みが必要となる。

M&Aコンピタンスを組織的に形成するためには，過去の経験や社内外のベストプラクティスを蓄積し，将来に生かせるような仕組みを考えなければならない。初めてのM&Aでは経営者や専門知識をもった特定の個人を中心にM&Aへの取り組みが行われる傾向にあるが，M&Aコンピタンスを組織内に蓄積し，形成していくためには，専門の担当者の設置や，彼らの属人的コンピタンスを共有することを目的にしたプロジェクトチームや専門部署の設置によって組織的レベルから捉えることが必要である。M&Aの専門組織は，内部成長における専門組織とは設置の方法が異なる。内部成長の場合は機能ごとに設置されるが，M&A 専門部署の設置などは1つの機能の枠を超えるものであり，さらに経営者に近い所に位置付けられる必要がある。

第6節　おわりに

現在の組織能力に関する議論では，単独の経営資源だけを対象とするのではなく，変革に対応するダイナミック・ケイパビリティ，組織能力を構成するためのアーキテクチャやM&A コンピタンスに見られるような複数の企業を取りまとめるような能力まで含むようになっている。そして，企業は内部成長戦略と外部成長戦略のどちらかを選択するだけではなく，環境と自社の組織能力によって，両方の戦略を組み合わせていくことが課題となっている。

そうした組織能力を形成するためには，ダイナミック・ケイパビリティの議論においては経営資源を再構成する企業家的リーダーシップが経営者に求められ，感知，補足，変容に関する能力が重要とされた。また，内部成長戦略においては製品開発における設計思想であるアーキテクチャの概念，外部成長戦略においては組織内における専門部署の設置が必要とされた。

今後ますます重要となっていくと思われる考え方は，何かと何かを組み合わせるということである。既存の経営資源同士であったとしても組み合わせ次第で状況が一変することや，今までにはなかった画期的なものを創造することができる。われわれにとっても組み合わせの選択肢を広げるために，さまざまな戦略を学び，理解することが有益であろう。それによって独自性につながり，差別化された能力育成への第一歩となる。

【注】

(1) ダイナミック・ケイパビリティに関しては，さまざまな文献が出版されているが，『2020 年度版ものづくり白書』の第1章第2節において実際の企業事例とともに取り上げられており，菊澤研宗氏のコラムがわかりやすく書かれているために初学者には有益である。なお，経済産業省のウェブサイトから本文を読むことができる。

(2) 富士フイルムの事例は，佐久間 (2017) 9～12ページ，『2020年度版 ものづくり白書』54～55ページ，および同社ウェブサイトなどを参考にしている。

【参考文献】

Barney, J. B.（1991）, "Firm Resources and Sustained Competitive Advantage", *Journal of Management*, Vol.17, No.1, pp.99-120.

Barney, J. B.（2002）, *Gaining and Sustaining Competitive Advantage, 2nd edition*, Pearson.（岡田正大訳『企業戦略論』ダイヤモンド社，2003 年）

Collis, D. J. & Montgomery , C. A.（1998）, *Corporate Strategy*, McGraw-Hill.（根来龍之他訳『資源ベースの経営戦略論』東洋経済新報社，2004 年）

Prahalad, C. K. & Hamel, G.（1990）, "The Core Competence of the Corporation", *Harvard Business Review*, May-June, pp.71-91.（坂本義実訳「コア競争力の発見と開発」『ダイヤモンド・ハーバード・ビジネス・レビュー』1990 年 8 － 9 月，4 ～ 18 ページ）

Spekman, R. E., Isabella, L. A. & MacAvoy, T. C.（2000）, *Alliance Competence*, John Wiley & Sons.

Teece, D. J., Pisano, G. & Shuen, A.（1997）, "Dynamic Capabilities and Strategic Management", *Strategic Management Journal*, Vol.18, No.7, pp.509-533.

Teece, D. J.（2007）, "Explicating Dynamic Capabilities: The Nature and Microfoundations of（Sustainable）Enterprise Performance", *Strategic Management Journal*, Vo.28, No.13, pp.1319-1350.（菊澤研宗・橋本倫明・姜理恵訳『ダイナミック・ケイパビリティの企業理論』中央経済社，2019 年，56 ～ 113 ページ）

Teece, D. J.（2009）, *Dynamic Capabilities & Strategic Management*, Oxford University Press.（谷口和弘・蜂巣旭・川西章弘・ステラ・S・チェン訳『ダイナミック・ケイパビリティ戦略』ダイヤモンド社，2013 年）

菊澤研宗（2020）「コラム「VUCA（ブーカ）」時代とダイナミック・ケイパビリティ論」『2020 年度 ものづくり白書』43 ～ 45 ページ。

木下耕二（2023）『ダイナミック・ケイパビリティのフレームワーク』中央経済社。

佐久間信夫（2017）「M&A の現状」佐久間信夫・中村公一・文堂弘之編『M&A の理論と実際』文眞堂，1 ～ 16 ページ。

中村公一（2003）『M&A マネジメントと競争優位』白桃書房。

中村公一（2017）「M&A の組織能力」佐久間信夫・中村公一・文堂弘之編『M&A の理論と実際』文眞堂，125 ～ 139 ページ。

藤本隆宏（2001）「アーキテクチャの産業論」藤本隆宏・武石彰・青島矢一編『ビジネス・アーキテクチャ』有斐閣，3 ～ 26 ページ。

第8章

全社レベル戦略と本社機能の意義

第1節　はじめに

製品にはライフサイクルがあり，1つの企業はさまざまな段階の事業群を抱えている。全社レベル戦略は多様な段階の事業部を見極めて，各事業部に適切な対応をしていくことである。図表8－1に示すとおり，全社戦略は3つのレベルから構成されている[(1)]。第1にトップレベルの戦略は，企業のミッションとビジョンを定義することである。ミッションとビジョンはパーパスに影響

図表8－1　企業戦略の構成要素

レベル	戦略	内容
レベル1	企業のミッションおよびビジョン	アイデンティティ・価値および顧客の明確化 ミッション・ビジョンの定義
レベル2	企業ポートフォリオ戦略	ポートフォリオの論理 構成および役割の定義
レベル2	企業の成長戦略	ポートフォリオ内外に存在する 成長オプションの開発
レベル3	ペアレンティング戦略	本社の役割組織・ オペレーティング モデルの融合化
レベル3	資源配分戦略	事業単位への 財務・非財務資源の 配分
レベル3	財務戦略	財務政策 目標とする投資家 構成の定義

出所：Pidun, Ulrich（2019）, *Corporate strategy : Theory and Practice*, Springer.
（松田千恵子訳『全社戦略』ダイヤモンド社，2022年，4ページ）

される概念である。パーパスは企業の社会における，共感を生む存在意義である。パーパスと関連させて企業が歩んできた過去の歴史をもとに具体的な存在意義を明示することがミッションである。パーパスを起点として，ステークホルダーのために企業の未来像を提示することがビジョンである。これら3つが，全社戦略の基本となる。

第2のレベルは，企業のポートフォリオ戦略と企業の成長戦略である。ポートフォリオとは，事業部の取捨選択とその決定に至る経過を定義することである。企業の成長戦略とは，ポートフォリオ戦略のなかで，最も高い価値を生みだす可能性のある事業部を選抜していくことである。この成長戦略は，既存のポートフォリオを越える新たな事業を見つけることも含む。

第3のレベルは，ペアレンティング戦略，資源配分戦略，財務戦略である。ペアレンティング戦略は，企業のビジョンを達成するために本社が担う役割を規定する。どのようにして個別の事業部の価値を高めていけるかを探索するのがペアレンティング戦略である。ペアレンティングに関連して，事業部の価値創造のため本社が支援していくことが資源配分戦略である。資産，技術，マーケティング，人的資源をポートフォリオに基づいて配分していくことが合理的資源配分である。次に，目標とするポートフォリオ戦略と整合性のある財務戦略が立てられる。ポートフォリオ戦略を実現するための財務的支援が必要なので，財務戦略も全社戦略となる。企業がどのように価値を創造するのかを既存の株主に説明するとともに，新規の株主にアピールすることで，資金面での安定性が高まるのである。

本章では主に，企業のポートフォリオ戦略を考察し，ポートフォリオ分析に基づいたペアレンティング戦略に着目する。3つのレベルの全社戦略のなかで，本社の役割と本社の事業部へのかかわりが企業全体でどのようにコントロールされているかについて考察していく。企業は不確実性のなかで，事業を成功させる主体である。その不確実性をいかに回避するのかが，経営者の手腕である。企業内部の資源を見極め，企業外部環境の動向に注意を払い，適切な事業の組み合わせで企業を成長に導くことが，経営者の責務である。しかし，経営者の能力には限界があるので，本章で述べるようなパターン化された全社戦略を熟知していると，経営失敗のリスクは低くなる。次節ではまず，事業のライフサイクルを説明し，将来性のある事業の選択手法を学ぶ。その後，ボストンコンサルティンググループが考案したプロダクト・ポートフォリオ・マネジメントを解説しよう。この分析によって，多様な事業部が置かれている状態が明確になる。

第2節　製品の寿命とポートフォリオ

1．製品ライフサイクルの視点

自社の事業で取り扱う製品がライフサイクルのどの段階にあるかによって，資本コストのみならず，需要の成長率をはじめ，業界内にある競合企業数や規模の分布，参入障壁，仕入れ先や買い手の役割は変わる。以下ではサローナー（Saloner, G.）らの分析によって，事業の勃興期，成長期，成熟期，衰退期の特徴を見ていこう[(2)]。勃興期の特色は，不確実性と期待である。新型動力開発を行っている現代の自動車産業における競争は，まさに不確実性と期待の段階にあるといえよう。勃興期に参加するためには，数多くのスキルや戦略的資産が必要である。最も大きな課題は，イノベーションから生まれる機会を理解し，資源を投入し，その機会を捉えることにある。この段階では，多数のアプローチが競合し（たとえば，現代の自動車産業においては，ガソリンエンジン自動車，ハイブリット自動車，電気自動車，燃料電池自動車などの競合がある），環境の不確実性が高い。成功への道ははっきりしないが，成功すれば先駆者の優位性を手に入れることができるという期待もこの時期の特徴である。早く行動を起こすか否かによって，どのアプローチが市場で受け入れられるか，どの企業が一番良い位置を占めるかが左右される。自動車産業においては，いち早くハイブリッド自動車を市場に投入したトヨタが，先駆者の利益を得ている。しかしながら，莫大な投資に対して当初の利益は少ないので，この時点でのROIやEVAの指標[(3)]は思わしくない。

次の段階は，成長期である。研究開発の焦点は，生産プロセスのイノベーションや漸進的なイノベーションへと変わってくる。成長期において勝利を収めるのは，勃興期で勝利した製品クラスのなかで，最も魅力的な製品を生産する企業である。効率的な生産に競争の中心が移るため，製品の費用も価格も下がる。価格が低下し，製品が洗練されてくると，市場も拡大し，規模の経済が生まれやすくなる。この時期には，業界需要が大きく伸びるため，成功企業間の競争は軽減される。市場における自社の地位を固めることによって，優れた業績を残すことができ，競争の激化による利幅減の懸念もなく，需要の伸びによって，企業の収益は増大する。この段階に到達する企業は，勃興期の売り上げが伸びないなかで，強力な設備投資をした企業である。ゆえに，勃興期での ROI や EVA という指標の悪化は，企業成長過程での規定範囲内であると割り切るべきである。既存企業が高い利益率で成長するのを見て，新規参入者が現れるが，既存企業と新規参入者は共存することができる。それだけ市場規模が拡大しており，どの企業も規模の経済の恩恵を得ることが可能となる。この段階を経た企業の製品は魅力度を失いつつ，つまり企業にとっての期待が冷めつつ，成熟期へ向かうこととなる。

次の成熟期は，勃興期や成長期よりも安定している。成長期から，成熟期への移行期間には，大企業間の合併や買収による産業の集中化が起こる。つまり，産業の寡占化という状況が生まれる。業界が成熟すると，業界リーダーは確立された地位と安定したシェアをもち，イノベーションは漸進的で，すでにあるものの改善に舵を切る。成熟期では，成長期と違い，新規参入企業のほうが，伝統的な企業よりも倒産率が高い。伝統的な企業の方が，大規模な市場シェアを確立しており，市場競争から守られている。このような理由から，伝統的企業の強みが生じると考えられる。また，需要規模が拡大傾向ではないので，小規模な企業は，大きな需要を引き付けられず，伝統のある大規模企業に呑み込まれてしまうのである。

最終的に産業の周期は衰退期へと移行する。買い手の数が減り，衰退する市場があれば，買い手の嗜好が変わって衰退する場合もある。成長率が鈍化し，業界が成熟期や衰退期に入ると，競争優位性を維持する能力が生き残りを左右することになる。ここでの戦略の要は，他社との非差別化や事業のスピード化，資源活用の外部化による事業コストの縮減である。そうすることによって，本社機能は，競争環境を操作し，熾烈な競争のきっかけをつくらないようにすることを求められる。この段階では，不確定要素は相対的に少なくなり，成功企業は外部資源の活用型企業となる。

2. プロダクト・ポートフォリオ・マネジメント

ボストンコンサルティンググループによって多角化した事業における資源配分についての分析がなされた。それが，戦略計画の重要な手法となるPPM (Product Portfolio Management) である。この分析では，企業戦略が市場成長率とマーケットシェアの２次元で概念化されている。図表８－２の縦軸，市場成長率とは当該製品に属する市場の年間成長率で，一方，横軸のマーケットシェアとは当該製品の最大競合者に対する当該事業の相対的シェアである。図表８－２において，高成長で高シェアのセルは「花形商品」，低成長で高シェアのセルは「金のなる木」，高成長で低シェアは「問題児」，低成長で低シェアは「負け犬」と名付けられている。

４つのセルの内容は次のとおりである[4]。

①「問題児」は，資金流入より，多くの投資を必要とする部門で，企業は

図表８－２　ビジネス・タイプ別の資金の流出入

市場成長率	相対的マーケット・シェア 高	相対的マーケット・シェア 低
高	花形商品 資金流入＋＋＋ 資金流出－－－	問題児 資金流入＋ 資金流出－－－
低	金のなる木 資金流入＋＋＋ 資金流出－	負け犬 資金流入＋ 資金流出－

出所：アベグレン・ボストンコンサルティンググループ編著（1977）『再成長への挑戦―ポートフォリオ戦略』プレジデント社，74ページの図をもとに筆者作成。

これを積極的投資によって「花形商品」に育成するか,「負け犬」に格下げして,ポートフォリオから削除するのかのどちらかの戦略をとる。

②「花形商品」は,相対的マーケットシェアが高いため,利益率が高く,資金流入を多くもたらすが,成長のための先行投資も必要とするので,短期的には,必ずしも資金創出源とはならない。長期的な市場成長率の鈍化につれて,「花形商品」は「金のなる木」となる。「花形商品」に対して市場成長率以上の資金配分をすると,それは「金のなる木」となる。

③「金のなる木」は,シェアの維持に必要な再投資を上回る多くの資金流入をもたらし,資金を支出する他の事業の重要な資金源となる。企業全体における実質的な資金源は「金のなる木」が生み出している。

④「負け犬」は,収益性は長期的に低水準であるが,市場成長率が低いため,資金支出は少ない。したがって,好況期に高価格政策をとる場合は資金源となり得ても,不況期には資金源たり得ない。

事業の多くは「問題児」で出発し,成功を遂げ「花形商品」となり,成長の鈍化につれて,「金のなる木」となり,最後には,「負け犬」となる。戦略の課題は,「金のなる木」から十分な資金を得て,「問題児」を「花形商品」に育てることである。十分な資金の流れがなければ,「花形商品」もいずれは「負け犬」となってしまうだろう。つまり,「花形商品」への投資なくして継続できる「金のなる木」は育たない。

PPMは,このような分析によって,限られた資金の集中と選択的投資を示唆している。つまり,「金のなる木」(元は「問題児」)を資金源として,「花形商品」や「問題児」に資金を集中する一方で,「負け犬」や有望ではない「問題児」を切り捨てる選択の手助けとなる。

第3節　ペアレンティング機会と特性

1. 本社機能とペアレンティング(5)

本社の機能は主に次の3つに要約できる。1つは,法律上義務付けられた業務である。その業務のなかには企業統治上の業務があげられる。その他に法律上の年次報告書の準備，納税義務，健康・環境規制についての監視がある。また，統治組織の確立，経営陣の任命，資金調達を行い投資家に対応することが重要な機能である。第２の機能は，影響力の行使と方針決定機能である。この機能は，下部組織である事業部に対して行使されるもので，本社の影響力行使と方針決定によって事業部の価値を向上させる。広範な機会が存在すると考える企業では，本社部門の機能は比較的大きなものとなり，その機能が少ないと考える企業では，本社部門の機能は小さなものになる。本章で取り上げる全社レベル戦略は，本社以下の事業部の付加価値獲得を促進するものである。この全社レベル戦略の策定と実行が，どれだけ各事業部に付加価値を提供できるかが，ペアレンティング優位性を規定する。この意味で，本社部門の存在意義は，各事業部の付加価値を生み出すことである。第３の機能は，各事業部門に対するサービスの提供である。本社によって集中的に提供されるのが効率的なサービスの提供である。それらは，情報システムサービス，購買システム，教育・訓練サービスなどであるが，各事業部もこれらに対して一定のコントロール権限をもつことがある。本社経営陣はサービス提供について権限を各事業部に委譲するのか，外注化するのか，あるいは本社で集中化するのか，コストの視点から判断する。

事業部によって遂行されるさまざまな活動から，事業部単独で生み出す価値額よりも大きな価値額を生み出すように，本社が影響力行使や方針決定することが全社レベル戦略である。本社が事業部に対して影響力を行使するに際して，当該事業部の活動にどのような影響力を行使するかを決めなければならない。ペアレンティング論では，この影響力行使が全社レベル戦略の中心課題になる。

各事業部への本社の影響力行使は主に以下の４つである。

①　単独部門への影響力行使
②　リンケージの影響力行使
③　集中的な機能とサービスの提供
④　企業の発展

単独部門への影響力行使の具体的内容には，事業部長の任免行使，予算や戦略計画，収支決算案の承認，計画案の変更，実施への助言，方針提示などがある。リンケージの影響力行使は，他の事業部間の協力関係を形成する影響力である。事業部間での内部取引，技能，資源の共有化，製品セグメンテーションについての調整がリンケージの影響力行使である。各事業部間の関係構築に影響力を行使することによって，企業全体としてより多くの価値を生み出すことが，本社の影響力行使の目的である。そして，集中的な機能とサービスの提供によって，企業全体の発展が実現される。

さて，本社による各事業部の価値創造が可能になるためには，ペアレンティング機会の存在が必要である。それは以下の５つである。

① 事業部経営陣が弱体の場合
② 企業外部の投資家が事業部の業務を理解するのが困難な場合
③ 事業部経営陣と他の利害関係者との間に，利害対立が生まれる場合
④ 本社からの専門的な技能や資源を必要とする場合
⑤ 本社による広範で客観的な意見が必要な場合

以上5つのケースにおいて，本社から事業部への影響力行使が必要とされる。事業部が必要とするものを本社が提供できる場合，はじめて各事業部の価値創造が可能になる。十分条件として，本社はペアレンティング機会に適合したペアレンティング特性を保持している必要がある。ペアレンティング特性は以下の５つの要因から構成される。

① メンタルマップ
② 組織構造，システム，プロセス
③ 本社の機能部門に集中されているサービスと資源
④ 人と技能
⑤ 分権上の契約

メンタルマップとは本社の経営陣が情報を解釈し，組み合わせるのに活用する直感やメンタルモデルである。メンタルマップは経営者個人の経験に結びつ

いているため，経営者独自のものとなる。本社は経営者の他に，複数の支配的な個人や集団が存在しているので，本社のメンタルマップは複合的となり，企業によって差別化されている。このメンタルマップがペアレンティング特性の他の４つの構成要素を規定している。組織構造，システム，プロセスは，本社が事業部に対して価値創造を付与するためのメカニズムである。組織の階層数，人事任命プロセス，人的資源管理のプロセス，予算と計画のプロセス，意思決定の構造などがこれに含まれる。本社の機能部門に集中されているサービスと資源とは，本社が管理するコーポレートブランド，金融資産や，知的財産，本社のスタッフなどである。人と技能とは，本社で支配的な影響力をもつ限られた個人の個性や技能である。分権上の契約は，本社と事業部との間で決定されるもので，本社が事業部に対して行使する影響力や事業部陣営に委譲されている事項の契約である。

このように規定されるペアレンティング特性に基づく各事業部への適切な助言や支援が本社によって与えられることにより，より優れた競争優位性を各事業部が獲得できると理解できる。本社は事業部のペアレンティング機会に対して適切な影響力行使を行わなければならない。本社が重要な成功要因に関する技能をもち，それに基づいて影響力行使を行うことがペアレンティング論では想定されている。現場から離れている本社が現場の事業部の課題をいかに見つけるか，事業部の市場環境をいかに観察するかが，ペアレンティング論の課題であろう。

ペアレンティングは企業全体の事業構成を最適なものにし，新たな事業の発展を目的としたものであり，既存事業以上の価値創造を行い，全体最適化を目的とする。全社レベルで事業領域を再定義するには，事業ポートフォリオのあり方について，本社は適切な考え方をもたなければならない。本社は，ペアレンティング特性を活かしてペアレンティング機会を改善しなければならない。ペアレンティング論のポートフォリオ構成の考え方は，従来の PPM とは異なる基準によって説明されているので，次項ではその内容を考察しよう。

図表８－３　事業部門のペアレンティング・ニーズ分析

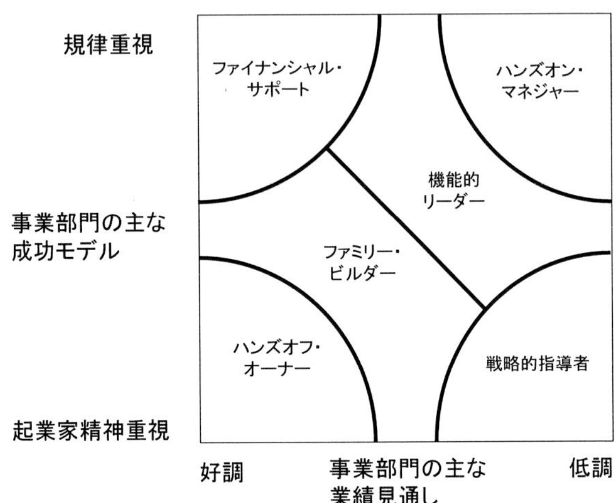

出所：Pidun, Ulrich（2019）, *Corporate Strategy : Theory and Practice*, Springer.
（松田千恵子訳『全社戦略』ダイヤモンド社，2022 年，283 ページ）

2．ポートフォリオ編成とペアレンティング優位性

図表８－３は，事業部の業績の見通しを横軸にとり，事業部門の主な成功モデルを縦軸にとり，細分化された事業の位置づけと本社機能との関連を整理している(6)。投資や価格設定を実行する際，規律を重視し，業績も見通しが明るい事業部にはファイナンシャル・サポートが適している。本社は財務管理を行うが，日常業務への関与が高くないカテゴリーが図表の左上に位置する。一方で，規律重視は実現しているが業績の見通しがよろしくない場合は，ハンズオン・マネージャーが適している。規律よりも起業家精神が求められる場合もある。たとえば新規事業の開拓ではイノベーションを推進し，顧客要件に迅速に応える必要が出てくる。このような事業部で業績見通しが好ましい場合は，ハンズオフ・オーナーモデルが適している。本社は実務に関与せず，業績管理やリスク管理をしていく手法がとられる。起業家精神は強いが，業績の見通しがよろしくない場合，本社の支援が必要になる。この場合本社は戦略的指導者として，事業部に積極的に関与する。既存のカテゴリーには属さないが，規律的で業績見通しのよろしくない事業には，機能的リーダーが適している。起業

家精神があり，業績見通しの良い事業部にはファミリー・ビルダーが適している。

実際には，本社が事業部に価値を付加するが，事業の成功要因とペアレンティング特性が合致していない場合がある。つまり，この介入では，本社による影響力行使によって価値が付加されるのではなく，逆に価値が破壊されている。このような失敗を防ぐためにも本社は，あらゆる事業部のペアレンティング機会を見極めなければならない。事業部の業績見通しが悪いのであれば，本社の力を借りて，より好ましいカテゴリーにシフトすることができる。ペアレンティング機会と特性の好ましい融合が，全社レベルの戦略でできれば，本社機能の果たす役割はとても重要になる。そのためにも本社は財務面，人材能力面，技術面，アイデアという視点から多様な資源を蓄積し，事業部を支援しなければならない。

第４節　事業戦略の推進者としての経営者

1．本社のトップダウン・アプローチの重要性 (7)

事業戦略を推進する際には，トップダウン・アプローチとボトムアップ・アプローチがある。ボトムアップ・アプローチとは，その名のとおり，中堅やボトムの従業員の創造性や自発性を重視し，制約が少ない環境で事業を創造させる方法である。これは，「創発型のアプローチ」ともいえる。

ボトムアップ・アプローチでは，従業員が自発的に新規事業のアイデアを出し，事業開発の主体となって取り組む。あくまでも，主役は従業員で，本社の経営トップは，事業開発を進めやすい環境を整えるとともに，よい事業アイデアを選別しサポートする補助的な役割を担う。トップダウン・アプローチは，本社のトップやトップを補佐する企画部門が，企業の目指すべき事業ドメインを明らかにし，その新しいドメインに合致する新規事業を開発するものである。このアプローチでは，ミッションやビジョン，パーパスの定義において，本社のトップが主体的な役割を果たす。

典型的な日本企業では，トップダウン・アプローチによる新事業の推進が喫緊の課題である。従来，日本企業は現場の力を前面に押し立てて戦ってきた。1980年代までは，現場のプロセス改善によって品質と納期が徹底的にレベルアップした。1990年代からは，現場に原価低減を要求する一方，創造性の発揮を求める企業が増えてきた。いずれも，主役は現場であった。一方，本社のトップは，安定的で持続的に市場が拡大する恵まれた事業環境にあって，業務実行の面においてそれほど大きな役割を果たす必要がなかった。本来，本社トップの役割は，戦略的意思決定を担うことであり，ここでいう戦略とは，企業の基本的方向性を決める成長戦略である。意思決定は「本業のAに加えてBをやろう」という決定で，「Aをやめて代わりにBをやろう」という決断はほとんどなかった。

決断を要求されないトップが果たした役割は，主役の現場が働きやすいような環境をつくり，現場をサポートすることであった。自分のビジョンを示すよりも，下から上がってくる報告を聞いて，現場に気持ち良く働いてもらうのが本社機能の役割だった。決断力の有無よりも，部門間のバランスをとることが重要だった。こうした経営姿勢が，今日ではもはや通用しないことは明らかであろう。技術は進歩し，顧客のニーズは高度化し，競争の舞台は世界に広がっている。部下任せでビジョンを指示しないのは論外で，トップが「我々がどういう存在でありたいのか」という自分の意思を確立し，「今何をすべきか」を明確に示すことが重要である。全社レベルの戦略においては，トップマネジメントの構想力がなくては企業の将来像が見えてこない。失敗を恐れず，事業を進めつつも，リスクを考慮して企業を守っていくことも経営者の役割なのである。

2．経営者の役割である事業の構想

ドラッカー（Drucker, P. F.）によれば，事業の構想とは，「意思決定を行う人たちが，いかに事業を見，いかなる行動をとり，あるいはいかなる行動を不相応と見るかを規定する構想」[(8)]である。そして，「事業の構想と密接に関連するものとして，事業の特徴としての卓越性の決定がある。卓越性とは，常に知識にかかわる卓越性である。すなわち，事業にリーダーシップを与えるなんらかのことを行うことができる人間能力のことである。したがって，事業の卓越性を明らかにするということは，その事業にとって，真に重要な活動が何であり，何であらなければならないかを決定すること」[(9)]である。つまりドラッカーは事業の構想において，卓越性のある人間能力が必要であり，その人間能力を誰に求めるかというと，それは，本社のトップマネジメント（つまり，経営者）ということとなる。「卓越性の定義が有効であるためには，実行可能であって，ただちに行動できるものでなければならない。それは，人事の決定，すなわち誰をどのポジションに昇進させるか。誰を雇うべきか。どのような人たちをどのような条件によって惹きつけるかの決定の基礎となるものでなければならない。卓越性の定義を頻繁に変えることはできない。それはすでに，かなりの程度，従業員とその価値観，行動に体現してしまっているからである。しかし，企業の構想や構造，市場や知識に変化があれば，必要とする卓越性の定義も変えなければならない。」[(10)]ここでは，本社のリーダーシップがトップダウンとして，従業員の価値観や行動に影響を与えることが述べられている。

本社のリーダーシップを具現化するのが，ドラッカーのいう企業家である。「企業家はリスクを冒す。だが経済活動に携わる者は誰でもリスクを冒す。なぜなら，経済活動の本質は，現在の資源を将来の期待のために使うこと，すなわち不確実性とリスクにあるからである。」[(11)]「意思決定を行うことのできる人ならば，学ぶことによって，企業家的に行動することも企業家となることもできる。企業家精神とは，気質ではなく，行動である。」[(12)]

企業家として成功する原理・方法とは，「変化を当然かつ健全なものとする。彼（企業家）ら自身は，変化を引き起こさないかもしれない。しかし，変化を探し，変化に対応し，変化を機会として利用する」[(13)]ことであるとドラッカーは述べている。

「企業家は生産性が低く成果の乏しい分野から，生産性が高く成果の大きい分野に資源を動かす。そこには成功しないかもしれないというリスクはある。」[(14)]リスクは，予期せぬ失敗という形で，表れてくる。「予期せぬ失敗が要求することは，トップマネジメント自身が外へ出て，よく見，よく聞くことである。予期せぬ失敗は，常にイノベーションの機会の兆候としてとらえなければならない。」[15] 本社の機能は，リスクを前提としながらも，新たなイノベーションの機会を見つけ出すことである。そのためにも，情報の最先端で感知力のあるトップダウン型の経営戦略が有効となるのである。

ドラッカーは，トップマネジメント，企業家，本社のリーダーシップといった多様な言葉で本社機能の本質を表現している。いずれの言葉も企業の経営者およびその役割を意味している。

第5節　おわりに

ここまで，事業戦略に貢献する本社機能の役割について検討してきた。このなかで，従来はボトムアップ型の企業が多く，多数の従業員が自由な環境のなかで今までの事業にとらわれない，独創的な事業を開発してきたことを指摘した。このような方式もトップダウン型とともに共生しても構わないであろう。ただ，ボトムからの発案は，本業に取り組む過程のなかから能力を蓄積したものになるので，目新しい発案が生まれる可能性は低いであろう。一方，トップダウン型企業は，トップの意思次第で，本業から離れた事業領域に進出することも可能であるし，偶発的ではなく，厳密に計画的な事業開発が行われる可能性が高い。

ここで考えなければならないのが，ポートフォリオマネジメントである。つまり，事業成功の可能性が高く，成長率が見込める事業分野もあれば，偶発的で，不確実だが，大当たりしそうな事業分野があってもよいであろう。そのような２分化した事業領域がともに相乗効果を生み出すような資源配分が本社機能に求められているのではないだろうか。このポートフォリオマネジメントを考える際には，進出しようとする事業領域の属する産業のライフサイクルに注目する必要もあるだろう。この大局を見極めるのも，本社機能の１つである。

ドラッカーが述べているように，経済活動の本質は，現在の資源を将来の期待のために使うこと，すなわち不確実性とリスクがあるので，経済活動に携わる者，たとえば企業家は誰でもリスクを冒すことになる。つまり，経営活動の中心たる事業戦略には，不確実性がつきものなのである。それゆえ，本社機能は盤石でなければならず，優秀な人材がオペレーション・マネジメントを通じて，PDCAサイクルを回すことによって，経営上の不確実性が回避されるといってよいだろう。

事業化の目途が立てば，戦略案件は，本社の事業開発部門やプロジェクトチームの手を離れ，事業部門や子会社といった独立した組織でマネジメントされることとなる。このように，戦略案件が本社の手から離れた場合においても，既存事業と違って，リスクが大きな新規事業は，当初の計画どおりにうまく事業展開できず，軌道修正や撤退を余儀なくされる。本社と事業部のペアレンティング機会と特性のマッチングにより，事業部の価値をそれまでよりも大きくすることが，全社レベル戦略における本社機能の中核なのである。事業部への適切なアドバイス，ペアレンティングに基づく新たなプロダクトポートフォリオ分析の展開が本社の新たな戦略課題となっている。

経営戦略において，本社機能の役割はとても重要であり，企業の存続にかかわる事案を担っている。はじめにで述べたように，全社戦略は3層構造で動いている。企業理念の設定，ポートフォリオの見極め，そしてペアレンティングにおける機会と特性のマッチングのそれぞれが連携することで，全社戦略が機能するようになる。多角化した企業であるほど，多様な問題を抱えている事業部が多いと推測される。多角化企業の弱点を克服し，事業部の経営活動に付加価値をつけていくことが，全社戦略であり，それを成功させるのが本社機能なのである。

【注】

(1) Pidun, Ulrich (2019), *Corporate Strategy : Theory and Practice*, Springer.（松田千恵子訳『全社戦略』ダイヤモンド社，2022年，4～5ページ）

(2) Saloner, G, Shepard, A & J. Podolny (2001), *Strategic Management*, John Wiley & Sons.（石倉洋子訳『戦略経営論』2002年，東洋経済新報社，341～352ページ）

(3) 事業の収益性・採算性を判断する財務指標として，ROI（Return On Investment：投下資本利益率＝利益÷投下資本）が重視される。また，EVA（Economic Value Added: 経済付加価値）も事業に投下した資本をいかに回収するかを意識しているという点で，ROIと似ている。EVAは次の計算式で求められる。計算式は，EVA＝税引後営業利益－投下資本×加重平均資本コストである。税引後営業利益（net operating profit after tax）とは，損益計算書上の売上高から営業費用（売上原価，販売費及び一般管理費）を差し引いて計算される営業利益から，さらに営業利益に対する税金を差し引いて計算される利益である。

（4）アベグレン・ボストンコンサルティンググループ編著『再成長への挑戦 - ポートフォリオ戦略』プレジデント社，1977 年，73 ～ 78 ページ。

（5）本項は芦澤成光『全社レベル戦略のプロセス』，白桃書房，2009 年，第 2 章を参考に執筆した。

（6）Ulrich Pidun，前掲邦訳，286 ページ。

（7）本項は日沖健『成功する新規事業戦略』産業能率大学出版部，2006 年，43 ～ 45 ページを参考に執筆した。

（8）Drucker, P. F., *Managing for Results*, Harper & Row, 1964.（上田惇生訳『創造する経営者』ダイヤモンド社，1985 年，邦訳，前掲書，278 ページ。）

（9）同上書，283 ページ。

（10）同上書，284 ページ。

（11）Drucker, P. F., *Innovation and Entrepreneurship*, HarperCollins Publishers, 1985.（上田惇生訳『イノベーションと企業家精神』ダイヤモンド社，2007 年，2 ページ。）

（12）同上書，邦訳，3 ページ。

（13）同上書，邦訳，5 ページ。

（14）同上書，邦訳，6 ページ。

（15）同上書，邦訳，36 ページ。

【参考文献】

Drucker, P. F.（1964）, *Managing for Results*, Harper & Row.（上田惇生訳『創造する経営者』ダイヤモンド社，1985 年）

Drucker, P. F.（1985）, *Innovation and Entrepreneurship*, HarperCollins Publishers.（上田惇生訳『イノベーションと企業家精神』ダイヤモンド社，2007 年）

Pidun, Ulrich（2019）, *Corporate Strategy : Theory and Practice*, Springer.（松田千恵子訳『全社戦略』ダイヤモンド社，2022 年）

Saloner, G., Shepard, A. & Podolny, J.（2001）, *Strategic Management*, John Wiley & Sons.（石倉洋子訳『戦略経営論』東洋経済新報社，2002 年）

芦澤成光（2009）『全社レベル戦略のプロセス』白桃書房。

アベグレン・ボストンコンサルティンググループ編著（1977）『再成長への挑戦―ポートフォリオ戦略』プレジデント社。

佐久間信夫・犬塚正智編著（2006）『現代経営戦略論の基礎』学文社。

佐藤勝尚（2008）『オペレーション・マネジメントの方法』日科技連。

日沖健（2006）『成功する新規事業戦略』産業能率大学出版部。

第9章

事業領域の設定

第1節　はじめに

わが社はどのような企業であり，どのような企業になりたいのかを考えるうえで，事業領域が設定されなければならない。事業領域を設定することで，企業が生きていく環境が見えてくる。そうすることで，競合他社の製品や市場の状況が明確になる。このような企業の生存領域をドメインという。ドメインの定義は，戦略決定のための空間，つまり戦略空間を決めることである。つまり，事業領域を決定することはすなわち，ドメインを決めることなのである。このドメインの決定は，経営戦略を立案するうえで重要なステップなのである。

経営戦略の構築は，以下の4つの側面についての決定であるとされている[(1)]。（1）ドメインの定義，（2）資源展開の決定，（3）競争戦略の決定，（4）事業システムの決定が経営戦略の基本パターンである。このように事業領域つまりドメインの決定は経営戦略の根幹をなすものであり，経営戦略を立案するときに，はじめに決めなければならない事項である。ドメインの決定は，事業活動に必要なさまざまな資源や能力をどのように組み合わせで自社内にもつか，どのような方向で，蓄積していくのかといった決定のことである。この決定は組織の基本的特性，コアコンピタンス（企業の中核能力）に依存している。ドメインは，経営戦略上の基盤であり，かつ企業の長期的な業態を方向づける概念となる。ドメインの具体的内容は，(a) 誰に何を売るのか，(b) 売るために自分は何を業務とするのか，(c) その実現にはどのような能力と企業特性をもたなければならないのかという決定である[(2)]。

経営戦略の策定にドメインの決定が欠かせない。たとえば，電子部品事業，コンピュータ事業，婦人服事業，ホテル事業といった「事業」レベルの大まかな「製品・市場」概念の決定から経営戦略は構築される。1つの事業分野のなかでも，たとえば，コンピュータ事業であれば，超大型スーパーコンピュータ，デスクトップパソコン，ノートパソコン，タブレット，スマートフォンといった製品分野がある。市場分野も，国内向け，グローバル向け，研究用途，ビジネス用途，趣味用途と細分化される。戦略を策定する人が本質的に考えなくてはならない問題は，「自分はどんなビジネスにいるのか，どんなビジネスに入るべきか」という問題である。自社が事業対象とするビジネスの本質は何か，何であるべきかを問うことが戦略策定の出発点となる。その問いは，「製品と市場」の定義を問うことになる。将来性を見据えた製品とターゲット市場の定義を考える必要がある。

本章では，事業領域であるドメインについて，パーパス，ミッション，ビジョンという企業の方向性からまず考察していく。その後，ドメインの本質について言及し，ドメインから始まる戦略性についてみていく。

第2節　ドメインを定義するプロセス

1．パーパスへの注目

パーパスとは，揺らぐことのない社会的な存在意義と定義される。組織や個人が，なぜ社会に存在しているのかという根本的な存在意義がパーパスなのである。パーパスの策定には，自らの社会的な役割をより強く意識すること，個々の組織や個人の在り方，品格，存在意義，社会への提供価値を明確にすること，そして社会的な存在価値を原点に立ち戻って定義するというプロセスを経る(3)。このような概念は社会とドメインをつなぐ，ドメイン・コンセンサスの一翼を担う。

パーパスはミッションと深いかかわりがある。パーパスは社会性を重視している点でミッションをより具現化している概念である。社会においてこうありたい，社会に影響を与えたいという近年注目されているソーシャルビジネス的な要素がパーパスに組み込まれている。そもそも，企業は社会のために存在し，社会の助けを借りて存続しているので，ドメイン設定でパーパスを起点とすることは間違った手法ではなく，現代の社会的趨勢に適合していると考えられる。

パーパスはビジョンとも関連する概念である。ビジョンが方向性を示す概念であれば，パーパスは方向性の原点を示す概念である。時系列で考えると，ビジョンが将来へ向かう未来像を示すのに対し，パーパスは，企業の根源的な存在意義に対する個々人の共感である[(4)]。ビジョンが企業の将来あるべき姿への共感であるのに対し，パーパスは今ある企業の社会的存在意義への共感なのである。したがって，順序としてはパーパス，ミッション，そしてビジョンという過程を経てドメインが生まれるのである。

パーパスは社会性を取り入れたミッションであると先に説明した。図表9－1を見てほしい。横軸は社会的論理の強さを示し，縦軸は商業的論理の強さを示している。理想的なパーパスは，BOX2の，業績良く善行と両立できることである。BOX3は前近代的企業の利益先行型経営を示している。商業も社会もどっちつかずの企業はBOX1である。BOX4は，社会性は強いが業績は良くないカテゴリーである。この分野の代表例としてNPO法人が活躍しているので，純粋な企業ではないが，事業継続している法人はある。BOX2の企業が商業的論理と社会的論理を両立するウィン＝ウィンの意思決定をしている。このような意思決定は株主に対する財務的結果のみならず，多様なステークホルダー向けのベネフィットを提供したいと考えている動きとなっている[(5)]。

2．ミッション・ステートメント

企業のミッションとは，その企業の根本的な目的である。このミッションは，ミッション・ステートメント（Mission Statement）という形で文章化される場合もある。それが広く従業員に理解され，彼らの仕事の方向性と目的を与え，彼らの意思決定を支える限り，企業のミッションは，競争セオリーの創造や競争優位の獲得の助けとなる[(6)]。つまり，ミッション・ステートメントは，その企業の核となる価値観や競争優位獲得のためにとるべき行動や具体的な財務

図表９－１　ビジネス意思決定の類型

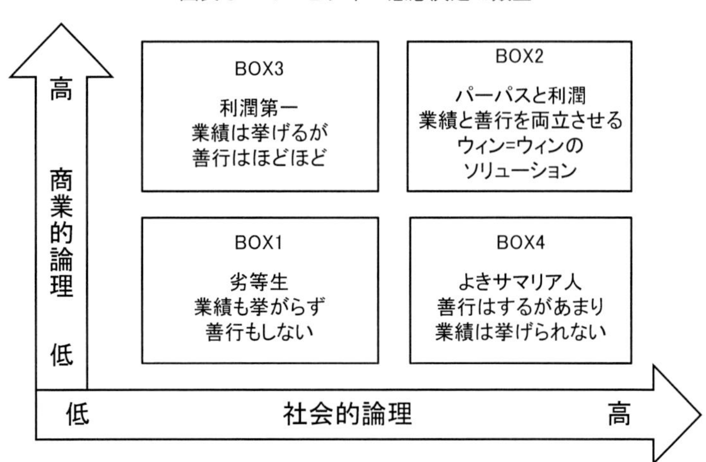

出所：Gulaty, Ranjey（2022）, *Deep Purpose*, Harper Collins Publishers.（山形浩生訳『DEEP PURPOSE 傑出する企業，その心と魂』東洋館出版社，2023 年，59 ページ）

上の数値目標として掲げられている[7]。ただし，ミッション・ステートメントによる持続的競争優位のための戦略には限界もある[8]。

第１の限界は，このような戦略策定アプローチが非常に内向きであることである。企業のミッション・ステートメントが企業の直面する現実の経済状況にどれだけ適合しているかにかかわりなく，創業者や経営者の価値観や優先順位を反映して決定されるとしたら，このようなミッション・ステートメントから生み出される戦略が競争優位の源泉になる可能性は低い。

第２の限界は，ミッション・ステートメントが，戦略を選択しようとする企業に，厳格で明白な価値基準を提供するにもかかわらず，それが現実の組織経営に携わるマネージャーたちに有効な指針を示し得ない場合がある点である。たとえば，企業のミッション・ステートメントに則ると，単に長期的目的にはそぐわないという理由だけで，企業目標のいくつかが排除される。企業はどの目標を選択し，優先順位を与え，どの目標を後順位に回すべきか。この問題は，単にミッション・ステートメントの整合性だけで判断できるものではない。さらに，企業の選択した目標に合致する戦略は無数に存在する可能性がある。これらの戦略オプションのなかから，どれを重視し，優先度を高めるかは，決してその企業のミッションを考慮するだけでは決定できないのである。

3．企業の目的とビジョン

将来にわたって存続する企業は具体的に企業が向かうべき方向性を示す必要がある。経営者は技術の動向，競合関係，市場での機会を洞察し，将来を予想する姿勢をもたなければならない。このような分析から企業の向かうべき方向を指し示すものがビジョンである。もしビジョンがなければ，組織構成員は，戦略的アイデアの創造やイノベーションのための活動をどのように試みたらよいかを理解できなくなってしまう。そして，このビジョンは，企業のドメインに具現化されることも忘れてはならない。

サローナー（Saloner, G）らは，ビジョンの役割について次のように考えている[(9)]。論理的な戦略を立案するためには，経営者は企業や産業が向かう方向を理解しなくてはならない。技術の動向，競合のアクション，市場に生じる機会に対して敏感になり，将来を正確に予測することができないながらも，ある種の先見性をもって，前提条件や相互作用，結果を予測することも経営者の役割となる。その場合，現実と将来の姿のギャップを埋める領域を「ビジョン」という言葉で称することがある。

企業が将来へのビジョンを確立すると，よい戦略を立案し，それを達成しようとする意欲の高い社員が育つ。実際，長期目標なしに戦略を具現化することは難しい。とくに，誕生したばかりの企業や戦略の方向を大きく転換している企業にとって，目標を示し，成功の確率の高い明確なビジョンをもつことは，社員や投資家を引きつけ，動機付ける上で，非常に重要である。

ビジョンは，自社の存在意義や果たすべき方向性を表している。これは，社員の行動規範となり，事業における成功のヒントを示すといった役割を果たす。ビジョンが，企業の基本的な方向性を示しているとすれば，戦略はそれを具現化するための，より具体的な方法論を示している。その意味で，ビジョンは戦略の上位概念であり，その下に具体的な戦略が成立する。ビジョンの不確実性を回避するために，パーパスという概念規定が機能することになる。企業の原点として社会における存在意義，社会において何をしたいかを決めておくことで，そのパーパスが社会との共有理念として機能するのである。ゆえに，経営戦略の基盤としてパーパスを明言しておくことは，その後の戦略策定を円滑にするのである。

企業の目指す理想はミッション，方向性はビジョンに示される。これらは，経営の意思や社員の夢を反映したものでなくてはならない。その上位には，パーパスがある。経営の現状とパーパスの間にはギャップが生まれる。そのギャップが，組織のなかで共有され，現実認識となる。理想と現実のギャップは通常極めて大きいが，これは必ずしも悪いことではない。このギャップこそが，新たな戦略を策定し，実行していこうとするエネルギーを生み出すからである。

現在の姿と目指す姿のギャップを埋めるために，日々の分析に基づいた戦略代替案が作られ，評価される。あらゆる点で優れた戦略というものはない。戦

図表９－２　戦略策定の基本プロセス

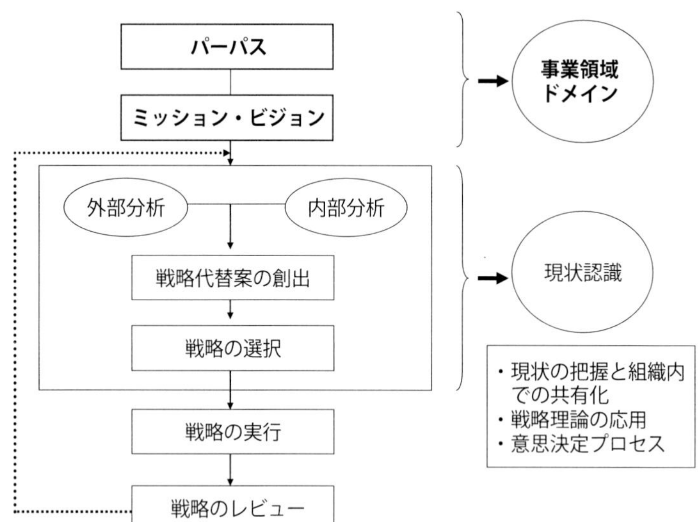

出所：グロービス・マネジメント・インスティテュート編（1999）『MBA 経営戦略』ダイヤモンド社，116 ページの図に筆者加筆。

略意思決定には常にトレードオフ関係があり，何かを優先し，何かを後回しして，ある戦略が選択されるのである。

企業がリスクに立ち向かう勇気をもち，インパクトのある大胆な戦略を策定するには，企業の現状を改革しようとする強い意思が必要となる。この強い意思が，パーパス・ミッション・ビジョンそして，ドメインとして表現されるのである。このように考えると，ドメインの決定は，企業の存続を左右する大きな意思決定となる（図表9－2）。

第3節　ドメインの定義

1. ソニーのドメイン

ドメインの定義とは，企業がどのような事業領域を選択するかという問題である。ドメインを定義することは競争の土俵を決定することであると同時に，より本質的には，企業のアイデンティティ（同一性，基本的性格）を規定することである。企業のアイデンティティが定まることで，企業の意思決定者たちの注意の焦点が限定されることや，組織としての一体感が醸成されること，といった効果が期待できる[(10)]。

ここで，ソニーのドメイン定義の事例を見てみよう[(11)]。ソニーの出井社長（当時）は，「デジタル・ドリーム・キッズ」というキーワードのもと，デジタル化に向けてドメインの再定義を行った。「娯楽とデジタル技術が交錯する領域」がドメインとされ，出井社長は，それに対して不可能を知らない子供のような夢をもって挑戦していくというスタンスを明らかにした。技術をデジタルに傾斜させることは，広大なデジタル領域で資源の分散を招き，バラバラの事業群を抱えてしまう恐れがないわけではない。しかし，あえてソニーしかできないことをやるという伝統に則り，消費者が娯楽性を感じる領域や製品に注力することが明示された。「デジタル・ドリーム・キッズ」という表現も，従来の「技術者の真面目な夢」から，若い研究者の「自由闊達な遊び心をもった夢」へと傾斜していく時代の移り変わりをたくみに反映している。ソニーは，技術軸，機能軸を重視し，その範囲をデジタル化の潮流に合わせてドメインを再定義したのである。これは，研究開発投資の領域拡大を意味するが，その後，デジタルカメラ，ハンディカムビデオ，携帯音楽プレーヤー，IC レコーダー，液晶テレビ，プレイステーションなどの成功により，収益は急回復を遂げた。これらの製品の大半は，出井社長の就任以前に企画開発されたものだが，出井社長が打ち出した方針がソニーのネームバリューを増幅させた。この成功は結果が問われるビジネスの世界において，出井社長の影響力を固めることに寄与した。

2．ドメインの物理的定義と機能的定義

伝統的に，ドメインは製品の観点から定義されてきた。「パソコン事業」「鉄道事業」「映画事業」というような定義のしかたである。このようなドメインの定義はしばしば，「物理的定義」と呼ばれている(12)。

第1にこのような定義は，企業の既存の製品やサービス，つまり活動の成果だけを叙述し，しかもその物理的実態だけに注目した定義であり，カバーしている範囲ないし領域が空間的に狭いのである。第2にドメインの物理的定義では，将来に向かってその企業がどういう方向に伸びていこうとするのか，その方向性がはっきりしない。実体としての製品には必ず一定の寿命やライフサイクルがある。そのライフサイクルを超える事業活動の展望と成長の方向性が示されていないので，製品そのものに基づくドメインの定義はあまり良い方法ではない。言い換えると，ドメインの物理的定義は，空間的に見て限定的で狭い定義であるばかりか，時間的に見ても，限定的あるいは静的で，変化の方向性や発展の道筋を示唆するのが困難な定義なのである。

このような論点は，ドメインの物理的定義と機能的定義との対比という形で議論されてきた(13)。その議論によれば，たとえば，缶詰の缶をつくる会社が自社のドメインをブリキ缶と見るのと，包装（パッケージング）と見るのとでは，意味が決定的に違ってくる。前者は物理的定義で，後者は機能面に注目した機能的定義といえる。市場機会の認識，代替素材に対する備え方が，前者と後者とはまったく違ってくる。包装は缶よりも広い概念であり，かつ顧客の求める機能にかかわる概念である。このような概念でドメインを見るときには，それ

だけ他の素材との競合にさらされたときの適応の柔軟性は高くなるはずである。

エーベル（Abell, D. F.）は，製品によって満足をするのはだれかという「顧客層」，製品によって何が満たされるかという「顧客機能」，顧客ニーズがどのように満たされるのかという「技術」の結合がドメインを形成するとしている。このような機能的定義を詳しく見ていこう(14)。顧客層を分ける基準は，地理的特徴，人口的特徴，社会経済的階層，ライフスタイルの特徴，パーソナリティの特徴，ユーザーの業界や規模である。 製品は顧客のために機能を果たしている。この顧客機能は，機能を遂行する方法（技術）と顧客が選択のための基準を知覚するベネフィットに分けられる。たとえば輸送というサービス業は機能であり，タクシー輸送は機能遂行の方法（技術）であり，価格・快適さ・スピード・安全性は選択に関連したベネフィットである。このように，顧客機能は技術とベネフィットにより構成される。技術は，顧客機能の遂行のための代替的方法を増やすことができ，顧客の問題解決というニーズに合わせて開発される。

東京から大阪間での移動というサービスを想定してみよう。その選択肢として，江戸時代ならば，徒歩，船舶，人力車といった時間のかかる技術が想定される。現代であれば，航空機，新幹線，自家用車，高速バスといった多様なチョイスが可能になる。高速バスのなかにも，安さを売りにする業者がある一方

図表９－３　ドメインの定義

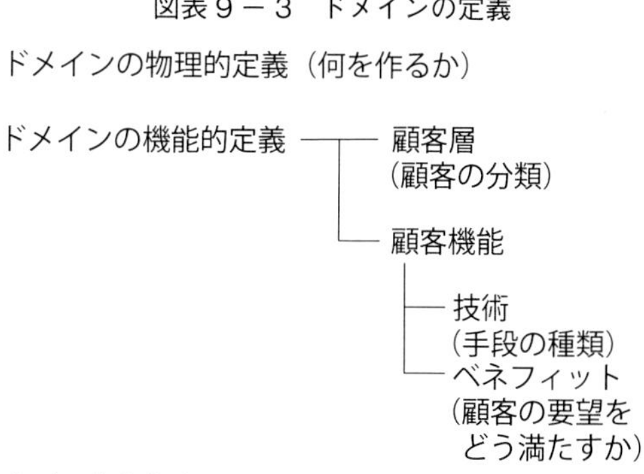

出所：筆者作成。

で，個室のようなスペースを提供する高速バスも人気がある。定時運行の新幹線に対して，速さの航空機という対抗軸もある。

ドメイン定義の始まりは，物理的定義と機能的定義であった。何を作るかという物理的定義の概念には戦略的発展性の限界がある。そこで，ドメインの機能的定義を多元的に解釈し，「顧客層」「顧客機能」「技術」から，事業展開の戦略性に言及したのがエーベル（Abell, D. F.）である。図表9－3に示すように，ドメインは大きく物理的定義と機能的定義に分かれる。機能的定義は，顧客層，顧客機能に分割できる，さらに顧客機能は技術とベネフィットによって構成される。このようにドメインに関する定義は複合的に議論されている。

第4節　事業領域の変化と社会とのつながり

1．ドメインから戦略へ

このようなドメイン定義から経営戦略を導くと，次のような戦略類型が見いだされる[(15)]。1つ目は，特化戦略である。特定の顧客層，特定の顧客機能，あるいは特定の技術に特化して事業展開することが特化戦略である。顧客層の特化とは，地理的特徴や人口的特徴など1つの基準に沿って市場を細分化することである。たとえば，地理的特徴のなかで日本と中国だけをターゲットとするという戦略がとられる。地理的に絞ったセグメントの特定の顧客ニーズに製品特性が適合される。たとえば，日本市場向けに高い機能を備えた製品を提供することで特化戦略が展開される。

2つ目は差別化戦略である。差別化戦略は顧客層・顧客機能・技術の全次元で他社製品との特徴の違いを追求することである。たとえば，アメリカで自動車製造企業が顧客層のなかで若者をターゲットにハイブリッドスポーツカーを開発している。このケースで，顧客層は若者，顧客機能はスポーツボディ，技術は新たな動力源という3つの設計思想が確立している。他社がこの3つの設計思想に気づいていなければ，スポーツハイブリッドカーは自動的に競争上の優位性を得る可能性がある。競争上の差別性が得られるかどうかは，競合他社が顧客層・顧客機能・技術に関して新たな設計思想を創出しているかに依存する。

３つ目は非差別化戦略である。顧客層，顧客機能，技術の側面で他社との特徴的な差異を目立たせない戦略である。たとえば，砂糖や小麦といった食料原材料の販売では，顧客層，顧客機能，技術という面で，競合企業間で目立った差別化はない。汎用コンピュータや家庭用プリンター販売における，各社の戦略は極めて差別化されているとはいえない。普及率が高く，汎用性が強い製品には，差別化よりも価格が重視されるので，安価で安定した供給が求められるのである。

2．ドメインの再定義

ドメインの再定義については，マルキデス（Markides, C. C.）の議論が参考になる[(16)]。ある定義を選択した結果その企業が繁栄するかどうかは，蓋を開けてみなければわからない。ドメインを問い直す目的は，自社ならではのケイパビリティ（企業の中核能力）を最大限に活かせる分野を見つけ出すことに尽きる。ポイントは，独自のケイパビリティにフィットするように，ドメインを定義することである。この「フィット」が競争優位性を生み出す。自社にふさわしいドメインを見出せるかどうかは，フィットの有無によって決まる。つまり，自社の強みを最も活かせるドメインが「正しい」事業領域ということになる。このため，ある企業に適したドメインも，別の企業にはまったく向かないということが起こりうる。また，逆に，他社独自の強みにフィットする分野も，自社とは相性が悪いかもしれない。

マルキデスはドメインの再定義の具体的手法を４ステップに分類している[(17)]。

【ステップ1】

ドメインの定義を考えつくまますべて列挙する。製品，顧客，コアコンピタンスという３つの切り口に沿ってできるだけ多くのアイデアを出すことが重要である。

【ステップ2】

リストアップした各定義をさまざまな基準に照らして評価する。主な基準は次のとおりである。

・顧客は誰で，どのようなニーズをもっているか。
・どのような企業と競合することになるか。
・他者よりもうまくそのニーズを満たすことができるか。
・競争優位を維持することができるか。
・うまみのある市場だろうか。（将来の成長性はどうか，参入障壁は高いかなど。）
・主要な成功要因はなにか。
・自分個人として貢献できるだろうか。
・競合他社はどのような動きをしているか，またどのように事業を定義しているか。
・自分の業務上の目標達成につながるかどうか。
・この定義は，顧客の当社に対するイメージと一致するだろうか。

【ステップ3】

ドメインの定義を1つに絞り込む。そして，それができたら，付随してさらにいくつかの意思決定をしなければならない。意思決定とは，たとえば，どの製品，あるいはどの国の子会社に投資をするのかといった決定である。

【ステップ4】

さらに，以下のように再考してみることが重要である。もし，競合他社がドメインを再定義したら，どのような方向に舵を取り直すだろうか。その戦略からは，どのような企業行動が見出されるだろうか。そして，それを迎え撃つには当社はどのような準備をすべきだろうか。

たとえ，他社がドメインを再定義しなくても，その現在の定義を理解しておくのは大切なことである。それを分析すれば，どのような顧客をターゲットとし，何を主力製品と考え，どの分野に投資しようとしているのか，相手の戦略を読むことができる。そこから，競合企業の関心の向いていない顧客層や製品，投資分野などを推し測ることができる。このような情報をもとに，自社がある動きをしたときに，相手がどう反応しそうかを予測することができる。そして，競合企業が諦めそうな製品分野や顧客層がわかれば，そこに狙いを定めることができる。

3．ドメイン・コンセンサス

ドメインとの関連で経営戦略は次のように整理することができる[(18)]。

（1）企業戦略は企業が全体的にどのようなドメインにおいて行動すべきかを，時間軸を入れて機動的に策定することである。換言すれば，独自能力を発揮しながら，シナジーと競争優位性を求めて，現在から将来にわたるドメインの全社的方向性を設計することである。

（2）事業戦略は選択されたドメインにおいて，いかに競争するかに関する戦略である。つまり，これは競争戦略である。その内容は，ドメインの具体的構成要素である製品や事業ごとに，自己の競争上の位置や独自能力，経営者の意思によってきまる。

（3）機能別戦略は設定されたドメインを前提に，必要な資源を調達し，それを各部署で有効利用するための資源分配戦略である。具体的には，財務戦略，研究開発戦略，生産戦略，マーケティング戦略など職務別に策定される。

企業組織が社会的に機能するためにはドメインそのものの定義だけではなく，ドメイン・コンセンサスの確保が重要である[(19)]。ドメインは，組織内のメンバーから見ても，組織の外側から見ても，合意できるものでなければならない。つまり，ドメイン・コンセンサスには，内的コンセンサスの側面と外的コンセンサスの側面がある。ドメインの内的コンセンサスとは経営側の主導でつくられたドメインに，組織メンバーがどの程度同意し，共感しているかの指標である。それに対して，ドメインの外的コンセンサスとは，組織体のドメインにステークホルダーが，どの程度同意し，共感しているかの指標である。このようなドメインの内側と外側を結合することは，永続経営の重要な課題である。

企業内部組織と外部環境とのやりとりに注目すれば，企業組織と社会との間の一種の交換プロセスの結果がドメイン・コンセンサスなのである。この交換プロセスでは，さまざまなものがやりとりされるが，その中心は，企業が産出する製品である。それゆえ，製品を介して企業と社会との間で，どういうやりとりが行われ，製品にどのような意味や価値が与えられているかということが重要な意味をもつ[(20)]。ステークホルダー資本主義の現代において，多様な利害関係者との調和が必要になる。企業の利害関係者は株主だけではない。社会における企業の存在意義を顧客と共有することでドメイン・コンセンサスが成立する。ゆえに，社会主導のドメイン思考が必要になっている。

たとえば，日本電気のC&C（コンピュータ・アンド・コミュニケーション）はビジョンがドメインに具現化された好例である。類似のものとして，東芝のE&E（エネルギー・アンド・エレクトロニクス），サントリーの生活文化産業，IBMの問題解決サービスなどいくつかの例があげられる。自社の目指す将来の姿を社員や顧客，そして社会に対して示すことで誰もが共感できるドメイン・コンセンサスが機能するようになる。

第5節　おわりに

企業が長い年月をかけて築いてきた事業分野つまりドメインには，技術力や経験，人材，マーケティングなどの資産が蓄積されている。その捉え方を本章では検討した。ドメインの構築とは，自社のもつ経営理念およびビジョンと市場の成長性を重ね合わせることによって，企業独自の事業構造を明確にすることである。ドメインの構築によって，企業内の資源である，ヒト，モノ，カネ，情報の資源配分の方法も明確になってくる。そのうえで，企業がどのような方向に事業を伸ばそうとしているかを明確にすることができる。つまり，ドメインの定義は経営戦略の根幹をなす概念である。

企業によって事業ドメインを広くとる企業と狭くとる企業とがある。日本の有力企業は事業領域を広くとる戦略を採用するところが多いとされている。自動車製造企業や家電企業では，サプライチェーンの川上から川下まで，縦に長いドメインを形成している。その領域のなかで，それぞれの企業が品質，機能，価格で差別化を図っている。本章では，エーベル（Abell, D. F.）の議論を引用して，市場軸を「顧客軸」と「機能軸」に細分化し，「技術」軸を加えた3次元でドメインを定義する方法を紹介した。

近年，注目されているドメインは持続可能な開発目標（SDGs）関連の領域である。自動車製造業や家電企業は省エネルギーの分野でしのぎを削っている。また，資源安全保障が緊急の課題となるなかで，エネルギー資源開発や食糧供給の領域も注目されるドメインである。ドメインの時間的な広がり，意味的な広がりを考慮して現代企業は，比較的新しいドメインの海のなかで，生き残りをかけた戦いをしているのである。つまりこの戦いが経営戦略であり，時代に適合したドメインを構築した企業が永続できる企業なっていくのである。

【注】

（1）石井淳蔵・奥村昭博・加護野忠男・野中郁次郎『経営戦略論【新版】』有斐閣，1996年，9ページ。

（2）伊丹敬之『新・経営戦略の論理』日本経済新聞社，1984年，23，30ページ。

（3）伊吹英子・吉田幸登『実践パーパス経営』日本経済新聞出版，2022年，12ページ。

（4）同上書，21ページ。

（5）Ranjay Gulati, *Deep Purpose*, Harper Collins Publishers, 2022.（山形浩生訳『DEEP PURPOSE 傑出する企業，その心と魂』東洋館出版社，2023年，60ページ。）

（6）Barney, J. B.. *Gaining and Sustaining Competitive Advantage*, 2nd Edition, Pearson Education, 2002.（岡田正人訳『企業戦略論（上）基本編』ダイヤモンド社，2003年，35ページ。）

（7）同上邦訳，37ページ。

（8）同上邦訳，42～43ページ。

（9）Saloner, G., Shepard, A & J. Podolny, *Strategic Management*, John Wiley & Sons, 2001.（石倉洋子訳『戦略経営論』東洋経済新報社，2002年，33～34ページ。）

（10）石井他，前掲書，77ページ。

（11）グロービス・マネジメント・インスティテュート編『MBA経営戦略』ダイヤモンド社，1999年，34ページ。

（12）榊原清則『企業ドメインの戦略論－構想の大きな会社とは』中公新書，1992年，19～20ページ。

（13）同上書，19ページ。

（14）Abell, D. F., *Defining the Business :The Starting Point of Strategic Planning*, Prentice Hall, 1980.（石井淳蔵訳『「新訳」事業の定義 - 戦略計画策定の出発点』中央経済社，2012年，221～223ページ。）

（15）同上邦訳，225～227ページ。

（16）Markides, C. C., *All the Right Moves*, Harvard Business School Press, 2000.（有賀

裕子訳『戦略の原理』ダイヤモンド社，2000年，60～61ページ。）

(17) 同上邦訳，64～68ページ

(18) 森本三男『経営学入門3訂版』同文舘，1995年，115ページ。

(19) 榊原清則，前掲書，36ページ。

(20) 同上書，122ページ。

【参考文献】

Abell, D. F.（1980）, *Defining the Business: The Starting Point of Strategic Planning*, Prentice-Hall.（石井淳蔵訳『「新訳」事業の定義 - 戦略計画策定の出発点』中央経済社，2012年）

Barney, J. B.（2002）, *Gaining and Sustaining Competitive Advantage, 2nd Edition*, Pearson Education.（岡田正人訳『企業戦略論（上）基本編』ダイヤモンド社，2003年）

Gulati, Ranjay（2022）, *Deep Purpose*, Harper Collins Publishers.（山形浩生訳『DEEP PURPOSE 傑出する企業，その心と魂』東洋館出版社，2023年）

Markides, C. C.（2000）, *All the Right Moves*, Harvard Business School Press.（有賀裕子訳『戦略の原理』ダイヤモンド社，2000年。）

Saloner, G., Shepard, A. & Podolny, J.（2001）, *Strategic Management*, John Wiley & Sons.（石倉洋子訳『戦略経営論』東洋経済新報社，2002年）

石井淳蔵・奥村昭博・加護野忠男・野中郁次郎（1996）『経営戦略論【新版】』有斐閣。

伊丹敬之（1984）『新・経営戦略の論理』日本経済新聞社。

伊吹英子・吉田幸登（2022）『実践パーパス経営』日本経済新聞出版。

大滝精一・金井一頼・山田英夫・岩田智（2016）『第3版 経営戦略 論理性・創造性・社会性の追求』有斐閣。

グロービス・マネジメント・インスティテュート編（1999）『MBA 経営戦略』ダイヤモンド社。

榊原清則（1992）『企業ドメインの戦略論－構想の大きな会社とは』中公新書。

森本三男（1995）『経営学入門3訂版』同文舘。

第10章

成長戦略としての多角化

第1節　はじめに

アメリカでは1960年代に企業買収がさかんになり，買収による多角化戦略がよくみられるようになった。同時に独占禁止法が強化されたため，異業種の買収もさかんになり，コングロマリット的多角化も目立つようになった。このような現実を背景に，1960年代から70年代にかけてアンゾフ（Ansoff, H. I., 1965），チャノン（Channon, D. F., 1973），ルメルト（Rumelt, R. P., 1974）などにより多角化についての研究成果が発表された[(1)]。

しかし，河野豊弘によれば，1980年代になると多角化の欠点が目立つようになったため，シナジーが重視されるようになり，こうした視点に立つピーターズとウォーターマン（Peters and Waterman, 1982）らの研究が注目されるようになった。本章ではアンゾフの多角化戦略理論からみていくことにする。

第2節　製品市場とマトリックス

アンゾフは多角化を企業の成長戦略の1つとして捉え，成長のベクトル（図表10－1）を提示している。事業を市場と技術によって定義し，市場を既存市場と新規市場に，技術を既存技術と新規技術とに分けると企業の製品・市場戦略は4つから構成されることになる。

企業が製品も市場も変えることなく成長を目指そうとするのが市場浸透（market penetration）戦略である。「①現在の顧客が製品を購入する頻度と量を

図表10－1　成長のベクトル

		製品（技術）既　存	製品（技術）新　規
市場	既存	市場浸透戦略	製品開発戦略
市場	新規	市場開発戦略	多角化戦略

出所：アンゾフ，H. I. 著，中村・黒田訳『最新・戦略経営』産能大出版部，1990年，147ページに加筆。

増大させる，②競争相手の顧客を奪う，③現在製品を購入していない人々を顧客として獲得する」[(2)] などの方法で成長を目指す戦略である。

既存の製品を新しい市場で販売し，成長していこうとするのが市場開発（market development）戦略である。企業はこれまで販売してこなかった地域に既存の製品の売り込みをはかる，あるいは，既存の製品の仕様を少し変えて，これまでとは異なる年齢層に売り込みをはかる，などの方法で販売高を増やしていく。

これに対して，従来と同じ顧客に新しい製品を販売することによって成長していこうとする戦略は製品開発（product development）戦略と呼ばれる。製品開発には技術革新によって製品の品質を向上させたり，新しい機能をつけ加えたりする方法がある。

そして最後に，新しい製品（技術）で新しい市場を開拓する多角化（diversification）戦略がある。多角化戦略は企業が製品と市場の両方において事業領域を拡大することによって成長しようとする戦略である。

企業が多角化戦略をとる理由には，①未利用資源の有効活用，②魅力的な事業の発見，③既存事業の衰退，④リスク分散，⑤シナジー（synergy）効果の追求などをあげることができる[(3)]。製品にはライフサイクルがあるため，現在成長し，利益を獲得している事業でもやがて衰退していくことになる。そこで，企業が単一の事業に依存している場合にはこの事業の衰退と同時に企業も衰退していかざるをえない。多角化戦略を取る企業は，一部の事業が衰退していく場合でも，ほかに成長事業をもっていれば，企業の成長を維持することができる。また一部の事業において不況で業績が悪化した場合でも，不況の影響を受けない事業をもつ場合には企業全体の業績が悪化することを防ぐことができ，リスクを分散することができる。企業が多角化戦略をとる最も重要な理由は，シナジー効果を高めることである。シナジー効果はいくつかの事業が経営資源の共有や相互補完によって経営効率を高め，したがって業績を高めることができる効果のことである。

第3節　多角化のパターンと業績

多角化にはどのような種類があるのであろうか。吉原英樹らは多角化をベースとした企業戦略を7つに分類している[4]。多角化の程度が最も低いタイプは専業型（Single）と呼ばれる。最大の売上高をもつ事業がその企業の売上高のほとんどを占めているような企業である。多くの製品をもつが，製品分野が素材・加工・最終製品の長い生産工程でつながっているような企業は垂直統合型（Vertical）と呼ばれる。

製品分野に上述のような関連をもたないものを吉原らは多角化と呼び，それを本業中心型（Dominant），関連型（Related），非関連型（Unrelated）の3つに

図表10－2　多角化の戦略タイプ

1. 専業戦略（*S* : Single）
2. 垂直的統合戦略（*V* : Vertical）
3. 本業中心多角的戦略（*D* : Dominant）
   ①集約的なもの（*DC* : Dominant-Constrained）
   ②拡散的なもの（*DL* : Dominant-Linked）
4. 関連分野多角化戦略（*R* : Related）
   ①集約的なもの（*RC* : Related-Constrained）
   ②拡散的なもの（*RL* : Related-Linked）
5. 日関連多角化戦略（*U* : Unrelated）

出所：吉原英樹・佐久間照光・伊丹敬之・加護野忠男（1981）『日本企業の多角化戦略』日本経済新聞社，14ページ。

図表10－3　集約型と拡散型

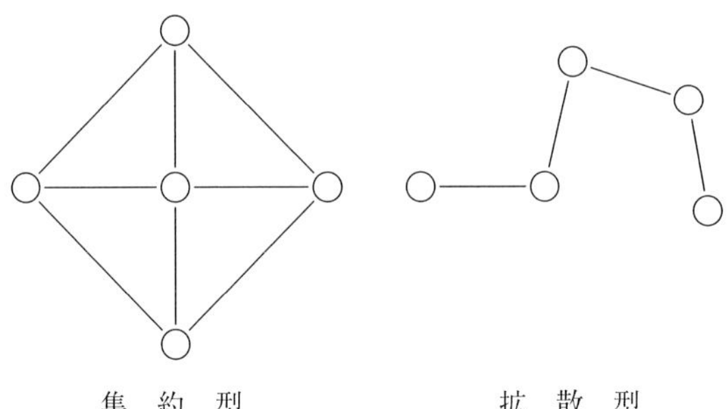

出所：図表10－2に同じ，15ページ。

分類している。本業中心型とは企業全体の売上高の大部分を占めるような事業をもち，かつ多少の多角化をしているケースであり，関連型は本業といえるような比重の大きい分野が1つあるわけではないが，ほとんどの事業が市場や技術などに関して何らかの関連をもっているケースである。非関連型は技術・市場などの関連をもつ事業をほとんどもたないケースである。

本業中心型と関連型にはさらに集約型と拡散型の2種類があるため，多角化のタイプは5つに分けられる。集約型は事業分野間の関連が網の目状に緊密にあるもので，少数の種類の経営資源をさまざまな分野で共通利用するような多角化のタイプである。拡散型は，さまざまな経営資源が企業内に蓄積され，緊密な共通利用関係をもつものではない。拡散型の典型は，保有する経営資源をテコに新分野に進出し，その新分野で蓄積した経営資源をベースにさらに新しい分野に進出するというパターンである。

吉原らは日本企業106社を対象に，多角化の度合いと企業成長の関係についての分析を行った。すなわち，この106社を低度多角化グループ（専業型S，垂直型Vがこれにあたる），中度多角化グループ（本業・集約型DC，本業関連型DL，関連・集約型RC），高度多角化グループ（関連・拡散型RL，非関連型U）の3つに分け，それぞれ企業成長との関係を分析した。その結果，多角化度の変化量（⊿DI）の関数は3つのグループの間で大きく異なっており，高度多角化グループだけで有意な正の係数が出た。すなわち，追加的な多角化度の増大が企業成

図表10－4　多角化と企業成長の回帰分析

変数＼サンプル	全体 (106)	低度多角化グループ (39)	中度多角化グループ (32)	高度多角化グループ (35)
多角化度指数の変化（⊿*DI*）	0.030	－0.088	－0.074	0.127[a]
	(0.93)	(1.42)	(0.93)	(2.91)
多角化度指数（*DI*）	0.053[a]	0.032	－0.005	0.078[c]
	(2.73)	(0.72)	(0.09)	(1.87)
投下資本収益率（*ROC*）	0.201[a]	－0.012	0.223[b]	0.326[a]
	(3.23)	(0.08)	(2.59)	(3.17)
企業規模（X_S）	0.047	1.680[a]	0.475	－1.258[a]
	(0.13)	(2.63)	(0.47)	(2.73)
産業成長率（X_G）	0.543[a]	0.033	0.751[a]	0.621[a]
	(5.08)	(0.13)	(4.61)	(3.71)
定　数	6.916	－2.698	－6.200	20.374
$\overline{R^2}$	0.309	0.199	0.483	0.531

(注)：1．カッコ内はt値

2．回帰の従属変数は売上成長率（*GSL*）

3．a: 1%で有意　b: 5%で有意　c: 10%で有意

出所：図表10－2に同じ，156ページ。

長の増大に有意に結びついているのは高度多角化グループだけであった。低度多角化，中度多角化の2グループは，係数は有意でないが負の符号をもつ。つまりこの2つのグループの企業では，追加的な多角化度の増大は企業成長にとって促進要因ではなく，むしろ阻害要因であった。

また，状態としての多角化度（DI）の企業成長への影響は，低度多角化，中度多角化グループにおいて有意なものではなく，高度多角化グループだけが，多角化度が成長率の有意な要因，しかも促進要因となっていた。

以上の分析の結論は，多角化の程度が高くないときは，追加的な多角化度の増大は企業成長をもたらさないのに対して，すでに高度に多角化している企業においては，追加的な多角化度の増大は企業成長率を有意に高める，というものである。

図表10－5　戦略タイプの経営成果の日米比較

経営成果 / 戦略タイプ	投下資本収益率（ROC）		自己資本利益率（ROE）		売上成長率（GSL）		利益成長率（GER）	
	日本	米国	日本	米国	日本	米国	日本	米国
垂直型（V）	－2.24	－2.28	－1.79	－2.46	－1.76	－1.59	－0.25	－1.38
専業型（S）	0.57	0.29	1.08	0.56	－0.99	－1.84	－5.14	－3.91
本業・集約型（DC）	4.28	2.19	1.50	2.27	－1.36	0.47	－0.01	0.36
本業・拡散型（DL）	－0.88	－1.83	1.49	－2.36	0.87	－2.08	－1.56	－0.62
関連・集約型（RC）	2.67	1.45	1.77	1.47	2.55	0.61	3.18	1.67
関連・拡散型（RL）	－1.14	－0.09	－0.89	－0.36	1.25	－0.95	3.05	－1.57
非関連型（U）	－2.26	－1.12	－1.67	－2.26	0.14	－2.91	1.17	－0.94
全体平均	13.13	10.52	10.78	12.64	14.59	9.01	11.56	8.72
F検定の限界有意水準	0.03	0.001	0.1	0.005	0.02	0.05	0.01	0.1
二国間の相関係数	0.92[a]		0.65[c]		0.24		0.71[b]	

（注）：1．米国企業のデータはRumelt（1974）
　　　　2．各戦略タイプの成果は全体平均からの偏差で示してある
　　　　3．a: 1％で有意　b: 5％で有意　c: 10％で有意
出所：図表10－2に同じ，160ページ。

次に吉原らは多角化と経営成果との関係についても分析し，アメリカ企業に関して同様の分析を行ったルメルト（Rumelt, R. P.）の調査結果と比較している。それによると収益性については日米の類似性は大きいのに対し，売上成長率については相違が目立った。売上成長率に違いが出たのは，調査対象期間の両国の経済成長の速度，産業構造の変化の速度の相違からもたらされたのではないかと吉原らは推測する。

収益性は中度の多角化企業において最も高く，低度・高度の多角化ではそれより低くなっている。すなわち，本業集約型（DC）と関連・集約型（RC）は日米とも収益性が最も高くなっている。高度多角化企業において収益性が下がってくるのは，「多角化を過度に進めると，過大な資金需要が企業内に生じるが，その資金需要を満たすに足るだけの収益性を維持することは，多角化の進行とともに困難になってくる」(5) ためである。

このように吉原らの調査によれば，多角化の程度が増大するにつれ，成長性

図表10－6　多角化と成果（収益性，成長性）の関係についての実証結果の概念図

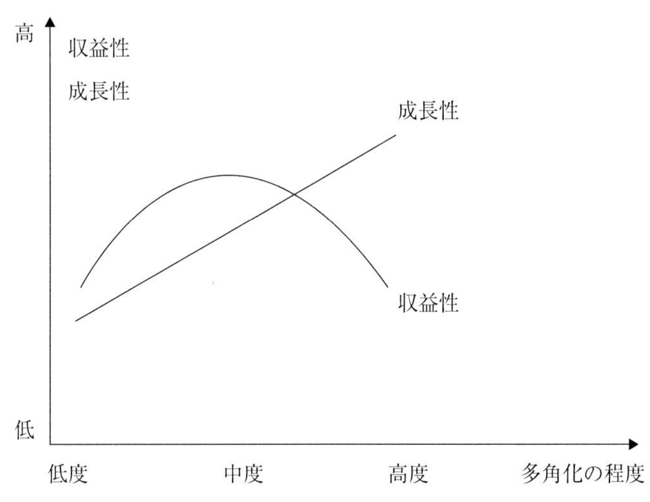

出所：図表10－2に同じ，181ページ。

は直線的に増大するのに対し，収益性は中程度の多角化までは増大するが，高度の多角化では下がるということがわかる。吉原らの調査から「収益性を高めるためには，コアとなるある種のスキルを中心として関連性の多角化を行う必要があるが，成長性を高めるためにはときに基軸をはなれて多角化する必要がある」[(6)]ということが明らかになる。

第4節　多角化の利点と成功を規定する原則

河野豊弘は多角化の利点として①成長率を高めること，②範囲の経済（economy of scope）を拡張すること，③リスクを分散すること，④税金を減少させること，⑤製品相互の援助（cross-subsidization）により競争上の利点をつくり出すこと，⑥昇進の機会と雇用の安定を高めることなど6つをあげている[(7)]。

（1）成長率を高める

多角化が企業の成長にとって大きな役割を果たすことは，前節のルメルトや

吉原らの分析結果からも明らかであるが，河野は日本のカメラ業界を例にあげ，多角化を推進して高い成長率を達成したキヤノンやリコーとカメラのみにとどまったマミヤ光機（倒産）やヤシカ（京セラが買収）を比較している。

（2）範囲の経済を拡張する

たとえば５つの事業をもつ１つの企業は，１つの事業をもつ５つの企業の合計よりも少ない費用で運営されるのが普通であるが，この費用節約効果は範囲の経済と呼ばれる。範囲の経済はシナジー効果によって説明される。

企業が複数の製品を製造・販売する場合に，同じ経営資源をいくつかの製品が共に利用できるのであれば，１つの製品を製造・販売するためのコストを引き下げることができ，また品質を向上させることができる。複数の製品が経営資源を共有することから生まれるこのような有利性はシナジー効果と呼ばれるが，多角化によって経営資源を共有する製品の数や比率が高まれば，シナジー効果も高くなる。

経営資源には原材料や販売網などがあるが，知的財産のような経営資源を共有できる場合には，シナジー効果がいっそう高いものとなる。特許やノウハウなどは使っても減少しないので，これらを共有して複数の製品を製造する場合には有利性が高まるためである。

（3）リスクを分散する

２つ以上の製品の売り上げや利益が相互に無関係に動く場合には，２つ以上の製品をもつことによって売上げや利益を安定させることができる。たとえば輸出を中心とする製品と輸入して国内販売する製品とを同時にもっている企業の場合，為替レートが円高ドル安になると輸出を中心とする製品は売り上げ・利益とも下がるけれども，輸入販売する製品は売り上げ・利益とも上昇することが予想される。また景気変動の影響を強く受ける製品とほとんど受けない製品を同時にもつことによっても同様の効果を得ることができる。

（4）税金を減少させる

企業が既存の事業で大きな利益をあげた場合，支払うべき税金も大きなものとなる。そのような場合，企業は新規事業への投資を増大させ，税額を減らそうとすることが多い。企業が既存の事業で利益をあげているうちに，新規事業の種をまき，現在の税金を減らすと同時に将来の利益をもたらす事業を立ち上げていかなければならない。

（5）製品相互の援助による競争上の利点をつくり出す

企業が A 製品と B 製品をもち，B 製品が独占的な市場シェアをもち十分な利益を得ている場合，企業は A 製品を非常に安く販売し競争相手を市場に参入させない戦略をとることができる。河野はこのような事例として，大型コンピュータや半導体の利益をパソコンに注ぎ，パソコンを非常な低価格・高性能で売り出して，一挙に市場占有率を高めた富士通のケースをあげている。

（6）昇進の機会と雇用の安定を高める

多角化によって事業が増えることは，事業部などが増加し，ポストも増加するため昇進の機会が増える。また，上述のリスクの分散により，企業の収益が安定するため，従業員の解雇などを回避することができる。

次に河野は問題のある多角化として，①成長性のない製品を取り入れて多角化すること，②シナジーがなく競争力がない製品によって多角化すること，③多角化によって力が分散して，本業がおろそかになることの3つをあげている。彼はシナジー効果をもたない多角化によって業績悪化を招いた例としてセゾングループの例をあげている。図表 10 − 7 の A 群の中核的事業とマーケティング関連の B 群はシナジー効果をもつため成功した。

それに対し C 群の関連のない事業はすべて赤字であり，巨額の負債が本業の重しとなっている。1988 年に 21 億ドル余りで買収したインターコンチネンタル・ホテルズ社は赤字経営から脱却できず，98 年にバス社に売却する結果となった。この事業への多角化は，セゾングループにホテル経営のノウハウがあっ

図表10－7　セゾングループの多角化（1995年現在）

A群　中核的事業 ・西武百貨店 ・西友 ・ファミリーマート ・パルコ
B群　マーケティング関連のある事業 ・西洋フードシステムズ ・吉野家ディー・アンド・シー ・クレディセゾン
C群　経営管理能力もマーケティングも中核事業と関係ない事業 ・インターコンチネンタル・ホテルズ（赤字　負債1,000億円　売却） ・西洋環境開発（赤字　負債3,800億円） ・東京シティファイナンス（赤字　負債7,500億円） ・ゴルフ事業（赤字　負債1,000億円）

出所：河野豊弘（1999）『新・現代の経営戦略―国際化と環境適応―』ダイヤモンド社，55ページ。

たわけではなく，シナジー効果を求めることができなかった典型例であろう。また西洋環境開発はバブル期に不動産開発に進出したが，バブル崩壊とともに巨額の負担を抱えることになり，セゾングループ解体の最大の要因となった。

河野は多角化の成功を規定する原則として，①製品のライフサイクル，②経験曲線，③シナジーと中核的能力，④分散投資，⑤差別化の原則の5つをあげている(8)。

製品のライフサイクルには「導入期」「成長前期」「成長後期」「停滞期」「衰退期」などがあることが知られており，ライフサイクルの各期では資金フローや企業の取るべき戦略に相違があることが知られている。したがって，「いろいろなライフサイクルの各期の製品をもって多角化すれば，企業は安定し，リスクの高い新製品を支援しうる」。

「経験曲線（experience curve）とは規模の利益により，原価は累積生産量が二倍になるとともに20%ないし30%下がるという説である」。企業は市場占有率を高めることによって累積生産量を高めることができ，コスト面での優位性を確保することができる。

「シナジーと中核的能力」は多角化を成功させるためにとくに重要な原則と思われるので，次節において詳しく取り上げることにする。

分散投資は多角化の利点の１つとしてすでに述べたように，企業が売上高や利益額が相互に反対に動く，あるいは無関係に動くいくつかの製品をもつことである。たとえば，季節変動に対して売上高・利益が反対，ないし無関係に動く製品として扇風機と暖房機，釣具とゴルフ用品，アイスクリームとチョコレートなどの組み合わせが考えられる。

差別化は「品質，価格，ブランド名，デザイン，包装，販売経路，サービスなどによって差をつけて，価格競争を避け，高い価格でも売れるような状態をつくる戦略」のことである。差別化された製品をもつ企業の業績は高いことが知られている。

第５節　シナジーと中核的能力

シナジー効果とは，複数の製品を生産・販売する際に，生産設備や流通網などの経営資源を製品相互が共通利用することによってコストを引き下げ，品質を向上させることができる効果のことである。

河野は，シナジーには製品構成のシナジー，能力のシナジー，業績のシナジーの３つの側面があることを指摘している[(9)]。製品構成のシナジーとは，いくつかの製品の間に類似性があることである。そのため，必要とする能力が

図表10－8　シナジーの３つの側面

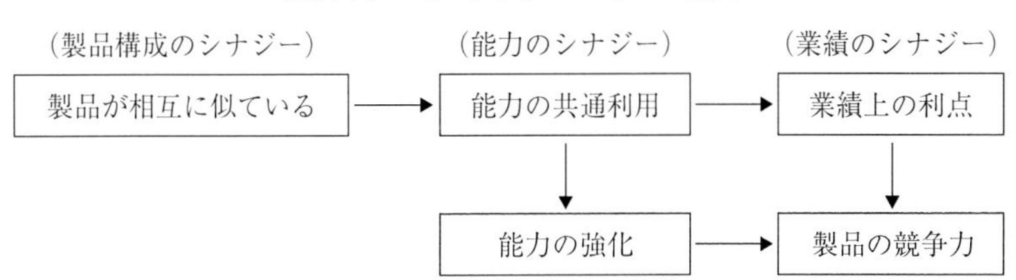

出所：図表10－7に同じ，64ページ。

似ており，そこから能力のシナジーが得られる。能力を共通利用することによって能力の強化が可能になる。

能力のシナジーとは，たとえば「製品間に研究開発能力の共通性があったり，設備の共通利用が可能であれば，1つの製品をつくる場合だけよりも品質がよくなり，コストが下がりうる」ことである。販売網を共通利用するような場合には，1つの製品だけを販売網に乗せるよりは強力な販売が可能になる。

業績のシナジーとは，製品構成のシナジーと能力のシナジーから最終的にもたらされるものである。河野はこれらの要因のなかで能力の共通利用が最も重要であると述べている。彼によれば能力の共通利用には，①生産設備や販売能力の共通利用，②公共財の共通利用，③補完的能力の強化，④時系列のシナジーによる能力の強化の4つがある。

生産設備や販売能力を共通利用することによって，企業は少ない追加費用で新しい製品を生産・販売することができ，また品質も高めることができる。

公共財とは企業のなかに共有されている知識や情報のことである。知識や情報は使用しても減少しないので，追加費用がゼロで利用できるため，これを共有できる製品が多ければ多いほど，競合他社に対する優位性が高くなる。

たとえば，コンピュータと半導体を生産・販売するとき，エレクトロニクスやシステムについての能力，すなわち補完的能力をともに強化することができる。しかも補完的能力が強化されれば中核的能力も強化されることになる。河野は，アイアンのゴルフクラブと高級台所用品とを生産することによって，金属の生産，加工，メッキなどの中核的能力を強化することができた，新潟県燕市の生産者の例をあげている。

本田技研が2輪車エンジンや車両の生産・販売の能力を利用して4輪車に参入したのは，時系列のシナジーによって能力を強化した事例である。

ルメルトや吉原らの調査にみたように，シナジーを基準に多角化を類型化する方法はよく用いられる。それはシナジーが多角化の原理として最も重要であるからである。河野は日本の製造業大企業203社の10年間（1983～1993年）の業績を多角化の類型別に調査した。その結果，「企業の成長率は，マーケティングと技術双方関連の多角化企業が最も高い」ことなど，ルメルトや吉原ら

図表10－9　多角化の成功要因と失敗要因

成功要因	失敗要因
1　ライフサイクル初期の製品をもつ，成長製品を主力製品としている 2　シナジーのある製品構成で競争力がある 3　業績が相互に関係なく動く製品に分散投資している 4　差別化されている製品構成をもつ	1　ライフサイクル末期の製品を主力製品とする 2　本業が弱い，中核的能力がない 3　需要変動の大きい業種（造船，工作機械など）に専門化しすぎる 4　原材料など差別化の困難な製品構成（非鉄金属など）

出所：図表10－2に同じ，79ページ。

の調査とほぼ同様の調査結果が得られた。

多角化はシナジー効果などによって，企業成長と企業業績に大きな貢献をすることができる。しかしその反面，「資源投入が分散されて，本業がおろそかになる」リスクも合わせもつ。河野は多角化を成功させるためには，次のような製品構成となるように注意を払うことが必要であると主張している。

① 業界の魅力度と自社の競争力からみて，問題製品と花形製品と収穫製品のバランスを保つ。
② 技術関連，マーケティング関連の製品をもつ。
③ 差別化の可能な製品構成をもつ。
④ 業績の動きが反対になるような製品構成をもつ。

第6節　おわりに

日本のビール業界は清涼飲料水，医薬品，食品，バイオビジネスなどへの多角化を急いでいる。少子高齢化により，日本の市場が急速に縮小しているのに加え，若者のアルコール離れといった嗜好の変化などに対応するためである。ビールへの依存度が高いとビール需要の低下とともに企業も衰退していくことが避けられない。競争の少ない日本市場に安住していた食品会社は，BOP市場などをもターゲットに多角化と新規市場開拓によって生き残りをかけた闘いを迫られている。

【注】

（1）河野豊弘（1999）『新・現代の経営戦略―国際化と環境適応―』ダイヤモンド社，42ページ。
（2）石井淳蔵・奥村昭博・加護野忠男・野中郁次郎（1985）『経営戦略論』有斐閣，109ページ。
（3）亀川雅人・松村洋平（1999）『入門経営戦略』新世社，162ページ。
（4）吉原ほか（1981），14ページ。
（5）同上書，159ページ。
（6）石井ほか，前掲書，116ページ。
（7）河野，前掲書，52～56ページ。
（8）同上書，56～74ページ。
（9）同上書，64～69ページ。

【参考文献】

Ansoff, H. I.（1965）, *Corporate Strategy*, McGraw-Hill, NY.（広田寿亮訳『企業戦略論」産能大学出版部，1969年）

Peters, T. J. and Waterman, R. H.（1982）, In Search of Excellence: Lessons from America's Best-Run Companies, Harpercollins.（大前研一訳『エクセレント・カンパニー―超優良企業の条件』講談社，1983年）

Rumelt, R. P.（1974）, Strategy, Structure and Economic Performance, Harvard University Press, MA.（鳥羽・山田・川辺・熊沢訳『多角化戦略と経済成果』東洋経済新報社，1977年）

石井淳蔵・奥村昭博・加護野忠男・野中郁次郎（1996）『経営戦略論』（新版）有斐閣。

吉原英樹・佐久間昭光・伊丹敬之・加護野忠男（1981）『日本企業の多角化戦略』日本経済新聞社。

第11章

企業のM&A・提携戦略

第1節　はじめに

企業が別の企業をまるごと売ったり買ったりすること，あるいは企業が一部の事業を売ったり買ったりすることはM&A（Merger & Acquisition）と呼ばれ，今日の産業界ではほぼ毎日のように行われている。もともとMergerは合併，Acquisitionは買収のことであるが，あまり厳密に区別されることはなく，M&A，企業買収，（企業）合併などという用語が同じような意味で使われている。本章ではM&A戦略および提携戦略についてみていくことにする。

第2節　M&Aの目的とM&Aのパターン

M&Aはさまざまな目的で行われるが，自社にはない経営資源を獲得する目的で行われることが多い。たとえば日本の自動車メーカーがはじめてアメリカに進出しようとするとき，アメリカの自動車メーカーを買収すれば，すぐにこのアメリカの自動車会社の工場を使って自動車を生産し，アメリカ中にはりめぐらされたこの会社の販売網を使って車を販売することができる。

この日本の自動車メーカーがアメリカで工場用地を取得し，工場を建設し，従業員を雇い入れ，販売網を築いていく（このような方法はグリーンフィールド投資と呼ばれる）ならば，非常に長い年月を要することになる。したがってこの場合M&Aは，アメリカにおける生産設備，人的資源，販売網など，この日本の自動車会社にない経営資源を獲得することであり，同時に「時間を買う」

ことを意味する。技術開発も同様に長い時間がかかるのが普通であるが，必要な技術をもっている企業を買収すれば，企業と一緒に技術も買収することができ，初めから自社で開発するのに比べ大幅に時間を短縮することができる。

M&Aはこのように，自社にない経営資源（生産設備，販売網，特許や技術，経営ノウハウ等々）を企業ごと買収することを目的に行われることが多い。

しかし，M&Aには利点ばかりでなく，コストも存在する。まず第1にM&Aで必要な経営資源を手に入れるためには，多額の買収資金を必要とすることである。企業どうしの提携によって，必要な経営資源を手に入れようとする場合には，資金を必要としないのに対し，M&Aは必要な経営資源を買い取ることになるため，投資のコストも存在する。

第2に外国の企業を買収しようとする際には，現地の国民の反発を招く恐れもある。ソニーがアメリカのコロンビア映画を買収したときや，三菱地所がアメリカのロックフェラーセンターを買収したときには，アメリカ市民の反日感情が高まり，摩擦が生じた。国境を超えた企業買収は，ときには，現地国民のナショナリズムを刺激し，買収をしかけた企業に対する排斥運動にまで発展することもある。

第3に企業買収によって企業の規模が急拡大すると，管理が複雑になり，管理のためのコストが増大する。

第4に，企業文化の異なる組織を取り込むことにより，従業員の間に文化摩擦が生じることである。また，被買収企業の従業員の処遇が悪い場合には買収企業の従業員との間に摩擦が生まれることが多く，業務に支障をきたすような事態も生まれることになる。

M&Aは事業上の利益（効率性）を目的としたものと財務的利益を目的としたものとに大きく分けることができる。事業的利益を目的とした買収者はストラテジック・バイヤー，財務的利益を目的とした買収者はフィナンシャル・バイヤーと呼ばれている。

事業上の利益（効率性）を目的としたM&Aには，水平的M&A，垂直的M&A，コングロマリット的M&Aなどのパターンがある。水平的M&Aは同業種どうしのM&Aで，同一業種内で規模を拡大し，規模の利益を追求しようとするものである。一般に，商品は原材料が加工され，半製品となって何段階かの生産や流通の過程を経て，最後に完製品となって消費者に渡る。この過程はしばしば川の流れになぞらえて，消費者に近い過程を川下，消費者から遠い過程を川上と呼んでいる。

たとえば，綿のシャツは，農家で生産された綿花が，紡績業者によって糸に加工され，その綿糸が織物業者によって布に加工され，縫製業者によってシャツが製造され，販売業者によって消費者に販売される。このような流れにおいて織物業者が織物業者を買収するといったように，川の流れのなかの同じ過程の企業が M&A を行うのが，水平的 M&A である。その目的は規模を拡大することによって，規模の利益を追求すると同時に，市場支配力を高めることである。

また，製糸業者が織物業者を買収する，あるいは縫製業者が販売業者を買収するというように，ある企業が川上あるいは川下の企業を買収するような M&A を垂直的 M&A と呼んでいる。その目的は，資源や原材料を確保することと各段階で取引の際に発生するコストを節約することなどである。

これに対してまったく異業種の企業どうしが合併することをコングロマリット的 M&A という。上記の例でいえば，たとえば綿織物業者が食品会社を買収したり，縫製業者が自動車部品会社を買収したりするような事例がこれにあたる。川の流れからはずれた事業を多くもつ企業はコングロマリット（複合企業）と呼ばれるが，各事業どうしに関連がなく，シナジーが働きにくいため，収益向上に役立たないことが多い。

財務的利益を目的とした買収は投資ファンドなどによって行われるのが普通であり，投資ファンドには企業再生ファンド，「ハゲタカ・ファンド」などがある。企業再生ファンドは経営破綻した会社を買収し，経営の専門家を送り込んで経営を建て直し，企業価値を高めたうえで株式を売却する。経営破綻した会社は安く買収でき，再建し企業価値を高めた会社の株式は再上場などによって株価が何倍にも高まるため，株式の売却益を得ることができる。企業再生ファンドは破綻した会社を建て直すことを目的に企業を買収するが，それによってファンド自体も利益を得ることができる。

「ハゲタカ・ファンド」は株式時価総額が資産の総額より少ない企業などに買収をしかけ，株式を手に入れ企業の支配権を握った後に，この企業の資産を切り売りして利益を上げる。たとえば，「ハゲタカ・ファンド」が株式時価総額が100億円，資産総額が120億円の企業を，株式をすべて買い取ることによって買収したとしよう。「ハゲタカ・ファンド」はこの企業の全株式を100億円で買収し，その資産を120億円で切り売りすることによって，20億円の利益を得ることができる。「ハゲタカ・ファンド」は事業効率や企業再生といった目的でなく，純粋に財務的利益を目的としてM&Aを行う。資産を切り売りする際に，従業員は解雇され，工場は閉鎖されたりするため，従業員や地域社会にとっては大きなマイナスになる。

このように，ステークホルダーに対しては不利益を与えるものの，「ハゲタカ・ファンド」の存在は経営者に対する規律づけ効果をもたらす。経営者は企業の資産価値に見合った利益を上げ，株価を高めなければ，買収され，解雇されてしまうため，常に企業価値を高める努力をするようになる。敵対的買収の脅威が存在することが，経営者に企業価値向上の圧力をかけることになる（市場の規律）。このように敵対的買収の脅威が常に存在することが経営者を規律づけることになるため，コーポレート・ガバナンスの側面からは敵対的企業買収は好ましいことと考えられる。

第3節　M&Aの手法

M&Aの手法には合併，株式取得，経営統合，資産取得の4種類がある。合併には吸収合併と新設合併の2種類があり，対象となる企業の法人格が一体化する。吸収合併ではA社がB社を合併する場合，B社の法人格は消滅し，A社の法人格が存続することになる。これに対して新設合併ではA社とB社がC社という新会社を設立し，A社，B社はC社に吸収されるため，A社，B社の法人格は消滅し，C社が存続会社となる。

株式取得はある企業が，別の企業の株式を取得することによって企業の支配権を握ることであり，この場合法人格は別のままである。株式取得にはすでに発行されている株式を取得する方法と，新たに株式を発行し，この新株を買い取る方法とがある。すでに発行されている株式を取得する方法には①市場での買い集め，②公開買付け（TOB），③相対取引，④株式交換などがある。市場での買い集めは，買い集めを進めるうちに株価が上昇していくため，敵対的買収をしかけるような場合には，買収コストが増大してしまうことになる。

株式公開買付けは TOB（Take-Over Bid）とも呼ばれ，現在最も広く用いられる方法である。まず買収企業である A 社が，被買収企業である B 社の株式を 1 株いくらで何株買いつけるという買収条件を新聞公告で提示する。この場合，提示される買付け価格は，その時市場で取り引きされている価格より高いのが普通である。たとえば，市場価格が 1 株 1,000 円の場合，買付け価格は 1 株 1,300 円というように提示されるが，市場価格を超過する部分はプレミアム（この場合 300 円）と呼ばれている。B 社の株主は所有する株式を株式市場で売却するより TOB に応じたほうが有利になるので，TOB が成功しやすくなる。こうして買収者は，新聞公告に提示された期日までに申し出のあった株式をいっきに買い取ることができる。TOB は友好的な買収にも敵対的な買収にも用いられる。

相対取引は株式を買収する者と売却する者が直接交渉して株式を売買する方法であり，したがって株式市場を通さずに取引が行われる。株式交換は，A 社が B 社の株式を取得する場合，B 社の株主から B 社株を，現金ではなく，A 社株と交換することによって取得するものである。A 社が B 社株を現金によって買い取る場合，A 社は通常，買収資金を金融機関などから調達しなければならない。買収対象企業が巨大な企業である場合には巨額の資金調達が必要になる。しかし，株式交換という方法で B 社株を買収するならば，B 社の株主に A 社の株式を渡して，買収を進めることができるため，資金調達の必要はない。現金のかわりに株式を対価として買収が可能であるため，巨額の M&A が可能となる。

すでに発行されている株式を取得するのではなく，新たに発行された株式を取得することによって企業を買収する方法もある。たとえば B 社が現在 1,000 株の株式を発行しており，ある個人 M 氏がそのうちの 500 株を所有し，B 社を支配していたとする。B社はさらに1,000株の新株を発行（増資という）して，そのすべての株式をA社が買い取った（この方法を第三者割当て増資という）とすると，これまでB社を支配していたM氏の株式所有比率は25%に低下する。第三者割当て増資によって1,000株を取得したA社は50%の株式を獲得することになるから，M氏に代わってB社を支配することができる。このように第三者割当増資によって支配権を移動し，A社がB社を子会社にするような企業買収の方法がある。

2005年の会社法では，B社が第三者割当増資を決定する場合，株主総会ではなく，取締役会の決議によって行うことが可能となった。つまり，M氏以外の多くの株主の同意を得ずに支配権の移動が可能になったのであるが，多くの株主に不利益が生じる可能性もあることが問題として指摘されている。

会社が発行できる株式数は定款で定められており（株式発行枠といわれている），その発行枠内であれば何度でも増資（新規発行）が可能である。発行可能な株式数が少ない場合には，定款を変更し発行枠を拡大しなければならない。敵対的買収を仕掛けられた企業は第三者割当増資により，友好的企業に新規発行株を買い取ってもらい，敵対的買収をしかけて株を買い集めた企業の所有比率を下げることによって，買収防衛をすることがある。このように，第三者割当て増資を買収防衛策として活用するためには，平常時に定款を変更し，株式発行枠を大幅に拡大しておく必要がある。

経営統合は複数の企業（たとえばA社，B社）が持株会社を設立して，A社，B社がその子会社になるという方法である。A社の株主は，新しく設立された持株会社C社の株式と交換にA社株をC社に譲り，C社の株主となる。B社の株主もB社株と交換にC社株を手に入れC社の株主となる。C社はA社株とB社株を手に入れ持株会社として両社を支配する。経営統合のため新設された持株会社C社は，自ら直接事業を行わないのが普通であり，A社とB社を管理することが主要な業務となる。このような持株会社は純粋持株会社と呼ばれ，子会社管理が主要な業務であるため，純粋持株会社の従業員は少ないのが普通である。これに対し，自らいくつかの事業を行いながら，複数の子会社をもつような持株会社は事業持株会社と呼ばれている。

図表 11 － 1　経営統合

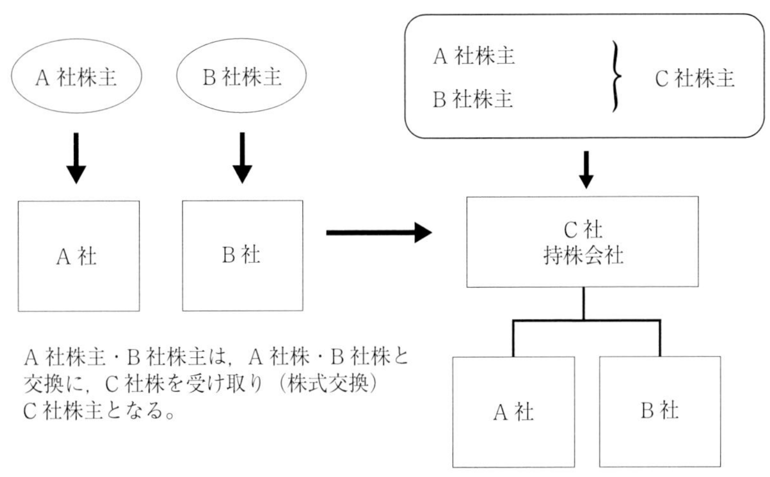

出所：筆者作成。

第 2 次大戦後，長い間，純粋持株会社は設立が禁止されていたが，1997 年に独占禁止法が改正され，設立が認められるようになった。合併によって複数の企業が 1 つになり，異なる企業の従業員が 1 つの企業で一緒に働くことになると，ポスト争いや昇進などをめぐり摩擦が起きやすくなり，合併後の企業経営に大きな障害となることが多い。しかし，経営統合では持株会社の下で，A 社と B 社の法人格は維持され，会社としての主体性も維持されるから，このような従業員の融和の問題は起こりにくい。また，持株会社との株式交換によって統合が行われるため，巨額の資金を調達する必要がない。このような理由から，今日経営統合による M&A は盛んに用いられるようになり，メガバンクや損害保険会社，百貨店の M&A などは，ほとんどこの経営統合によって行われている。

資産取得は A 社のある事業を切り離して従業員ごと B 社に売却することであり，法律上は「営業譲受」と呼ばれている。多数の事業部門をもつ総合電機メーカーなどは，国際的な競争が非常に厳しくなり，多数の事業にまんべんなく経営資源を投入することが困難になってきた。そのため，競争力があり，収益力の高い，中核となる事業を残し，この中核的な事業に対してヒト，カネ，モノといった経営資源を集中的に投入し，非中核的事業は他社に売却するようになってきた。事業の中核的事業への絞り込みと非中核的事業の売却は「選択と集中」と呼ばれる戦略であるが，その手段として多く用いられているのが資産取得ないし営業譲受である。激しいグローバル競争のなかで収益力を落としてきた日本の総合電機メーカーは，この「選択と集中」を進めることによって競争力の回復を目指した。

第 4 節　日本企業の事例

M&A は「時間を買う」こと以外にもさまざまな目的で行われる。「選択と集中」「シナジー効果」「相互補完」などを目的とした M&A について，日本企業の事例でみていくことにしよう。

1．選択と集中を目的とした M&A

近年，日本の総合電機メーカーは，いわゆる「選択と集中」に取り組んできた。これは多くの事業のうち，競争力の弱い事業を売却し，経営資源を中核的事業に集中的に投入しようとする戦略である。「選択と集中」に取り組んだ企業として東芝，三菱電機などの企業をあげることができる。

東芝は，非中核事業である東芝セラミックスを MBO で売却したのをはじめ，銀座の本社ビルを東急不動産に売却，液晶パネル事業を松下電器（現パナソニック）に売却して事業を整理した。一方で，アメリカのウェスティングハウスを買収することによって原子力発電事業を強化し，原子力発電，半導体，家電を中核事業に位置づけ，経営資源を集中的にこの 3 事業に投入することによって競争力を強化することに成功した。この戦略によって株式時価総額は 3 兆円に上昇した。しかし，その後 2015 年に不正会計が発覚し，経営危機に陥った。さらに，原子力発電事業（買収によって傘下に収めたウェスティングハウス社）におけるリスク管理の甘さとコーポレート・ガバナンスの欠如により，東芝は 2023 年現在もなお，会社存続の危機が続いている。

グローバル競争の激化により，総合電機メーカーが，競争力のない事業を切り離す必要に迫られるなかで，日立製作所は「選択と集中」に遅れを取り，長期にわたり収益力と競争力の低迷に陥った。これに対して三菱電機は IT バブル崩壊後の経営立て直しで，半導体事業や海外での携帯電話事業に見切りをつけ，従来からの得意分野に事業を集中した。その結果，三菱電機は，売上高，従業員数，総資産において日立製作所のほぼ 3 分の 1 程度であるにもかかわらず，純利益や株式時価総額で日立製作所を上回る業績を上げることになった[(1)]。すなわち，三菱電機の 2006 年 11 月時点での売上高は 3 兆 7,000 億円，従業員数 9 万 9,000 人，総資産 3 兆 3,094 億円，純利益 1,200 億円，株式時価総額 2 兆 2,824 億円であった。これに対し，日立製作所の同時点での売上高は 9 兆 7,400 億円，従業員数 32 万 7,000 人，総資産 10 兆 2,774 億円，純利益は 550 億円の赤字，株式時価総額 2 兆 2,667 億円であった。三菱電機は，日立製作所の約 3 分の 1 の規模であるにもかかわらず，IT バブル崩壊後の 2002 年末から 2006 年までの間に株式時価総額を 3.9 倍に増加させ，日立製作所の時価総額を追い抜いたのである。

日立製作所は 2009 年に，当時製造業最大の 7,873 億円の赤字に陥ったが，この経営難を機に果断な事業ポートフォリオの組み換えに取り組み，総合電機メーカーからの脱却を目指した。すなわち，上場子会社 22 社を売却する一方で，スイス ABB 社から送配電事業を買収したほか，米グローバルロジック（IT 企業）を買収するなどして，鉄道や配送電事業などをコアとする社会インフラ企業へと転換を果たしたのである。

2. シナジー効果を目的とした M&A

多くの企業買収は事業上のシナジー効果を目的に実行されるのが普通である。事業上のシナジー効果とは，具体的には，1 つの経営資源を複数の事業（あるいは企業）で利用できるようになることをいう。たとえば，アメリカで家電製品を製造・販売している B 社を日本の同業企業 A 社が買収したとしよう。A 社の子会社となった B 社はアメリカでの家電製品の生産・販売をそのまま続けると同時に，A 社の製品を B 社の流通ルートを用いて輸入販売することができる。この場合，B 社の販売ルートという経営資源を，ほとんど追加投資を必要とせず，A 社の製品と B 社の製品の販売のために共用することができることになる。また，B 社のアメリカの工場を使って，ほとんど追加投資をすることなく，A 社の製品を製造することができるのであれば，B 社の工場という経営資源を A 社と B 社で共用できることになるため，ここに，シナジー効果が生まれることになる。

2010 年 8 月に，エマソン・エレクトリックのモーター事業部門の買収を発表した日本電産（現ニデック）の例を取り上げ，そのシナジー効果についてみていくことにしよう[(2)]。エマソン・エレクトリックは，モーターのほか制御機器や電源装置，計測装置，電動工具などの事業をもつ，100 年以上の歴史をもつアメリカ企業である。エマソン・エレクトリックは家電用モーター，産業プラント用大型モーターの事業をもつため，同社の買収によって日本電産は幅広い種類のモーター事業をもつ，モーターの総合メーカーに躍進することができる。また日本電産はエマソン・エレクトリックが 100 年間かけて築いた家電や空調などの顧客を獲得することができるほか，世界各地に展開された工場や研究開発拠点も獲得することができる。エマソン・エレクトリックの顧客に日本電産の製品を販売し，エマソン・エレクトリックの工場や研究開発拠点を日本電産の製品の製造や製品開発にも利用することができれば，日本電産はシナジー効果を得ることができる。

日本では，少子高齢化により，食品業界の市場も縮小が続いているが，若者のアルコール離れの影響もありアルコール飲料業界は，いっそう大きな苦境に陥っている。日本市場にのみ依存していたのでは，企業の成長も収益の増大も期待できないため，日本のアルコール飲料業界はアルコール飲料への依存度を下げるための事業再編および消費が拡大しつつあるアジアを中心とした海外展開を積極的に進めている。海外の市場を開拓するには巨額の資金を必要とするため，キリンホールディングスとサントリーは，国内基盤を固めることを目的に，当初，経営統合を目指したが，統合比率で合意が得られなかったことや企業文化の相違が壁となって，この経営統合は実現しなかった。

結局，両社は単独での海外事業展開を目指すことになったが，まずキリンホールディングスの海外 M&A 戦略をみていくことにしよう[(3)]。キリンホールディングスは1998年にオーストラリアのビール業界で第2位のライオンネイサンに出資，2009年には完全子会社化した。2002年には，フィリピン最大のビール会社サンミゲルに48.3%出資，2007年にはオーストラリア最大の乳業会社ナショナルフーズを買収した。さらにキリンホールディングスは，2010年7月にシンガポールとマレーシアにおける飲料最大手のフレイザー・アンド・ニーヴ（以下F&N）に14.7%出資し，業務面での提携策を打ち出した。もともとキリンホールディングスはオーストラリアのナショナルフーズとライオンネイサンの製品を日本で販売することよりも，市場としての成長が著しいアジア地域で販売することを目指していたが，F&Nとの提携によってこの戦略を実行しようとした。すなわちナショナルフーズの商品をF&Nの販売網を用いてアジアで販売する方針である。また，キリンホールディングスの健康配慮商品をF&Nの販売網を使ってアジアで販売する計画ももっていた。東南アジアは，気候の影響で乳製品の製造には適さないため，オーストラリアで生産した製品を東南アジアで販売しようという意図もあった。

一方，サントリーもキリンホールディングスとの統合計画以前から海外展開を積極的に推進してきた。サントリーは，アメリカで，ペプシコ系の清涼飲料販売会社ネイゲルを買収した（2009年）ほか，ニュージーランドの飲料大手フルコアを買収（2009年）した。オーストラリアとニュージーランドで50%以上のシェアをもつフルコアの製品を東南アジアや中国の市場で販売することを目指す。さらにサントリーは，2009年9月にはフランス，スペインをはじめとするヨーロッパや中近東で販売網をもつオレンジーナ・シュウェップス・グループを買収した。オレンジーナの買収によってフルコアの製品をヨーロッパ市場で販売できることになり，またオレンジーナの製品を日本でも販売できる。このようにサントリーは欧州，アメリカ，オセアニアに販売網を構築することに成功し，世界的な規模で自社の製品を販売することができることになった。日本の飲料メーカーはコカ・コーラのような世界的なブランドをもたなかったため，規模の経済を追求することができず，利益率も低かった。サントリーの海外展開戦略にはこの問題を解決する意図があった。

3. 相互補完を目的としたM&A

日本の百貨店業界で売上高第4位の三越と第5位の伊勢丹は2008年に経営統合し，売上高首位の百貨店となった(4)。両社は三越・伊勢丹ホールディングスという持株会社を設立し，株式交換により，それぞれ持株会社の子会社となった。持株比率は伊勢丹1に対し三越が0.34であった。すなわち伊勢丹の株主は1株につき持株会社の株式を1株受け取り，三越の株主は1株につき，持株会社の株式0.34を受け取ることによって，それぞれ三越，伊勢丹ホールディングスの株主となったのである。

三越は1673年に越後屋呉服店として創業された，300年以上の歴史をもつ老舗で，日本全国に20店舗をもち，60歳以上の富裕層が顧客の中心となっている。ブランド力が強く，呉服，宝飾品，美術品の販売に強みをもつ一方，収益力が低いことが弱みとなっている。また，バブル期のゴルフ場投資の失敗を契機に業績が長く低迷した。そのため，資産と比べて株式時価総額が低いため，敵対的買収の危険性が高くなっていた。

伊勢丹は，1886年伊勢屋丹治呉服店として創業し，1990年代から好業績が続いていた。とくに百貨店の経営管理能力に優れ，同業社である福岡県の岩田屋や北海道の丸井今井など多くの百貨店の経営再建を支援してきた。三越より若い20～40歳代が顧客層の中心であり，ファッション衣料などに強みをもつ。商品管理に独自のシステムをもち，高い収益を誇るが，三越と比べ規模は小さく，とくに直営店は，首都圏に6店舗のみであった。

三越・伊勢丹の経営統合は以上のような強みと弱みをもつ2つの企業の相互補完効果を追求するM&Aの性格が強い。相互補完効果として考えられるのは，まず第1に地域的な相互補完である。三越は，日本全国に20店舗をもつが，伊勢丹の店舗は首都圏が中心であり，重複するのはグループ企業の6店舗を含めても新潟と福岡だけである。伊勢丹は新宿本店への依存度が高いが，経営統合によって本店への依存度を低下させる余地が出てくるほか，規模の拡大により仕入れコストを引き下げることができる。第2に，顧客層においても相互補完効果を期待することができる。三越が60歳以上の富裕層に強みをもつのに対し，伊勢丹は 20 ～ 40 歳代の比較的若い世代の顧客層が中心である。経営統合によって若年層から高齢層まで，顧客層を拡大することができる。

経営統合による企業買収は，統合に参加する企業の名前や組織がそのまま残るため，従業員や経営陣の抵抗が少ないので，吸収合併などに比べ実現が容易である。三越・伊勢丹の経営統合は，収益力と株価の低迷に悩む三越に対する伊勢丹の救済の性格が強いが，持株会社の取締役が両社から 3 名ずつ選任されることや社名が「三越・伊勢丹ホールディングス」となったことが示すように，表面上は両社対等の M&A であるようにみえた。しかし，持株会社の会長兼最高経営責任者（CEO）に伊勢丹の武藤信一社長が就任し，社長兼最高執行責任者（COO）に石塚邦夫三越社長が就任したことからわかるように，実態はこの経営統合は伊勢丹主導で実行されたものである。経営統合後の商品仕入れや情報システムの再編，カード事業なども伊勢丹主導で進められた。

第 5 節　提携戦略

提携（corporate alliance）とは，独立した企業どうしが連結しあうことで付加価値を生み出すことをいい，パートナー企業が相互に協力して特定の事業を遂行することを意味する。

一般に，国際提携の形態は，「合弁事業」，「契約提携」，「長期取引関係」に大別される[(5)]。提携は企業活動のあらゆる局面で行われ，企業規模や業種，国籍などを越えて，自社が行う事業の分担，あるいは補完を目的として行われる。

合弁会社（joint venture）とは，2 つ以上の企業の共同出資会社を意味する。多国籍企業における自国資本と他国資本の結合，いわゆる国際的共同出資会社としての合弁会社の歴史は古い。1970 年代以降の合弁会社は先進国に本社をもつ企業が発展途上国に進出する際に，途上国の企業や政府との間に共同出資会社を設立するケースが多かった。これには先進国企業が合弁会社の経営権を掌握するために先進国企業が過半数を出資する場合と，現地パートナーの意向から現地パートナーが過半数を出資する場合とがある。

契約提携（contractual alliance）とは，資本出資をともなわない契約だけの提携で，提携契約（co-operative agreement）と呼ばれることもある。契約提携には技術契約（技術実施契約，共同開発契約），製造契約（製造委託契約，製造物供給契約＝OEM 契約），マーケティング上の契約（販売力の活用，販売ノウハウの提供，相互品揃え，共同販売など）など，および数社間での国際的共通規格取り決めなどが含まれる[(6)]。この契約提携は，たとえば優れた技術をもつライセンサーがライセンシーに対して支配的な地位をもつことになるように，「支配・従属」関係をともなうものである。

長期取引関係は，「パートナー相互の信頼を基礎とする継続的な顧客関係による提携」を意味する。長期的取引関係も「パートナー間の取引が純粋な市場価格によるものでないという観点から」企業提携の一形態といえる。日本の系列にみられるように親企業と下請企業の間には「支配・従属関係」が形成されている。

一般に，提携は比較的安定した関係にある協調的なパートナーと明示的な合意に基づいて行われ，少なくとも一定の期間，通常は比較的長期間，継続される。そして，期待した目的が達成されたり，提携をしている企業を取り巻く環境が変化したりする，あるいは利害の対立が生じ，協力関係を維持することにメリットが見出せなくなるとその関係は解消される。

しかしながら，1970 年代の半ば以降，高度な製品品質を前提にしながらも激しい価格競争が展開されるようになった。そのため，1970 年代後半，提携は，戦略的な意図をもって行われるようになり，その性格に質的変化がみられるようになった。

竹田志郎は，70 年代半ば以降の日本の多国籍企業の提携に関する詳細な実態分析を通じて，提携が質的にどのように変化したのかについて，技術開発，製品調達，生産，販売・マーケティングという企業の経営活動における 4 つの機能的局面から検討している[(7)]。

技術開発に関しては，かつての技術提携は，先進企業による後進企業に対するライセンスの供与とロイヤリティーの支払いという関係から，同等の高い技術水準をもつ企業どうしの技術やその他の経営資源の交換という関係に変化した。すなわち「支配・従属的」な関係から，同等の相互補完関係へと変わったことを指摘する。

製品調達に関しても，「支配・従属的」関係をもつ系列取引から，対等な関係である顧客取引へと変わってきていると指摘する。

生産提携には生産受託と共同生産の2つがあり，共同生産は開発・販売活動の一環として行われることが多い。生産受託のうちOEM生産に関しては，「かつてはブランド支配力の“強い”企業が“弱い”企業に委託する」ことが多かった。すなわち両企業は「支配・従属関係」にあり，ブランド支配力の弱い企業はこの従属的な提携関係の下で自社製品を海外に販売せざるを得なかったのである。ところが最近の生産提携はブランド支配力の“強い”企業どうしが，ある製品では生産委託を，ほかの製品では生産受託をするというような提携関係へと変化してきていると説明する。

竹田はこの対等な関係の生産委託・受託における企業提携の特徴を次の4点に要約している。

① 自社の手の回りきらない部分を生産委託する。
② 双方のメリットが一致しない限り提携関係に入らない。
③ 委託先が受注先であるという関係がみられ，製品，技術，サービス等にツーウェイの流れをみる。
④ 供給を受ける製品にすべてを依存するのではなく，自社の製品として取り込むだけの力をすでにもっている。

販売提携は従来，企業が海外市場に参入するに際して現地流通業者との間で行われることが多かった。それに対して最近の販売提携は製造企業どうしの間で行われ，お互いの経営機能，経営資源，販売地域などを交換しあう，双方的なものへと変化してきている。たとえば，相互に販売網を利用しあうクロス・ディストリビューション，自社の販売網を利用させる代わりに相手の製品の独占販売権を取得する経営資源と販売権の交換，2社が共同開発した製品をそのうちの1社が製造を担当し，販売は地域別に2社が分担するケース，などの例をあげることができる。

さらに，竹田は，提携のパートナーとして要請される条件を，同等性，共存性，計画性に見出している[(8)]。

① 同等性は，互いに同等の力をもつものどうしがパートナーとなりうるということであり，同等の能力をもつパートナーが互いに補完し合うことを目的に提携を成立させる。

② 共存性とは，パートナーどうしの相性のことであり，提携活動に参加する経営者，管理者，現場スタッフなどの各段階で相性がよくないと提携は成功しない。

③ 計画性とは，提携の使命の確定と解消の困難さをその当初より意識的に設定することである。

このように従来，協調関係に力点が置かれ，また「支配・従属的」関係にある比較的安定した企業間関係にある企業どうしが行っていた提携は，競争関係の質的な変化にともない，競合関係にある，対等な企業間関係にある企業どうしによって経営資源の補完を目的に限定的，戦略的に行われるようになっている[(9)]。

そのうえで，竹田は，70 年代以前の提携とそれ以降の提携，すなわち提携と戦略的提携とではどのような違いがあるかを以下の 3 点にまとめている。

① かつての提携は一方が経営資源の提供，他方が対価の支払いや経営権の取得という関係が多かったのに対し，現在は経営資源や経営機能を相互補完する提携へと，いわば双方的な提携へと変わってきた。

② かつては提携の対象と範囲が包括的なものであったのに対し，現在はパートナーどうしがかなり「限定的」な部分においてのみ提携関係を結ぶようになってきた。

③ 現在の提携は企業の長期・短期計画に基づいてかなり意識的に展開されるようになった。すなわち提携が「戦略的」なものへと変化してきた。

このほか，戦略的提携は互いに競争関係にある企業間で結ばれることが多い[(10)]，提携の期間が短い，技術や製品調達など極めて限定された領域で行われることなど，従来の企業提携とは異なる特徴をもつ。

以上のようなことから，戦略的提携は，独立した企業どうしが，将来の事業展開を見据えた重要な戦略的分野において，激変する技術・市場環境にできる限りすみやかに適応するために，「パートナー企業の蓄積する経営資源を相互に活用することで，相互補完を実現し，内部の経営資源を底上げする」，あるいは「市場において有利な競争ポジションを獲得し，維持・拡大していく」という戦略的課題を掲げ，合意した一連の目標の実現にむけて協力しあい，取り決められた仕事を遂行し，管理し，提携から得られる利益の極大化を目指すものであるといえよう。戦略的提携は，ときに複数の産業にまたがって取り結ばれており，グローバルな戦略的提携が企業間，提携グループ間の新たな競争関係を生んでいる。

提携は企業買収と比べてコストを低く抑えることができる。企業買収には以下のようなコストがともなう[(11)]。

① 多額の買収資金。
② 現地国の法規制との抵触や現地ナショナリズムによる反発。
③ 2つの組織が統合されることによる生産効率の低下。
④ 身軽さがなくなることによるリスクの増大。
⑤ 経営資源が分散され，コア・コンピタンスの確立が難しくなる。
⑥ 異質な企業文化が社内にもち込まれることにより，管理が難しくなり，環境変化へのスピーディーな対応が欠けてくる。
⑦ 被買収企業の独立性が奪われてしまうことによって異質性や個性が失われ，シナジー効果が低下する。
⑧ 買収によって組織階層が高くなると，意思決定の情報や，現場情報のフィードバックなどが煩雑になり，情報伝達の効率性が低下する。

提携は買収に対してコスト面で優位性があるものの，問題点がないわけではない。提携の問題点としては次のようなものをあげることができる[(12)]。

① 提携は所有とコントロールをともなわないため，提携相手の機会主義の

リスクが生じる。

② パートナーとの間で利害の不一致が生じた場合，意思決定の調整に大きなコストが生じる。

このような問題があるものの，今日企業間の提携はますます増加しており，特に国際的な戦略提携は増加の一途をたどっている。グローバルな経営環境の変化が速くなっており，変化への素早い対応が企業の存続を左右するほど重要な要素となっているためである。

第6節　おわりに

2008年のリーマンショック以降の世界経済の動向は欧米の成長鈍化とアジアを中心とした新興国の急成長である。日本企業は少子高齢化，人口減による，国内の急激な市場の縮小に直面し，国内市場への依存度が高い企業は成長も収益の増加も期待できないのが現状である。

日本企業は国内での投資を抑制し，海外企業へのM&Aや提携によって，とくにアジアの新興国への進出を急いでいる。新日本製鉄と住友金属の合併(2011年2月公表）はこうした流れのなかで決定された。国内での経営基盤を固めた上で，海外展開，とくにアジア新興国で事業を拡大・強化しようとする戦略の下で構想された，キリンとサントリーの統合計画と同じ構図である。

今後，同様の戦略の下での業界再編が予想されるが，大規模なM&Aや戦略的提携は原材料の調達元の業界や供給先の業界の再編にまで波及することが予測される。

【注】

（1）日本経済新聞，2006年11月3日。
（2）日本経済新聞，2010年8月18日。
（3）日本経済新聞，2010年8月19日。
（4）以下は，日本経済新聞2007年8月17日，朝日新聞2007年8月17日などによる。
（5）竹田志郎「国際戦略提携」竹田志郎・島田克美編著『国際経営論―日本企業のグ

ローバル化と経営戦略』ミネルヴァ書房，1992 年，133-136 ページ。

（6）このほか，国際戦略提携の形態についてポーターらは，技術開発提携，生産・ロジスティックス提携，マーケティング・販売・サービス提携，および複数の機能間での提携を意味する多重活動提携の 4 形態をあげている。Porter, M. E. and Fuller, M. B., "Coalition and Global Strategy", Porter, M. E., ed., *Competition in Global Industries*, HBS Press, 1986. pp. 330-334. 土岐・中辻・小野寺訳『グローバル企業の競争戦略』ダイヤモンド社，1989 年，309-315 ページ。また首藤信彦は戦略的提携の形態として，①クロスロードの戦略的提携，②競争戦略としての提携，③短期同盟，④環境変化への適合，⑤新分野開拓同盟の 5 つをあげている。次を参照のこと。首藤信彦「国際戦略提携を超えて」江夏健一編著『国際戦略提携」晃洋書房，1995 年，22-24 ページ。

（7）竹田志郎「多国籍企業の競争行動と戦略的提携」江夏編著，前掲書，6 ページ。

（8）竹田志郎「国際戦略提携」竹田志郎・島田克美『国際経営論—日本企業のグローバル化と経営戦略』ミネルヴァ書房，1992 年，133-160 ページ。

（9）INSEAD の調査によれば，提携の 71%がライバル企業間で結ばれたもので，サプライヤーとバイヤーの間の提携は 15%，新規市場への参入を目的とした提携は 14%であった。これは近年の企業提携の多くが競争企業間で締結される戦略的提携であることをよく示している。次を参照のこと。竹田志郎「多国籍企業の競争行動と戦略提携」江夏編著，前掲書，3 ページ。

（10）徳田は戦略的提携を「希少性の高い経営資源の蓄積に向けて他社から経営資源を獲得し，それらを他社の経営資源を利用して上手く活用し，自社の経営資源を経営環境に有利に展開させていくための手段」と定義している。徳田昭雄『グローバル企業の戦略的提携』文眞堂，2000 年，116 ページ。

（11）長谷川（1998），129-131 ページ。

（12）同上書，133-134 ページ。

【参考文献】

石井宏宗（2010）『M&A と株主価値』森山書店。

江夏健一編著（1995）『国際戦略提携』晃洋書房。

坂本恒夫・文堂弘之編著（2006）『図解　M&A のすべて』税務経理協会。

長谷川信次（1998）『多国籍企業の内部化理論と戦略提携』同文舘。

文堂弘之（2006）「M&A 戦略」佐久間信夫編著『現代企業論の基礎』学文社。

松村司叙編著（2001）『M&A 21 世紀・1　企業評価の理論と技法』中央経済社。

第12章

イノベーションと企業家精神

第1節　はじめに

経済社会全体の活動という広い視野から見れば，企業は，世の中が必要とするもの，つまり価値を生産し提供するという重大な役割を担っている。そして，この活動を継続するためには，収益が必要である。つまり，①価値を生み出すこと，そして②収益を上げることは，人や時代，場所が変われども，企業経営において必ず克服されなければならない課題である。

イノベーション（innovation）は，こうした企業経営の本質に関わる重要なテーマの一つである。企業の目的や存続に直結するテーマであり，経営学でも長年にわたって研究が積み上げられてきた。本章では，企業経営との関係から，イノベーションとはどのようなものかを具体的に明らかにしていく。

第2節　イノベーションと企業経営

1．イノベーションと単なる「新しさ」の違い

イノベーションとは，「既存の制度，組織，仕組み，製品・サービスに真正面から対峙して，新たな技術あるいはアイデアを注入し，必要となれば構造改革を通じて，新たな価値を創出すること（小林，2014，i ページ）[(1)]」である。

イノベーションは，単なる「新しい取り組み」ではなく，新しい価値を生み出す活動である。そのため，新しいものなら何でもイノベーションと呼ばれるわけではない。特に，経済発展，つまり世の中の発展の原動力となるものがイ

ノベーションと呼ばれてきた。企業の技術力の向上は，安くて中身もよい商品を世の中に供給し，人々の生活水準を高め，新しい仕事を生み出し，人々の生活と世の中を変えてきた。300年前と現代とでは，人々の生活水準もライフスタイルも大きく異なっている。

同様に，新しい技術が導入されたとしても，それが大した影響を及ぼさないのであれば，イノベーションとは呼ばれない。たとえば，企業が多くの研究成果を生み出していたとしても，それが内部に秘匿されていたり，商品化に結びついたりしなければ，世の中には何もインパクトをもたらさない。つまり，新しい技術そのものが直ちに，イノベーションと呼ばれるわけではないのである。

2. イノベーションと企業家

企業とは，世の中が求める価値のある商品 (2) を様々な要素を結びつけることで生産し，提供する存在である (3)。それゆえに，イノベーションは，企業が起こす活動である。シュンペーターは，イノベーションを，「新しい生産関数の設置」，「商品供給方法の変更」，「新結合の遂行」などと呼んでいるが（藻利，1984，186ページ），これはつまり企業が起こす事象であるということである。

イノベーションを遂行する者は，企業家（entrepreneur）と呼ばれる。企業家は，企業の規模や産業，さらには役職等を問わず，どこにでも存在しうる。企業家であるか否かは，「企業家としての特質」を備えているか否かによって判断される。企業家とは，「けっして持続的な社会的地位や職業として理解されうるものではない（藻利，1984，214ページ）。」

企業家としての特質は，「企業家精神」（entrepreneurship）と呼ばれる。企業家の特質は，イノベーションを遂行することにある。「精神」とされているが，リーダーシップのように，その内容は，感情や意志よりもむしろ，行動や姿勢を主としている。ドラッカーがいうように，「企業家精神とは気質ではなく行動である（Drucker, 1985/1993, p.26; 訳書3ページ）。」

なお，現代では，「企業家」のほかに，「起業家」（entrepreneur）という言葉も広く使われている。もし仮に，「新しく事業や会社を立ち上げる人」を辞書的な意味で「起業家」と呼ぶのであれば，この「起業家」は，本章で着目するイノベーションの遂行者としての「企業家」とは少し異なっている。

3．ドラッカーが見出したイノベーションの企業経営上の特質

イノベーションは，企業経営において，企業の存続とその意義を理解する上で重要なキーワードである。企業は，社会の中で，顧客にとって価値のあるものを生み出し，これを提供するという重大な役割を果たしている。ドラッカー（Drucker, 1973/1993）が言う，「顧客の創造」（to create a customer, the creation of a customer）である。これは，何のために企業が存在しているのかという問題を，企業の社会における役割という視点からとらえ直した見方である（藻利，1972，101ページ）。

ドラッカー（Drucker, 1973/1993）は，企業[(4)]の目的は「顧客の創造」であり，これはマーケティング（marketing）とイノベーションによって成し遂げられるとする。企業は，社会の中で，顧客にとって価値のあるものを生み出し，これを提供するという重大な役割を果たしている。これは，今の顧客だけでなく，未来の顧客も見据えたものである。

つまり，企業がその目的を果たすには，顧客にとっての価値と向き合う（マーケティング）とともに，顧客にとっての価値を創造していくこと（イノベーション）が必要である[(5)]。まさしく，「イノベーションとは顧客が形成する社会経済に新しい価値を生み出すこと（米倉，2015，292ページ）」なのである。

4．状況適合とイノベーションの多様性

企業は状況に応じて，手を替え品を替え，様々な方法で，様々な形のイノベーションを起こしてきた。新しい価値を生み出すことができなければ，企業は，自らの存在意義を果たすことも，生き残ることもできないからである。イノベーションを起こすただ唯一の方法というものは存在しない。

ただし，状況適合とは，決して場当たり的であることを意味するのではない。朝令暮改は現場や組織に混乱をもたらしかねず，また，業務内容が二転三転し，その都度一から仕事を学び直さなければならないのであれば，経験や知識の蓄

積にもつながらない。肝心なことは，結果に結びつく判断をするには，状況と向き合うことが求められるということである。

また，同じ空間や時間，あるいは業種等を共有する企業同士では，共通するイノベーションの方法の特性やイノベーションのパターンの法則性もないわけではない。こうした特定の状況下での合理的な行動の特性や必然性を理解しておけば，より適切な行動へと近づいていくことができるだろう。

第3節　企業経営の観点から見たイノベーションの課題

1．技術とイノベーション

イノベーションは，「技術革新」と訳されることもあり[(6)]，技術が重要なキーワードであることは明白である。技術を，目的達成のための方法という広い意味でとらえるならば，組織管理やマーケティング等も「技術」として含めることができるだろう。

ただし，イノベーションは，そのインパクトこそが重要なのであって，新しいかどうかそのものが重要なのではない。特に，企業経営においては，技術を，顧客の創造と収益性につなげることができるかが肝心である。つまり，技術を，企業経営の観点からとらえ直し，技術をマネジメントする「技術経営」（Management of Technology，略称 MOT）[(7)]が大切である。

企業が技術をイノベーションに結びつける過程では，以下の3つの段階で課題に直面するといわれている（伊丹・宮永，2014）。第1は，「魔の川」（Devil River）と呼ばれる，研究成果を製品開発へと進める段階である。第2は，「死の谷」（Valley of Death）と呼ばれる，開発した製品を実際に事業化する段階である。第3は，「ダーウィンの海」（Darwinian Sea）と呼ばれる，事業化した商品が市場で生き残らなければならない段階である。

2．経済的価値の創造とイノベーション

企業は，顧客にとって価値があるものを生み出さなければならない[(8)]。顧客が価値を認めなければ，その商品には価値がないのと同じである。企業がど

んなにコストをかけても，社会的役割も，存続の要件も，満たせないものに価値はない。企業は顧客を基点に価値を捉えなければならない。

もしある企業が単独では，十分な価値を生み出すことができないのであれば，その企業は他の企業と協力する必要がある。特に，スマートフォンのように，多用途であることや利用者数が多いことに顧客が価値を見出す商品である場合には，なおさらである。また，企業同士が分業することで，よりコストを引き下げたり，より性能を高めたりすることができる場合も同様である。

技術力，品質，性能の高さは，必ずしも顧客にとっての価値へと結び付くとは限らない。たいていの顧客は，自分には使いこなせない高性能な商品には大した価値を見出さない。むしろ自分に必要な機能を安く提供してくれる，そんな商品のほうがはるかに魅力的である。実際に，日本の家電産業はかつて世界を席巻したが，価格競争力に勝る新興国企業になすすべなく負けてしまった。

また，商品の価値は，その評価基準も含めて常に変動するものである。特に，競争が激しければ，相次いでより良い商品が市場に投入されるようになり，顧客も商品に対してそれだけ厳しい目を持つようになる。なお，このことは，投入した新製品が短期間で売れなくなってしまうということを意味する。そのため，こうした状況では，企業は短期間でイノベーションを起こし，そして短期間でイノベーションにかかったコストを回収しなければならない。

さらに，顧客自身でも，何が自分にとって価値があるかをわかっていない場合は少なくない。今は影も形もなく，将来生み出されるものについては，なおさらである。つまり，イノベーションが生み出す価値は，イノベーションが起こる前の時点では，不透明で不確実なものであり，企業にとっては危ないものであり，利害関係者の反発を招きやすいものである。

3．組織とイノベーション

組織は，イノベーションも含めたあらゆる企業活動の成否を左右する。組織は目的ではなく，あくまで目的達成のための手段である。技術と同じく，組織もまた，企業経営という観点からとらえることが必要である。

企業経営の観点から見ると，登記上や組織図などの観点から組織の境界にこだわることは必ずしも合理的とは言えない。実際に，企業グループは，形式上は異なる会社ではあるが，実質的には同じ会社であるともいえる。生き残りをかけて企業同士が協力したり，足並みを揃えたりすることも決してまれではない。そもそも，その企業が法律上同じ会社かどうかといったことは，顧客にとってはどうでもよいことである。

つまり，「(経済的) 価値」の観点から，組織や企業間関係を捉えるということが大切である。たとえば，ポーター (Porter, Michael E.) が提唱した，顧客に製品が届くまでの価値を付加する垂直的な流れに着目する「バリューチェーン」(value chain) というとらえ方がある。後述するクリステンセン (Christensen, Clayton M.) が用いた，垂直的な動きと企業間の水平的な動きの両方を包括的にとらえようとする「バリューネットワーク」(value network) というとらえ方もある。企業間の協力が異業種にまでどんどん拡張する今日，網の目状のモデルを用いた方が，複雑化する価値の動きの全容を把握しやすいケースが増えている。

4. 経済政策とイノベーション

政府は，経済活動全体の調整役であり，経済活動の基本方針とルールを定める存在である。政府の政策は，イノベーションを大きく左右する。

特に，今はどの国も，自由な環境下で企業を激しく競わせ，イノベーションを積極的に誘発することを経済政策の基本路線としている(9)。これは国際的な動きでもある。例として，2つ以上の国々が協力して，お互いの国で共通のルールの下に自由に経済活動をできるようにする経済統合(10)が，世界各地で進められている。

こうした政策の下，現代の企業は一方では世界規模で自由に行動できるようになってきているが，他方では世界各地の企業に実力で勝たなければならなくなってきている。企業にとって，イノベーションを通して，自社の競争力を高めることの重要性は以前よりも高まっている。

なお，政府の政策は，状況に合わせてのものであり，積極的な介入や支援が必要と判断すればそのようにする。実際に，政府は，イノベーションや先述した顧客の価値へとつながる企業の協力については，政策的に推進・支援している。たとえば，産業クラスターという，特定の場所[11]に多彩な企業や機関を集め，また制度や施設も整え，各主体を互いに協力させたり，競わせたりして，知識やノウハウ，技術力等の飛躍的な集積・向上へとつなげ，イノベーションを推進しようとする政策がある。

第4節　イノベーションの多様性

1．シュンペーターの5つのイノベーション

先述したように，新しい価値を生み出す方法は，状況に応じて無数にある。今日にまで続くイノベーション研究の礎を提供した，シュンペーター（Schumpeter, Joseph Alois）も，新しい商品，新しい製法，新しい販路，新しい調達先，新しい組織[12]を，イノベーションの具体例として挙げていた。（図表12－1）

シュンペーターが挙げた5つの具体例は，今日では，それぞれ「プロダクト・イノベーション」（product innovation），「プロセス・イノベーション」（process innovation），「マーケティング・イノベーション」（marketing innovation），「サプライチェーン・イノベーション」（supply chain innovation），「組織イノベーション」（organizational innovation）と呼ばれる。

現代の人々に身近な具体例を挙げていく。スマートフォン等の情報通信技術を中核とした製品の登場と進化は，ネット通販やペーパーレス化，リモート

図表12－1　シュンペーターのイノベーションの現代的解釈

	新結合	現代の経営用語
①	新しい生産物または生産物の新しい品質の創出と実現	プロダクト・イノベーション
②	新しい生産方法の導入	プロセス・イノベーション
③	新しい販売市場の創出	マーケティング・イノベーション
④	新しい買い付け先の開拓	サプライチェーン・イノベーション
⑤	産業の新しい組織の創出	組織イノベーション

出所：井上善海「第7章　成長戦略の展開」井上善海・大杉奉代・森宗一（2022）『経営戦略入門（第2版）』中央経済社，118ページ。

ワーク等様々な面で人々の生活を大きく変えた（プロダクト・イノベーション）。工場も，機械，コンピューター，インターネットを取り入れることで，生産性を大きく向上させてきた（プロセス・イノベーション）。

また，グローバル化が進む中で，世界各地で商品を販売し（マーケティング・イノベーション），世界各地から部品や原材料を調達する時代となっている（サプライチェーン・イノベーション）。こうした動きに対応すべく，世界各地に点在する拠点を統合する組織が置かれたり，グローバル人材の育成などが試みられたりしている。そのほかにも，IT 人材の育成・採用，働き方改革等，組織では様々な取り組みが進められている（組織イノベーション）。英語力や IT 技能の修得は，今では人が生き抜くための大切な技能となり，学校教育や家庭教育においても重要な課題として受け止められている。

2．ラディカル・イノベーションとインクリメンタル・イノベーション

イノベーションには，従来の方法を根底から変えて価値を生み出すものと，そうではなく，従来の方法の延長線上に価値を生み出すものの２つのタイプがある。

従来の価値を生み出す方法を根底から変えるイノベーションは，「ラディカル・イノベーション」（radical innovation）と呼ばれる。これは，「抜本的イノベーション」や「急進的イノベーション」等とも呼ばれる。スマートフォンがいわゆる「ガラケー」を一掃したように，抜本的な変化は，従来品を駆逐するといった破壊的性質を伴う場合が多い。シュンペーターはこの性質に着目し，イノベーションを，「創造的破壊（creative destruction）」とも呼んだ[(13)]。

他方で，従来方法の延長線上にある改良によるイノベーションは，「インクリメンタル・イノベーション」（incremental innovation）と呼ばれる。これは「漸進的イノベーション」とも呼ばれる。大企業が絶大な影響を及ぼしている今日，ドラッカーが言うように，創造的破壊は，「深刻な社会的脅威を招きかねない（Drucker, 1985/1993, p.144; 訳書 167 ページ）。」インクリメンタル・イノベーションは，破壊をせずとも新しい価値を生み出すことができる方法であり，20 世紀後半頃にはラディカル・イノベーションよりも着目されるようになった（安

部，1995，57 ページ）。

3．経営学的研究の進展の中で登場してきたイノベーション

イノベーションは，もともと技術の新旧といった技術を基点に分類や議論がされてきた。しかしながら，企業経営の核心は，価値の創出であり，技術の開発ではない。研究開発は，市場対応や組織変革といった，イノベーションの数ある方法の中の１つにすぎない。イノベーションの経営学的研究の進展の中では，より多様な方法や性質を持ったイノベーションの存在が指摘されてきた。

① アーキテクチュラル・イノベーション

製品の価値は，構成要素を大幅に変えなくても，構成要素のつなぎ方を変えることで，高めることが可能である。こうした構成要素のつなぎ方の変更によるイノベーションは，「アーキテクチュラル・イノベーション」（architectural innovation）と呼ばれる。実際には，構成要素が変われば構成要素のつなぎ方も変わることになるため，純粋な意味でのアーキテクチュラル・イノベーションの実例は，なかなか見つからない（中川，2007，585 ページ）。

しかしながら，設計変更という技術力以外の要素が大きな価値を生みうることは，高度な研究開発力を持たない新興企業が既存のリーディング大企業に対して強い競争力を持ちうるということを意味する。製品設計は，「製品アーキテクチャ」（product architecture）と呼ばれ，ヘンダーソン＝クラーク（Henderson and Clark, 1990）の研究以降，経営学的視点からの研究が進められている。

② オープン・イノベーション

先述したように，近年のイノベーションには，１つの企業の中で閉鎖的に行われるのではなく，企業の間でより開放的に遂行されるものも増えてきている。前者は「クローズド・イノベーション」（closed innovation）として知られ，後者は「オープン・イノベーション」（open innovation）として知られている。これらは，チェスブロー（Henry W. Chesbrough）が提唱した概念である。

オープン・イノベーション自体は，世界的に知られる「系列」（Keiretsu）の

図表12－2　オープン・イノベーションの概念図

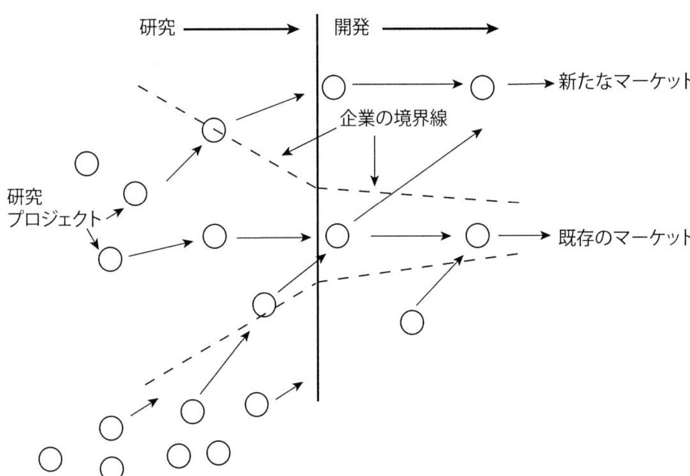

出所：Chesbrough, H. W. (2003/2006), *Open Innovation: The New Imperative for Creating and Profiting from Technology [First Trade Paper Edition]*, Harvard Business Review Press, p. xxv.（大前恵一朗訳『OPEN INNOVATION―ハーバード流イノベーション戦略のすべて』産業能率大学出版部，2004年，9ページ）。

ように，日本企業が昔から行ってきたものである（清水・諏訪，2015）。しかしながら，今日求められるオープン・イノベーションは，気心の知れない相手やかつての競争相手とも，感情の域を超えた関係を築かなければいけない，より高度なものである。オープン・イノベーションをしているかどうかではなく，それが競争力へと結びついているかどうかが大切な視点である。

第5節　先進国大企業のイノベーションへの課題

1．脱成熟化

生き物と同じように，どの製品も，生まれては成長しやがては衰退して死に至るというプロセスをくり返している。これは，「プロダクト・ライフサイクル（Product Life Cycle）」として知られている（あるいは略して“PLC”ともいう）。ここでいう成長と衰退とは，その製品に対して顧客が見出す価値の増減を表している。つまり，成長期は買いたい人が沢山いる時期であり，逆に衰退期は買いたい人が少ない時期である。

この産業の性質は，産業内におけるイノベーションの性質にも作用し，一定のパターン化をもたらしている。このパターンについては，アバナシー（Abernathy, William J.）とアターバック（Utterback, James M.）が提示した「A-Uモデル」[(14)]による説明が広く知られている（図表12－3）。

産業の初期段階，つまり新製品が登場したばかりの頃は，顧客でさえ，どんなものを買えば自分が満足できるのかすらよくわかっていない状況にある。そのため，製品設計面でのプロダクト・イノベーションが活発になる。しかし，顧客ニーズに合った標準設計がひとたび確立されると，この設計の製品をいかに安く効率よく提供できるかへと競争の軸が移行する。つまり，特定の設計に特化した製造工程面でのプロセス・イノベーションが活発に起こるようになる。なお，この製品仕様の標準モデルは，ドミナント・デザイン（dominant design）と呼ばれる。

特定の製品（設計）の下で生み出すことができる価値には限界があり，成長はやがて頭打ちとなる。代替品の登場や生活スタイルの変化等で顧客が価値を見出さなくなれば，市場は消滅する。

しかしながら，成熟した産業でも，企業が新たにイノベーションを起こして

図表12－3　A-Uモデル：産業の成長とイノベーションの関係

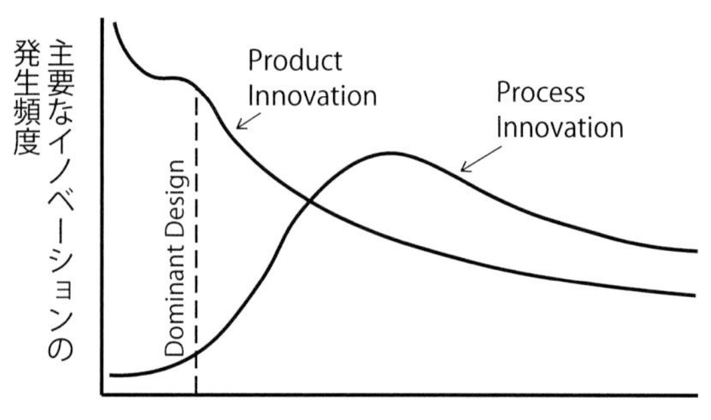

出所：Abernathy, W. J.（1978）, *The Productivity Dilemma: Roadblock to Innovation in the Automobile Industry*. Baltimore: Johns Hopkins University Press, p.72.

「脱成熟化（de-matury）」を実現することがある。PLCのように製品の寿命は生き物のように例えられるが，老いたものが再び若返りうるという点は，製品と生き物の大きな違いである（Abernathy et al., 1983, p. 21; 訳書44ページ）。たとえば，「おじさん臭い」と言われていたウイスキーや焼酎を，飲み方やイメージを変えることで再び成長させたハイボールやチューハイの事例がある。こうした事例は，産業とともに成長し，成熟業界にいる多くの先進国大企業にとっては，示唆に富むものといえよう。

2．イノベーションのジレンマ

前項で述べた「脱成熟化」も含め，多くの企業，特に真面目で立派な企業であればあるほど，イノベーションが大切なことなどはわかりきっている。問題は，イノベーションを起こしたくても，起こせないことにある。イノベーションを起こそうとすることが，今いる従業員を解雇したり，既存の取引先や顧客の不満を招いたり，組織で長年培ってきた知識や技術，文化等を破壊したりすることへとつながることが問題なのである。

つまり，問題の核心は，様々な必要性と正しさの間で板挟みとなり，身動きが取れないことにある。このイノベーションを巡る板挟み状態を，クリステンセン（Clayton M. Christensen, 1997/2016）は，「イノベーションのジレンマ」（Innovator's Dilemma）と呼ぶ。彼は，優良企業だからこそ直面してしまうイノベーションのジレンマの仕組みについて，以下のように明らかにしている。

今市場で受け入れられている製品は，今の市場の評価基準から見て優れた製品である。この製品のリーディングカンパニーは，製品の価値を高めるための高度なシステムを，社内外の様々なステークホルダーを組み入れる形で構築している。まさに，「バリューネットワーク」である。無論，今いる顧客の声を大切にしており，だからこそ成長できたといえる。

他方，いずれこの製品に代わって市場を席巻することになる新製品があるとする。実際にそうしたケースは沢山ある。この新製品は，今の市場の評価基準から見れば性能や品質が劣っている。そうでなければ，既存の大企業がすでに着手しているはずである。今の顧客はその新製品に価値を認めていないし，そもそもそれがどんなものなのかもよく知らないだろう。

また，既存のビジネスモデルを変革するリスクもコストも小さくない。特に，「バリューネットワーク」である以上，変革は他者も必然的に巻き込むことになる。社内改革だけならいざ知らず，社外も巻き込んでの改革，ましてや不透明で不確実なものへの理解を得ることは容易ではない。新製品では不要な取引先も，既存主力製品（旧製品）では不可欠な取引先であるかもしれない。

つまり，リーディングカンパニーは，仮に変革の必要性を理解していたとしても，最初からそれが容易には実現できない状況へと追い込まれてしまっているということである。この状況では，旧製品（従来品）の優良企業は新製品よりも旧製品に本腰を入れざるを得ない。優秀で真面目な経営者であれば，「顧客の意見に注意深く耳を傾け，競争相手の行動に注意し，収益性を高める高性能，高品質の設計と開発に資源を投入する（Christensen, 1997/2016, p. 98; 訳書144ページ)」のが当然である。合理的で正しい判断をしない経営者は，無責任である。

しかしながら，既存の優良企業とは対照的に，新製品を扱う側の企業の方は，自らの社運をかけて，必死にこの新製品の価値を高めていく。既存優良企業のような利害関係者たちによる旧製品への縛りはなく，むしろ利害関係者たちは新製品での成功を強く後押しする存在である。こうして，新製品の価値を高めるための技術もシステムも高度化していく。先述した「合理的で正しい」経営判断で，技術やアイデアを棄却されて不満を募らせた優良企業の社員たちも，職場を辞めて合流して来る(15)。さらに，新製品は，通常，旧製品と比べて，「安い，小さい，使いやすい」といった何らかの特長も併せ持っている（Christensen, 1997/2016, p.232; 訳書300ページ)。

こうして性能を高めた新製品が，旧製品の顧客のニーズをとらえるようになると，状況が一変する。クリステンセンが，「破壊的イノベーション」(disruptive innovation）と呼ぶ現象が起こる。顧客にとって，この商品は，従来の評価基準で価値を持つだけでなく，旧製品にはない価値も併せ持った商品である。旧製品を使用していた顧客は新製品へとスイッチし，さらには商品を見る目もこの新しい商品を基準としたものへと置き換わる。この時点から，旧製品の優良企業が，新しい価値基準で，新製品で急速に成長を進めている企業よりも優れたシステムを構築することは至難の業である。

第6節　おわりに

イノベーションは，社会の中核である企業が，自らの存続に必要な顧客を自らの力で生み出すという活動である。そして，イノベーションそのものも，世の中に新しい価値をもたらすという社会的に意味がある活動である。つまり，イノベーションは，単なる利殖の次元を超えて，経済や社会の繁栄をもたらすという次元でも重大な意味を持つ事象である。

本章では，先行研究や世の中の動向にも着目しながら，イノベーションの方法やパターン，課題などを具体的に明らかにした。残念ながら，イノベーションを起こすための普遍的な解は存在しない。しかしながら，本章で明らかにした，特定の状況下での合理的な行動の特性や必然性は，より正しい判断と行動に近づくためのヒントとなるはずである。

イノベーションへの行動は，未来の危機を回避し，企業を存続させるためのいわばリスク回避の行動である。衰退と消滅を恐れての行動である。そのため，「企業家精神」を，しばしば「恐れ知らずであること」を表す言葉として理解している人がいるが，これは的を射た理解とはいえないだろう。未来のための行動は，現時点の物差しでは理解し難いだけである。実際に，ドラッカーが知るイノベーションに成功した大勢の企業家にも，リスク志向の人はだれ一人としていなかったという（Drucker, 1985/1993, p.139; 訳書163ページ）。

【注】

（1）この定義は，後述するシュンペーターが提唱したイノベーションの概念を具体的に言い直したものである。

（2）商品とは，「他人に販売される財貨や用役」である（藻利，1984，3ページ）。本章では，原則として，技術や生産との関わりをより意識して述べる際は「製品」，そして顧客や販売との関わりをより意識して述べる際に「商品」と表記する。ただし，訳書や引用等の場合は除く等，あくまで原則である。

（3）そのため，企業を巡る議論では，いわゆる個人事業主や協同組合等も企業として議論されるのである。

（4）ここでいう企業とは，いわゆる中小零細企業等とは異なる性質を持った存在である，大企業のことを指している（藻利，1972，78ページならびに88～89ページ）。

（5）なお，企業活動の成功は常に不確実なものである。また，型落ち品のように，人々は同じものに永遠に同じだけの価値を見出すのではないため，開発・改良のための余剰が必要である。であるから，企業には，費用に上乗せされた利潤が必要であり，その獲得は社会的責任でもある。ドラッカーが，「利潤（profit）と収益性（profitability）は，個々の企業にとっても，社会にとっても必要である（Drucker, 1973, 1974/1993, pp.59-60; 訳書71ページ）」と述べている通りである。

（6）国際的な取り組み目標として知られるSDGs（Sustainable Development Goals）でも，その9番目の目標である，“Industry, Innovation and Infrastructure”は，「産業と技術革新の基盤をつくろう」と訳されている。英語版と日本語版はさまざまな資料で確認できるが，ここでの資料は，それぞれ以下のリンクから閲覧可能である（2023年1月20日執筆時現在）。

英語版：United Nations website “Sustainable Development” https://sdgs.un.org/goals, viewed January 20, 2023.

日本語版：日本ユニセフ協会ウェブサイト「SDGs CLUB」https://www.unicef.or.jp/kodomo/sdgs/17goals/, 2023年1月20日アクセス。

（7）MOTは，「技術を事業の核とする企業・組織が次世代の事業を継続的に創出し，持続的発展を行うための創造的，かつ戦略的なイノベーションのマネジメント」（経済産業省，1ページ）と定義される。

(8) 無論，顧客を基点に議論することができない，文化や道徳，宗教といった次元の価値もある。こうした価値は「社会的価値」（social values），またこれを対象としたイノベーションは「ソーシャル・イノベーション」（social innovation）などと呼ばれている。

（9）経済政策の方針には，主に，政府が経済活動に深く介入する方針と政府が経済活動に深くは介入しない方針の2つがある。前者は「大きな政府」，後者は「小さな政府」として知られている。これらのうち，どちらを政策の主軸とするかは，どちらがより人々の満足を高めるかという視点から，その時々の状況に応じて使い分けられてきた。

(10) 経済統合は，人々も企業もより多くのものをより効率的に調達，生産，販売できるようになるため，人々がより豊かな生活を送る機会は全体として拡大することになる。

(11) ただし，先述した組織と同じで，産業クラスターの地図上の広さの範囲は，あらかじめ明白に定まったものではない（藤田，2012，788～789ページ）。

(12) これらの具体例は，シュンペーターが様々な著作で，表現や修正を加えながら挙げてきたものである（藻利，1984：橘川，2019，2ページ）。たとえば，『経済発展の理論（上）』183ページや『資本主義・社会主義・民主主義（上）』150ページ等である。

(13) 藻利（1984，168ページならびに203ページ）は，シュンペーターが用いてきた「新結合の遂行」「イノベーション」「創造的破壊」といった用語は，本質的には同じ意味を持つとしている。

(14) A-Uモデルは度々修正されており，ここでは秋池（2012）による解説と評論を参照した。

(15) クリステンセンは，破壊的技術の開発自体は優良企業が先行する場合が多いものの，日の目を見ることはなく，そのことに不満を募らせた開発者たちは他社へと移ってしまうと指摘する（Christensen, 1997/2016, pp. 42-48; 訳書77～84ページ）。

【参考文献】

Abernathy, W. J. (1978), *The Productivity Dilemma: Roadblock to Innovation in the Automobile Industry*, Baltimore: Johns Hopkins University Press.

Abernathy, W. J., Clark, K. B., & Kantrow, A. M. (1983), *Industrial Renaissance: Producing a Competitive Future for America*, Basic Books, Inc.（望月嘉幸監訳『インダストリアル・ルネサンス―脱成熟化時代へ』ティビーエス・ブリタニカ，1984年）

Chesbrough, H. W. (2003/2006), *Open Innovation: The New Imperative for Creating and Profiting from Technology [First Trade Paper Edition]*, Harvard Business Review Press.（大前恵一朗訳『OPEN INNOVATION ―ハーバード流イノベーション戦略のすべて』産業能率大学出版部，2004年）

Christensen, C. M. (1997/2016), *The Innovator's Dilemma: When New Technologies Cause Great Firms to Fail [Reprint]* , Harvard Business Review Press.（伊豆原弓訳『イノベーションのジレンマ増補改訂版』翔泳社，2001年）

Drucker, P. F. (1973, 1974/1993), *Management: Tasks, Responsibilities, Practices [Harper Business edition]* , Harper Business.（上田惇生訳『マネジメント：課題，責任，実践㊤〔ドラッカー名著集⑬〕』ダイヤモンド社，2008年）

Drucker, P. F. (1985/1993), *Innovation and Entrepreneurship [Harper Business edition]*, Harper Business.（上田惇生訳『イノベーションと企業家精神〔ドラッカー名著集⑤〕』ダイヤモンド社，2007年）

Henderson, R., & Clark, K. B. (1990), "Architectural Innovation: The Reconfiguration of Existing Product Technologies and the Failure of Established Firms", *Administrative Science Quarterly*, Vol. 35, No. 1, pp.9-30.

秋池篤（2012）「A-Uモデルの誕生と変遷―経営学輪講 Abernathy and Utterback (1978)―」『赤門マネジメント・レビュー』第11巻第10号，665～679ページ。

安部悦生（1995）「革新の概念と経営史」『経営論集』第42巻第1号，明治大学，53～

78 ページ。

生稲史彦（2012）『開発生産性のディレンマ：デジタル化時代のイノベーション・パターン』有斐閣。

伊丹敬之・宮永博史（2014）「イノベーション経営を阻む三つの関門」『日経 BizGate』 https://bizgate.nikkei.co.jp/article/DGXMZO3115414030052018000000（2023 年 2 月 6 日アクセス）。

井上善海・大杉奉代・森宗一（2022）『経営戦略入門（第 2 版）』中央経済社。

橘川武郎（2019）『イノベーションの歴史：日本の革新的企業家群像』有斐閣。

経済産業省「1. 技術経営（MOT）とは」https://www.meti.go.jp/policy/innovation_corp/mot/motshiryou.pdf（2023 年 2 月 6 日アクセス）。

小林敏男（2014）『事業創成：イノベーション戦略の彼岸』有斐閣。

佐伯靖雄（2008）「イノベーション研究における製品アーキテクチャ論の系譜と課題」『立命館経営学』第 47 巻第 1 号，133 ～ 162 ページ。

清水洋・諏訪暁彦（2015）「第 2 章　日本企業には適さないのか？」『オープン・イノベーションのマネジメント：高い経営成果を生む仕組みづくり』有斐閣，35 ～ 54 ページ。

シュムペーター，J. A. 著，中山伊知郎・東畑精一訳（1962）『資本主義・社会主義・民主主義（上）』東洋経済新報社。

シュムペーター，J. A. 著，塩野谷祐一・中山伊知郎・東畑精一訳（1977）『経済発展の理論（上）』（岩波文庫）岩波書店。

中川功一（2007）「製品アーキテクチャ研究の嚆矢―経営学輪講 Henderson and Clark（1990）―」『赤門マネジメント・レビュー』第 6 巻第 11 号，577 ～ 588 ページ。

藤田誠（2012）「産業クラスターの現状と研究課題」『早稲田商学』第 431 号，491 ～ 515 ページ。

藤本隆宏（2002）「製品アーキテクチャの概念・測定・戦略に関するノート」RIETI Discussion Paper Series 02-J-008　https://www.rieti.go.jp/jp/publications/dp/02j008.pdf（2023 年 1 月 29 日アクセス）。

三戸公（2000）『科学的管理の未来：マルクス，ウェーバーを超えて』未來社。

藻利重隆（1972）『ドラッカー経営学説の研究〔第三増補版〕』森山書店。

藻利重隆（1984）『現代株式会社と経営者』千倉書房。

米倉誠一郎（2015）「Epilogue」米倉誠一郎・清水洋編著『オープン・イノベーションのマネジメント：高い経営成果を生む仕組みづくり』有斐閣，279 ～ 293 ページ。

米倉誠一郎・清水洋編著（2015）『オープン・イノベーションのマネジメント：高い経営成果を生む仕組みづくり』有斐閣。

第13章

企業戦略とCSR

第1節　はじめに

言うまでもなく，事業活動は地域社会の上で成立している。ゆえに，地域社会が健全に発展しなければ，優れた企業戦略の展開は叶わない。企業戦略を検討する上で，地域社会とのより良い関係の構築は，必要不可欠なのである。

また，地域社会を悩ます問題は目下，多様化・複雑化している。少子高齢化，貧困，地域の活力低下など，1つひとつの問題を上げれば枚挙に暇がない。さらに悪いことには，過疎地域の深刻な少子高齢化によって，地域産業の担い手が不足し，貧困や活力低下につながるなど，それらの問題同士が複雑に絡み合っているのである。

2015年，国際連合（国連）は，そのような全世界を悩ませる社会問題に関して，2030年までに達成を目指す17の目標と解決すべき169のターゲット，それらを検証のための232の指標に整理した持続可能な開発目標（Sustainable Development Goals，略称：SDGs）を採択した（図表13－1参照）。SDGsは，企業を含む全世界のあらゆる主体が協力して達成を目指すべき目標とされる。

採択から約8年を経て，SDGsは企業や一般生活者を問わず，広く浸透している。

企業におけるSDGsの浸透状況については，以下の2つの調査が詳しい。KPMGジャパンが公表した「グローバルサステナビリティ報告調査」によると，2022年現在，日本の売上高上位100社の内，その100％の企業が統合報告書や年次報告書などで持続可能性（Sustainability）に関する報告を実施して

図表13－1　持続可能な開発目標（SDGs）

出所：グローバル・コンパクト・ネットワーク・ジャパン「SDGsとは」（https://www.ungcjn.org/sdgs/goals/index.html）2023年4月10日閲覧。

おり，またその内，89％の企業はSDGsに関する報告も実施しているという。中小企業に着目しても，日本能率協会（Japan Management Association，略称：JMA）が公表した「第42回　当面する企業経営課題に関する調査」によれば，中小企業の経営者の93.4％がSDGsを認知しており，さらに74.5％が何らかのSDGsに沿った活動を展開しているという。2つのデータを踏まえると，企業の規模を問わず，ほとんどの企業がSDGsを認知しており，具体的な事業活動や投資家とのコミュニケーションにも実装されていることがわかる。

一般生活者の認知度については，ソーシャルプロダクツ普及推進協会（Association for the Promotion of Social Products，略称：APSP）が実施した「生活者の社会的意識・行動に関する調査」が詳しい。同調査によると，2022年のSDGsの認知度は，89.5％であった。具体的には，SDGsを「よく知っている」，「おおよそ知っている」，「あまり知らない」，「まったく知らない」と回答した人の割合が，それぞれ11.0％，44.5％，34.0％，10.5％であった。また，2020年，2021年に実施した同調査において，「まったく知らない」と回答した人の割合は，それぞれ50.0％，23.0％であったことから，2020～2022年でSDGsの認

図表13－2　一般生活者におけるSDGsの認知度（N＝600，SA）

	よく知っている	おおよそ知っている	あまり知らない	まったく知らない
2022	11.0%	44.5%	34.0%	10.5%
2021	15.5%	34.2%	27.3%	23.0%
2020	8.3%	18.0%	23.7%	50.0%

出所：APSP「第12回 生活者の社会的意識・行動に関する調査」，2022年。

知度は，約5割から9割まで上昇したことがわかる（図表13－2参照）。

SDGsの拡大によって，企業が地域社会を悩ませる問題と向き合い，その解決に努めることがより期待されるようになった。実際，国内では日本経済団体連合会（経団連）がSDGsの達成を柱として「企業行動憲章」を改定[(1)]したり，国外でも世界経済フォーラム（ダボス会議）内でSDGsに対する取り組みが少なくとも約12兆ドルもの経済価値と約3億8,000人分の雇用を創出する可能性が強調[(2)]されたりするなど，国内外で企業に対する期待が大きいことがうかがい知れる。

これまで経営学では，企業と地域社会との関係について，どのように議論されてきたのであろうか。次節では，この点について詳しく論じていく。

第2節　CSR（企業の社会的責任）

そもそも企業は，地域社会の問題といかに向き合うべきなのであろうか。経営学においてそのような議論は，企業の社会的責任（Corporate Social Responsibility，略称：CSR）と関連付けて行われてきた。CSRとは，企業が従業員や顧客，サプライヤーといった直接的な利害関係者（ステークホルダー），および政府や一般生活者，地球環境といった間接的なステークホルダーに対して，責任のある事業活動を展開するべきという考え方を指す。

図表 13 − 3　CSR ピラミッド

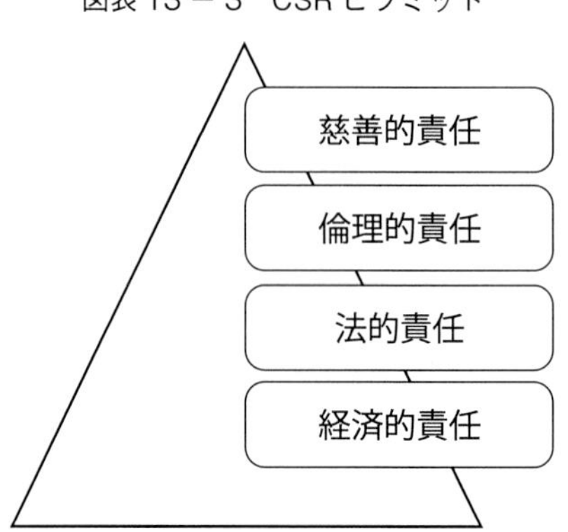

出所：Carroll, A. B. (1991), "The pyramid of corporate social responsibility: Toward the moral management of organizational stakeholders." *Business horizons*, 34 (4), pp.40-48, p.42.

その対象は極めて多岐に渡るが，キャロル（Carroll, A. B.）によると，CSR は，4 つの階層から構成されるという（図表 13 − 3 参照）。それらは「CSR ピラミッド」と呼ばれており，具体的には，下から順に「経済的責任」，「法的責任」，「倫理的責任」，「慈善的責任」の 4 つが積み重ねられている。当然，ピラミッドの下段に位置付けられている責任ほど，より基本的内容であり，地域社会から強く要請・期待される内容である。下段の責任を果たさずして，上段の責任を果たすことはできない。

「経済的責任」は，企業の根源的な目的でもある利潤をあげて株主と従業員に還元するという基本的な責任を指している。この責任を果たさなければ，企業は存続することさえ叶わず，倒産してしまう。また，地域の雇用を創出し，従業員の生計の基盤たる賃金を支払うことによる地域社会に対する貢献ははかり知れない。たとえば，トヨタ自動車の 2022 年の売り上げは，過去最大の約 27.4 兆円を記録しており，同年の従業員数は 7 万人を超えている[(3)]。日本を代表する大企業の場合，それだけの人々の生活を支えているのである。

「法的責任」は，法律や規制を遵守した上で，事業活動を展開する責任を指している。コンプライアンスと呼ばれることもある。どれほど雇用を創出し，利潤を上げていたとしても，それが不正を働いた結果であるとするなら，多くのステークホルダーに迷惑がかかってしまい，前述したCSRの考え方の真逆を行くこととなる。たとえば，東京オリンピック・パラリンピックにおいて大会スポンサーであったビジネスウェア販売大手のAOKIホールディングによる収賄事件[(4)]は，記憶に新しいのではないだろうか。他にも，日本企業による同大会をめぐる不祥事が相次ぎ，選手たちの活躍に影を落としてしまった。このように法的責任の放棄は，評判や株価の下落など自社だけの被害にとどまらず，最悪の場合，国や世界全体に迷惑をかける事態にまで発展することもあり得るのである。

法的責任が地域社会から課される責任とするなら，「倫理的責任」は地域社会から期待される責任である。言い換えれば，法律などで明文化されておらずとも，事業活動を通して発生する地域社会に対する害悪（ネガティブな影響）の削減に努めることを指す。具体的には，製品の安全性や品質に疑いがある場合に自主回収を実施したり，環境負荷の低い原材料や生産方法を採用したり，差別や搾取の無い労働環境を整えたりすることなどが挙げられる。企業事例としては，バスボムで有名なイギリスのラッシュ（Lush）が，倫理的責任の積極的な遂行で有名である。同社は，「エシカル憲章」[(5)]を掲げており，核となる7つの倫理的指針を挙げている。それらのなかには，動物実験反対や社会的マイノリティに対する配慮，組織の公正性や多様性に関する姿勢などが含まれており，世界中の多くの人々から共感を呼んでいる。

倫理的責任が地域社会から期待される責任であるとするなら，「慈善的責任」は地域社会から期待されずとも，企業自らの裁量で地域社会に対する貢献活動を展開する責任を指す。企業によるボランティア活動や寄付がその典型例であり，そのような慈善活動を総称してフィランソロピーと呼ぶ。また，慈善的責任の内容は，地域社会に対する貢献（ポジティブな影響）をもたらす性質が強く，この点でも害悪（ネガティブな影響）を削減する性質が強い倫理的責任と対照的な特徴を有している。日本におけるフィランソロピーの歴史は深く，1990年がフィランソロピー元年と呼ばれている。経団連による「1%クラブ」[(6)]の設立がその由来で，具体的には，企業に対して利益の1%以上を慈善活動に支出することを啓発する取り組みである。日本で企業が利益の一部を地域社会に還元する考え方が拡大するキッカケとなった。

ここまでCSRの4つの構成要素とそれらの具体例について見てきた。次節では，CSRと企業戦略の関係や最適化に向けた問題について考えていく。

第3節　戦略的CSRと全体最適

企業戦略の分野で有名なハーバードビジネススクール（Harvard Business School）のポーター（Porter, M. E.）によると，前節で述べたCSRの考え方は企業戦略とは相容れないという。とくに，中長期的に経済的責任を果たすことと，倫理的責任や慈善的責任を果たすことの矛盾が強調されており，企業戦略とCSRの全体最適を図るための「戦略的CSR」が提唱されている[(7)]。

ポーターは，矛盾をきたし得る要因として，責任の判断基準の曖昧さ，継続の困難性，ステークホルダーと企業戦略のトレードオフを挙げている。

責任の判断基準の曖昧さでは，倫理的責任や慈善的責任を果たすための活動やその対象となるステークホルダーは無数に存在するにも関わらず，それらに優先順位をつける基準が無い点を批判している。たとえば，フィランソロピーの一環として寄付をする場合に，国内における自然災害の復興支援を対象とするか，発展途上国の飢餓に対する食糧支援を対象とするか，どちらを優先すればより責任を果たせるかについて比較のしようがない。また，寄付を想定した資金であれ，ボランティア活動を想定した人材であれ，企業が倫理的責任と慈善的責任を果たすために動員できる資源は有限である。その限りある資源を活用すること自体が，経済的責任の遂行（利潤の最大化）と矛盾してしまう側面も見逃せない。

継続の困難性では，企業による地域社会の問題解決は，中長期的な取り組みでなければ，無責任な結果になることが多い点を批判している。そもそも問題解決には時間を要する場合も多く，ステークホルダーとの良好な関係は一朝一夕には構築できない。しかし，前節で述べた倫理的責任や慈善的責任で想定される取り組みは，企業の経営資源が充実している状況でしか継続困難であることは容易に想像がつく。利益の1%以上を慈善活動に支出する「1%クラブ」は，その最たる例である。企業が赤字になった瞬間にその活動はストップしてしまう可能性が高い。企業の業績や資源の状況になるべく左右されないアプローチを模索する必要がある。

ステークホルダーと企業戦略のトレードオフには，2つの側面がある。1つ目は，企業とステークホルダーの戦略に対する理解のギャップから生じるトレードオフである。当然，多くのステークホルダーはその企業の戦略について深く理解しているわけではない。よって，いくら倫理的責任や慈善的責任の観点から望ましい施策でも，企業戦略上のポジショニングやブランドイメージ，顧客ターゲットなどと齟齬が生じる場合，経済的責任の追及に差し支えてしまう。2つ目は，企業戦略とCSRとで主要な対象となるステークホルダーの違いから生じるトレードオフである。CSRは前節で述べたように，企業が直接的に関わるステークホルダーと，間接的に関わるステークホルダーを問わず，いずれもその対象となっている。一方で，企業戦略は顧客を代表として直接的に関わるステークホルダーを中心に立案されることが多い。厄介なことに，直接的なステークホルダーと間接的なステークホルダー同士は，利害が対立しがちである。たとえば，環境の負荷が低い新素材に原材料を切り替えるために，コストを要する場合，地球環境や（環境規制を設計する）政府といった間接的なステークホルダーと，顧客や投資家といった1円でも多く経済的価値を求める直接的なステークホルダーは対立してしまうのである。

ポーターは，前述した矛盾をきたし得る要因の解決策として，戦略的CSRを提唱した。戦略的CSRとは，「企業が自社の事業領域と近い地域社会の問題に集中・特化し，事業活動を通して社会的責任を果たす考え方」を指す。言い換えれば，事業領域と遠い問題やステークホルダーは無視することで，企業戦略とCSR上の課題を共通化する方針ともいえる。対照的に，そのような事業領域とは遠い問題やステークホルダーに対して，フィランソロピーなど事業活動外の方法で取り組むCSRは，受動的CSRと位置付けられている。

事業領域とどれくらい近しいかという観点は，倫理的責任や慈善的責任，ステークホルダーの優先順位を判断するための基準となり得る。また，継続の

図表 13 − 4　戦略的 CSR におけるバリューチェーンの活用

- ●財務報告の方式
- ●行政上の慣行
- ●透明性
- ●ロビー活動

- ●教育研修
- ●安全な労働条件
- ●多様性と差別対策
- ●健康管理，福利厚生
- ●報酬制度
- ●レイオフの方針

- ●大学とのつながり
- ●研究活動論理（動物実験，遺伝子組み換え作物など）
- ●製品の安全性
- ●原材料の節約
- ●リサイクル

- ●調達とサプライチェーン（賄賂，児童労働，紛争地産出ダイヤモンド，農家への価格転嫁など）
- ●特定原材料の利用（毛皮など）
- ●天然資源の利用

支援活動	企業インフラ	資金調達，事業計画，IRなど			
	人的資源管理	雇用，学校教育と企業内研修，報酬体系など			
	技術開発	製品設計，検査，プロセス設計，原材料研究，市場調査など			
	調達	部品，生産機械，広告，各種サービスなど			
主要活動	インバウンド（社外から社内へ）・ロジスティックス	オペレーション	アウトバウンド（社内から社外へ）・ロジスティックス	マーケティングおよび営業	アフターサービス
	仕入原材料の保管，データ，決済，サービス，顧客アクセスなど	組み立て，部品製造，支社管理など	受注処理，倉庫，リポートの作成など	営業部門，販促活動，広告宣伝，提案書の作成，ウェブサイトなど	設置，顧客サポート，苦情処理，修理など

- ●輸送の影響（排気ガス，渋滞，林道の建設など）

- ●温室効果ガスの排出，廃棄物
- ●生物多様性や自然環境への影響
- ●エネルギーと水の消費
- ●労働者の安全，労使関係
- ●危険物

- ●包装材とその廃棄（マクドナルドの包装材）
- ●輸送の影響

- ●マーケティングと広告（過大表現のない広告，子ども向け広告など）
- ●価格設定（一部の顧客への優遇価格，反競争的価格，貧困層向けの価格政策など）
- ●消費者情報
- ●プライバシー

- ●旧式製品の廃棄
- ●消耗品の処理（エンジンオイル，プリンターのインクなど）
- ●消費者のプライバシー

出所：Porter, M. E.（2008）, *On Competition*, Harvard Business School Press, 邦訳 I p.409.

困難性は，CSRを事業活動と切り離して実施するがゆえに生じる問題である。事業や製品自体が，地域社会の問題を解決しているならば，仮に赤字でも即座に取り組みが途絶えることは無い上，多くの事業では中長期的な計画のもと，持続的な発展が目指される。

それでは，具体的に戦略的CSRは，いかにして実現できるのだろうか。ポーターは，その方法として，バリューチェーンとダイヤモンドモデルの活用を推奨している。

バリューチェーンとは，企業の事業活動を可視化するためのフレームワークである。そこでは事業活動が，2つの大分類と9つのカテゴリーに分けられる。主要活動に分類される5つのカテゴリー「インバウンドロジスティックス」「オペレーション」「アウトバウンドロジスティックス」「マーケティングおよび営業」「アフターサービス」は，「物理的に製品をつくり，マーケティングし，買い手に届けるための活動」である。支援活動に分類される4つのカテゴリー「企業インフラ」「人材マネジメント」「技術開発」「調達」は，「主活動を実施するために，資材やインフラを供給する活動」である。ポーターによれば，9つのカテゴリーに事業活動を整理した上で，それらすべてが地域社会に及ぼしている影響を洗い出し，そのなかからバリューチェーンの生産性を高めつつ，地域社会により良い影響を与えるように，事業活動を見直すことで戦略的CSRを実現できるという（図表13－4参照）。その際，とくに重視して検討するべき観点としては，「エネルギーの利用とロジスティックス」「資源の有効活用」「調達」「流通」「従業員の生産性」「ロケーション」が挙げられており，それぞれ具体例を通して，その方策が検討されいてる。図表13－5は，その一部を抜粋している。

つづいて，ダイヤモンドモデルとは，事業地域の立地が競争に及ぼす影響，すなわち企業の「成長やイノベーションや生産性に関わる状況を決定する事業地域の環境」を4つの観点から検討するフレームワークである。各観点の概要は，次のとおりである。第1に，「投入要素の条件」は，熟練労働者やインフラなど，その産業で競争するのに必要な生産要素に関する環境を指す。第2に，「地域需要の条件」は，その産業の製品やサービスに対する市場の需要の性質

図表 13 − 5　戦略的 CSR によるバリューチェーンの改善方法と具体例

エネルギーの利用とロジスティックス	イギリスの小売企業マークス・アンド・スペンサーは，南半球で購入して北半球に輸送するのをやめるといった簡単なことも含めて，そのサプライチェーンを大々的に見直すことで，2016 年度には，年 1 億 7,500 万ポンドのコストおよび大幅な CO2 排出量を削減した。
資源の有効活用	ダウ・ケミカルは，同社最大規模の生産拠点における真水の消費量を 10 億ガロン（約 37 億 8,500 万リットル）削減することに成功した。これは，約 4 万人のアメリカ人が 1 年間に消費する量に匹敵し，最終的には 400 万ドルのコスト削減につながった。
調達	ネスレは，農法に関するアドバイスを提供したり，銀行融資を保証したり，苗木，農薬，肥料など必要資源の確保を支援するなど，栽培農家と密に協力した。また，購入時にコーヒー豆の品質を測定する施設を現地に設置した。くわえて，高い品質の豆には価格を上乗せし，しかも農家に直接支払うようにしたところ，農家のやる気が高まった。1 ヘクタール当たり収穫高が増加し，高い品質のコーヒーが生産されるようになったことで，栽培農家の所得は増え，農地への環境負荷が減った。そしてネスレは，品質の高いコーヒー豆を安定的に入手できるようになった。
流通	ヒンドゥスタン・ユニリーバは，インドの人口 2,000 人足らずの集落に訪問販売システムを導入した。これを担っているのは，経済的に恵まれない女性起業家たちで，彼女たちは，同社が用意したマイクロファイナンスを利用したり，研修を受けたりできる。これまで 4 万 5,000 人以上の女性起業家たちが，15 の州で約 10 万の村々をカバーしてきた。この流通システムは「プロジェクト・シャクティ」と呼ばれ，地域社会に大いに貢献している。これは，世帯所得を倍増させるスキルを女性たちにもたらしただけでなく，衛生製品を普及させ，感染症の拡大を抑止している。プロジェクト・シャクティはいまや，同社のインドにおける総売上高の 5%を占めており，農村部地域へのさらなる進出を促し，またラジオやテレビのない地域においてユニリーバ・ブランドを広め，大きな経済的価値をもたらしている。
従業員の生産性	J & J では，従業員の禁煙支援（15 年で喫煙率が 3 分の 1 に減少）をはじめ，さまざまな健康増進プログラムを実施した結果，医療費を 2 億 5,000 万ドル削減することにした。これは，2002 〜 2008 年で見て，健康関連支出 1 ドルにつき 2 ドル 71 セントのリターンがあった計算である。さらに，従業員の欠勤が減り，生産性が向上するというメリットにもあずかることになった。
ロケーション	カシューナッツの大手生産業者オーラム・インターナショナルはこれまで，アフリカからアジアに運び，生産性の高いアジア人労働者にその加工を委ねていた。しかし，タンザニア，モザンビーク，ナイジェリア，コートジボワールといった原産国に工場を建設し，現地の労働者を教育することで，加工と輸送にかかるコストを 15%削減した。二酸化炭素の排出量が大幅に減ったのはいうまでもない。

出所：Porter, M. E. & Kramer, M. R. (2011), "Creating Shared Value: How to Reinvent Capitalism − and Unleash a Wave of Innovation and Growth" *Harvard Business Review*, January, 邦訳 pp.18-21.

図表 13 − 6　戦略的 CSR におけるダイヤモンドモデルの活用

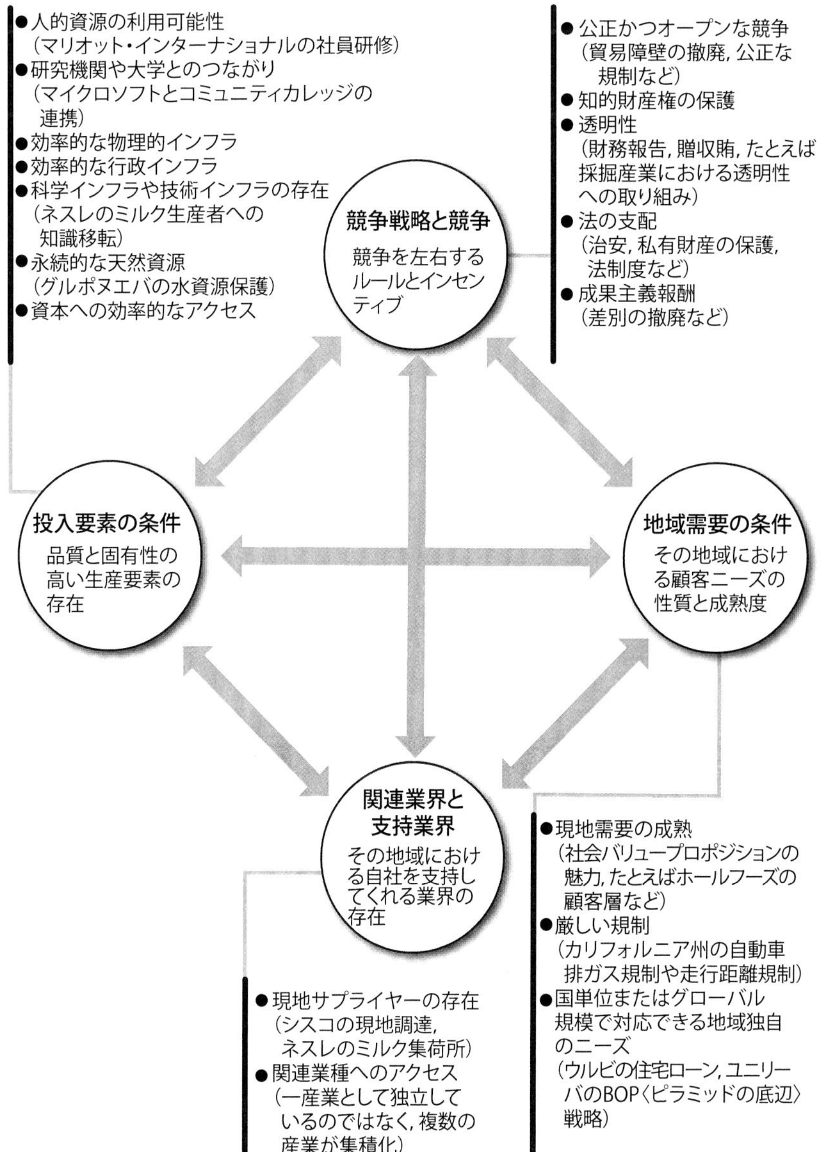

出所：Porter, M. E.（2008）, *On Competition*, Harvard Business School Press, 邦訳 I　p.410.

を指す。第3に,「関連業界と支持業界」は，地域内に国際競争力をもつ供給産業やその他の関連産業が存在するか否かを指す。第4に,「競争戦略と競争」は，国内環境や政策によって生じる，企業の設立・組織・経営のあり方や競合関係の性質を指す。これら4つの観点から，バリューチェーンとは逆に事業を展開する地域社会の状況が，企業に及ぼしている影響を洗い出し，そのなかから自社の事業に好影響を及ぼしたり，事業展開が有利になったりするようなステークホルダーを特定し，将来的な事業パートナーとして支援することで，戦略的CSRを実現できるという（図表13－6参照)。

この時，重要となるのは将来を見据えた長期的な視点でCSRを継続する点である。実践上でのバリューチェーンの活用との大きな違いは，初期段階から事業活動を通したCSRを設計・展開することは非現実的で，フィランソロピーを通した支援を経て，被支援対象であるステークホルダーが事業パートナーとして成長し，かつ信頼関係も構築できた時，事業活動との一体化が可能となる。そのような戦略的意図のあるステークホルダーの支援活動は，戦略的フィランソロピーと呼ばれ，一般的な慈善活動（慈善的責任）と区別されている。ポーターは，この戦略的フィランソロピーの方法や過程について，ダイヤモンドモデルの4つの観点でそれぞれ具体例をあげながら検討している[(8)]。

まずは,「投入要素の条件」を考える。事業活動を展開する上で必要な生産要素には，人材や原材料，天然資源や各種インフラなどさまざまなものが挙げられる。こうした生産要素の創出や質の向上に，企業は戦略的フィランソロピーを通して貢献することができる。たとえば，ホテル・チェーンのマリオット・インターナショナルは，地域の失業者に無料研修とOJTを提供し，人材獲得につなげている。

つづいて,「地域需要の条件」である。地域の顧客の要求水準が厳しければ，新しい顧客ニーズを洞察できる可能性，品質の向上やイノベーションへのプレッシャーが高くなる。企業は戦略的フィランソロピーを通して，そのような顧客を育成することができる。たとえば，アップル（Apple）は学校にPCを寄付することで，若年層に自社製品を浸透させている。

つぎは,「関連業界と支持業界」である。ハイレベルな補完業者の存在は,自社の生産性の向上やイノベーションの創出に寄与する。企業は，自社にとって重要な補完産業を戦略的フィランソロピーによって支援することができる。たとえば，アメリカン・エキスプレスは，旅行・観光の専門学校に寄付をしている。これは，同社のクレジットカード事業と旅行代理店事業の相当部分が，旅行関連支出に支えられているためである。専門学校を卒業した人材が旅行・観光産業を盛り上げてくれれば，同社の収益にも寄与すると考えられる。

最後は，「競争と競争戦略」を考える。その地域の規制や企業間の競合状況は，事業を展開する上では最たる検討・懸念事項である。戦略的フィランソロピーを通して，透明性や生産性の高い健全な競争に寄与することもできる。たとえば，「トランスペアレンシー・インターナショナル」という世界中の腐敗（汚職など）を数値・リスト化し，公表している NGO がある。同団体は，多くの企業からの寄付を受け取っている。企業にとって，汚職を抑止することは健全な競争を行う上で欠かせないからである。

このように，企業は従来の CSR の考え方にとらわれず，バリューチェーンやダイヤモンドモデルを活用した戦略的 CSR を実行することによって，企業戦略と CSR の全体最適を図ることができるのである。

第 4 節　全社的な実施体制

前節までに議論した戦略的 CSR は，全社的にどのような体制で実施されるべきなのであろうか。本節では，戦略的 CSR を実施する上での組織体制の在り方について論じていく。

フィッツァー（Pfitzer, M. W.）によれば，戦略的 CSR を実施する上で望ましく，かつ現実的な組織体制は，中核事業を運営する組織と完全に統合する体制，あるいは自社内に半自律的な部門を作る体制，慈善団体や政府，他の企業といった外部のパートナーと協力する体制の 3 パターンがあるという[(9)]。本節では，それらのパターンについて，具体例を取り上げながら解説していきたい。

戦略的 CSR が，事業活動を通した社会問題の解決である以上，中核事業を運営する組織と完全に統合し，中核事業と CSR を一体化するのが望ましい組織体制であることはいうまでもない。

そのような組織体制を構築し，戦略的 CSR を実行する事例としては，カゴメの「地産全消」が挙げられる。主力製品である「野菜生活 100」に地域限定のラインナップを設け，全国の特産品をブレンドした商品を発売し，地域活性化を目指す取り組みである。この事例は，カゴメの主力製品である「野菜生活 100」のバリューチェーンにおいて，地域の特産品を原材料として活用することで，当該地域の活性化を実現したと解釈できる[(10)]。

しかし，そのような体制構築や統合がスムーズに実現できるとは限らない。戦略的 CSR は，取引先や顧客，投資家など，直接的なステークホルダーからの反発を招くケースがある。バリューチェーンの見直しと共に，原材料や生産方法の変更をする場合，これまでの取引業者が不利益を被る状況が考えられる。また，それらにともないコストや価格が上がるのであれば，顧客や投資家からの反発も免れない。さらに問題となるのは，戦略的 CSR によって生み出された新製品が，既存製品の代替品や競合品に位置付けられる場合である。このケースでは，組織内からも激しい抵抗が予想される。そのような状況においても，戦略的 CSR を実行するためには，たとえば社内カンパニー制を導入するなどして，既存の中核事業を中心とした組織体制からは切り離して，半自律的に事業展開可能な組織体制を設計する必要があるのである。また，中核事業の主力製品と真っ向から競合しない，その周縁領域や補完製品などから事業を展開するといった工夫も有効である。

半自律的な部門から，中核事業の補完製品に位置付けられる戦略的 CSR を展開する事例としては，アサヒビールの「森のタンブラー」が挙げられる。同製品は，間伐材といった植物素材を主原料としたタンブラーであり，ライブやスポーツ観戦など屋外でビールを飲む際のプラスチックカップを削減する目的で開発された。よって組織体制としては，カゴメの事例とは異なり，「スーパードライ」などの主力製品のバリューチェーンとは切り離されている。容器や包装の技術開発に関する部署が中心となり，パナソニック社などと協働しながら取り組んだ。のちに，アサヒユウアス株式会社が設立され，現在は「森のタンブラー」も含めて，同社が多様なステークホルダーと社会問題を解決する事業を展開する部門として位置付けられている[11]。

第1節で論じたように，地域社会を悩ます問題は，多様化かつ複雑化している。よって，経営資源が豊富でない企業ほど，自社のみで戦略的CSRを実行し，それらの問題を解決することは困難である。この時，組織間のネットワークという観点では自社のみでなく，対象とする問題を解決するための資源を保有する外部パートナーとの協力関係を含んだ実施体制の構築が必要になってくる。そのような体制をうまく構築することができれば，経営資源の強化や模倣困難な事業活動のシステム設計にもつながり得るため，事業上の競争優位につなげることもできる。

前述したように，アサヒビール（アサヒユウアス）の「森のタンブラー」は，パナソニックとの共同開発によって実現した製品であるため，外部パートナーとの協力体制を築いた事例でもある。その素材には，間伐材を中心に再生可能な植物素材を55％以上も配合できる「高濃度セルロースファイバー成形材料」が用いられている。この技術は，アサヒビール社ではなく，パナソニック社が保有する技術であった。極めて軽量で丈夫な素材であり，同社では掃除機といった家電に採用されていた。アサヒビールと技術交流をするなかで，機能性と環境性を兼ねそなえたリユースカップを開発し，プラスチック汚染という大きな社会問題に取り組む経緯となったのである。大手企業同士が協力し，アサヒビールが販売などのマーケティング面，パナソニックが技術開発面を担ったことで，より差別化された製品が実現された事例と解釈できる[12]。

第5節　おわりに

本章では，まずSDGsの広がりといった社会的な動向を取り上げた上で，企業がいかに地域社会の問題と向き合わなければならないかについて確認した。つぎに，経営学において企業が地域社会といかに向き合うべきかが議論されてきたCSRについて基本的な概念を整理した。その上で，企業戦略とCSRの全体最適を図るためにポーターが提唱する戦略的CSRについて論じた。最後に，戦略的CSRを企業が実践するための望ましい組織体制について事例を交えながら検討した。

しかしながら，戦略的CSRの考え方にも課題や疑問は残る。第1に，CSRの偏狭化と同質化である。事業領域と近く，事業活動と統合可能な地域社会の問題およびその解決方法は限られる。すべての企業が戦略的CSRに集中すればするほど，解決が進む社会問題と放置される問題の二極化が深刻になる上，事業活動の同質化を促しかねない。第2に，CSRの硬直化である。目下，企業や社会を取り巻く環境は目まぐるしく変化している。そうした中，計画段階で戦略的CSRと受動的CSRを切り分けて選択と集中を促す枠組みは，柔軟性に欠ける可能性がある。それらの課題や疑問に鑑みれば，戦略的CSRは企業戦略を考える上で重要なことに変わりはないが，それだけに集中・特化するという考え方は改めるべきなのかもしれない。従来のCSRやフィランソロピーに位置付けられる取り組みであっても，差別化の要因になったり，環境の変化次第では優先すべき取り組みに変化したりする可能性もある。今後，戦略的CSRの一辺倒ではなく，多様なCSRに統合的に取り組むことができる企業戦略を検討する余地があるだろう。

【注】

（1）経団連「『企業行動憲章』の改定について」2017年（https://www.keidanren.or.jp/announce/2017/1108.html）2023年4月10日閲覧。

（2）経済産業省「SDGs経営／ESG投資の現状と課題」2018年（https://www.meti.go.jp/shingikai/economy/sdgs_esg/pdf/001_05_00.pdf）2023年4月10日閲覧。

（3）トヨタ自動車HP（https://global.toyota/jp/）2023年4月10日閲覧。

（4）日本経済新聞「五輪汚職，AOKI元会長ら有罪　利益追い揺らいだ信頼　東京地裁判決　組織委，統治不全浮き彫り」2023年4月22日付。

（5）Lush「ラッシュのエシカル憲章」（https://weare.lush.com/jp/lush-life/our-ethics/the-lush-ethical-charter/）2023年4月10日閲覧。

（6）経団連「経団連1%（ワンパーセント）クラブ」（http://www.keidanren.or.jp/1p-club/）2023年4月10日閲覧。

（7）Porter & Kramer（2006）

（8）Porter（2008），邦訳I，pp.343-348。

（9）Pfitzer et al.（2013）では，外部のパートナーと協力体制を構築する方法は，厳密には慈善団体や政府の支援を得る体制と，外部の起業家に資金を提供する体制に区分されている。しかし，本節ではあくまで企業自らが主体的に戦略的CSRを実行することを想定し，かつ対象とするステークホルダーを限定して考える必要も無いため，より広範に外部のパートナーと協力体制を構築する方法を検討していく。

（10）2020年8月に実施したインタビュー調査に基づいて記述している。

（11）2020年7月（アサヒビール）・9月（パナソニック）に実施したインタビュー調査に基づいて記述している。

（12）同上。

【参考文献】

Carroll, A. B.（1991），“The pyramid of corporate social responsibility: Toward the moral management of organizational stakeholders”, *Business horizons*, 34（4）, pp.40-48.

Kramer, M. R., & Pfitzer, M. W.（2016），“The ecosystem of shared value”, *Harvard Business Review*, October, pp.80-89.

Pfitzer, M., Bockstette, V. & Stamp, M.（2013），“Innovating for shared value”, *Harvard Business Review*, September, pp.100-107.

Porter, M. E. & Kramer, M. R.（2002），“The competitive advantage of corporate philanthropy.” *Harvard Business Review*, December.（「競争優位のフィランソロピー」『DIAMONDハーバード・ビジネス・レビュー』2003年3月号，24～43ページ）

Porter, M. E. & Kramer, M. R.（2006），“Strategy and Society: The Link Between Competitive Advantage and Corporate Social Responsibility”, *Harvard Business Review*, December.（村井裕訳「競争優位のCSR戦略」『DIAMONDハーバード・ビジネス・レビュー』2008年1月号，36～52ページ）

Porter, M. E.（2008），*On Competition*, Harvard Business School Press.（竹内弘高訳『［新版］競争戦略論Ⅰ』『［新版］競争戦略論Ⅱ』ダイヤモンド社，2018年）

Porter, M. E. & Kramer, M. R.（2011），“Creating Shared Value: How to Reinvent Capitalism　－ and Unleash a Wave of Innovation and Growth”, Harvard Business Review, January.（DHBR編集部訳「共通価値の戦略」『DIAMONDハーバード・ビジネス・レビュー』2011年6月号，8～31ページ）

KPMGジャパン（2023）「KPMGグローバルサステナビリティ報告調査」https://kpmg.com/jp/ja/home/media/press-releases/2023/01/big-shifts-small-steps.html（2023年4月10日閲覧）。

ソーシャルプロダクツ普及推進協会（APSP）（2023）「社会的課題の解決につながる商品・サービスを『購入したい』生活者は過去最高！ 一方で『意識と行動のギャップ』広がる。その解決策は⁉」（https://www.atpress.ne.jp/news/342646）2023年4月10日閲覧。

日本能率協会（JMA）（2021）「第42回 当面する企業経営課題に関する調査」https://www.jma.or.jp/img/pdf-report/keieikadai_2021_report.pdf（2023年4月10日閲覧）。

第14章

国際経営と経営戦略

近年，国際経営あるいはグローバル経営の動向が確実に進展しつつある。このような動向は，自然に企業規模の巨大化をもたらす結果となる。そういった意味で国際経営は成長戦略の主軸ともいえる。当然国内だけで展開している経営戦略とは異なるものが必要とされる。このような動向が見られるなか，日本企業もすでに新たな市場の開拓を目指して中国，アジア諸国，南米，アフリカなどの発展途上国に進出をしてから相当な年月が経っている。

私達に知られている大企業のほとんどはグローバルな事業展開を繰り広げている多国籍企業の形態的特徴を有している。実際に，1990年代以後多国籍企業の多角化の動向も，単に一国の国境を越えて行われる国際経営の観点から，地球全体を視野に入れたグローバル経営へと変わりつつある。本章では企業の経営戦略をグローバルな観点に焦点を当て，「企業がなぜ国際経営を行うのか」「そのための経営組織はいかに作り，運用するのか」そして「近年国際経営に成功しているYKK社のあり方には何があるのか」を中心に企業の国際経営戦略について明らかにする。

第1節　グローバル化と経営戦略

1. 多国籍企業とは

近年，国際化とグローバル化という表現があらゆる分野において登場するようになった。実際に，厳格な意味でこれらの用語を使い分ける基準は見当たらないが，最も一般的なものは以下のようである。まず，国際化（internationalization）とは「国内から国外へと規模の範囲を拡大すること」を意味する。言い換えれば，これは1つの国の中から外へと活動範囲を広げるという意味であり，発展の方向性を示している。さらに，自社が国内で従来まで培ってきた経営体制や運用を諸外国でもそのまま生かすという意味では自社の経営システムなどを複写するという意味にもなる。

次に，グローバル化（globalization）とは，一般的に「世界規模・地球規模での相互依存関係が進行する状態」を示す。すなわち，人・物・金・情報という経営資源が国境を越えて相互作用することを意味する。このような動向は，ピューリツァー賞を3度も受賞したフリードマン（Friedman, 2005）が2005年に著した『フラット化する世界』にもよく現れている。これは21世紀に入ってからはITなどの新しい技術力の出現によって「地球上のあらゆる人間との共同作業が可能になっている」ことを力説している内容である。

とくに近年では世界標準ともいわれているグローバル・スタンダードが重要な意味を有している。この世界標準と関連する重要なキーワードにデファクトスタンダード（De Facto Standard）がある。この用語は文字どおりでは「実質上の標準」という意味を有している。しかし，実際にはISO（international organization for standardization，国際標準化機構）やJIS（Japanese Industrial Standards，日本工業規格）のように標準化機構が定めた規格自体を指すのではなく，ある特定の市場において企業間で競争した結果，最も多い消費者群が受け入れた規準のことを指す。言い換えれば，企業のグローバル化はある意味では世界標準の規格に合わせた経営を目指すことになる。

また，このようなグローバル化における定義を背景に，その活動の主体である多国籍企業（multinational enterprise）に関するさまざまな定義も見られている。昨今あるグローバル化の波に最も重要な役割を果たしている主体が多国籍企業であることはいうまでもない。

図表14－1が示しているように，多国籍企業における定義はさまざまである。そのなかで最も代表的なものに国連の定義がある。これは「2カ国以上で財やサービスの生産や販売に従事している企業」である。その他にも事業展開する国の数（2カ国以上か6カ国以上か），売上高（20%以上か25%以上か），海外子会社の占める総資産額（20%以上か25%以上か）など実に多国籍企業を規定す

図表 14 − 1　多国籍企業のさまざまな定義

定義の主体	定義の内容
国連	2カ国以上で財やサービスの生産や販売に従事している企業
アメリカ国防省	資産を2カ所の国で有するすべての企業
ハーバード大学の多国籍企業プロジェクトチーム	6カ国以上に子会社をもつ企業
ロルフ（Rolfe, S. E）	売上，投資，生産，資産のいずれかが全体の25%以上ある企業
バーノン（Vernon, R.）	共通の所有者によって統合され，売上高1億ドル以上を有しており，共通の経営戦略をもって対処し，少なくとも6カ国以上で活動しており，さらに少なくとも総資産の20%以上が海外子会社のこれで占める企業

出所：佐久間信夫（2013）『多国籍企業の戦略経営』白桃書房，1～3ページ。

る基準はさまざまであることがわかる。この多国籍企業は基本的に親会社と海外子会社から構成されているものを指す場合が多い（吉原，2015）。同一の経営単位のなかで多くの国籍を抱えて事業活動を営んだ結果，自然に生まれたイメージであろう。当然，彼らは多くの国籍を有する企業で構成されているため，多くの文化，政治，宗教などを国際経営において既定のものとして受け入れざるをえない状況に置かれている。

多国籍企業という概念が登場したのは，1960年代に開催されたあるシンポジウムであった。そこでリリエンソール（Lilienthal, D.）は自分の講演で初めて多国籍企業という概念について触れた（山崎・竹田，1982）。実際に「多国籍」を表す英語には，Multinational，International，World，Transnational，Globalなどがある。しかし，近年多国籍企業を表す英語表記には主にはmultinational enterpriseあるいはmultinational corporationに収斂しつつある。

日本を代表する企業であるパナソニックを例として取り上げると，日本の親会社と海外の子会社がともに多くの国籍を有する企業であることが明らかである。一般的に，多国籍企業の場合，親会社と多くの子会社は同一の戦略の下で

図表14－2　パナソニック（本社）と子会社

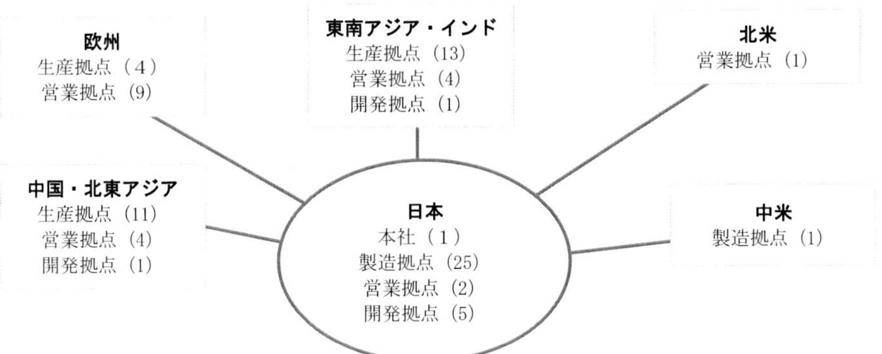

出所：パナソニック拠点一覧（https://www.panasonic.com/jp/industry/outline/map.html）2023年4月20日閲覧）を一部修正して作成。

マネジメントされている。ということで，海外の子会社は，本国の親会社によってすでに定められた経営戦略の枠組みのなかで経営を行わなければならない制約を受けることになる。図表14－2ではパナソニックのグローバル組織について明らかにしている。同図表が示しているように，同社は日本に本社と子会社を置くが，それ以外に欧州，北米，中国・北東アジア，中米，東南アジア・インドという地域にも生産拠点・販売拠点・開発拠点の海外子会社を設置していることがわかる。

では国際経営とは何か。吉原（2015）によれば，「国境をこえて行われる経営」を指すという。当然売上高や収益の多くを一国の枠をこえた経営活動によって獲得することになる。このような観点はそもそも自国を主軸にして世界をみる狭い経営に留まっているため，近年では世界全体を見渡す「グローバル経営」へと観点を変えなければならないという主張も散見される（大滝・金井・山田・岩田，2006）。たとえば，2000年代以後急に登場したGAFAM（ガファーム）が採用した規格が世界標準となったため，それらへ適合した的確で迅速な経営戦略の構築が必要とされている。ここでいうGAFAMとは，グーグル，アップル，フェイスブック（現在はメタに社名を改名），アマゾン，マイクロソフトの頭文字をとった企業群を指し，ICTを主軸としたプラットフォームの基盤構築とビッグデータやAI技術を駆使した差別化戦略が採用されるなどの特徴を有している（文，2023）。

2．企業が国際経営を行う理由

先述したように，企業が国を超えて海外に事業展開を行う際，数えきれない障壁を乗り越えなければならない。そういった面では，海外での事業展開は，自国内では経験しない不確実性・複雑性・多様性に直面することになる。

ではなぜ企業は多国籍化を図り，海外直接投資（Foreign Direct Investment: 以下FDIとする）を行うのか。現地企業と比較してさまざまな面において不利な立場にある多国籍企業がFDIを行う理由について理論的に考察した数多くの研究者がいる。ここでは数多くの理論のなかで以下の4つの代表的な理論について紹介する。

第1に，製品のライフサイクルに基づく認識である。これは国際経営理論の巨匠のバーノン（Vernon, R., 1966）の主張するものである。彼は1960年代に米国の多国籍企業に見られる行動原理に着目した。それがプロダクト・ライフ・サイクル理論に基づくものであるという。ここでいうプロダクト・ライフ・サイクル理論とは，人間の歩みと同様に，導入期 → 成長期 → 成熟期 → 衰退期というプロセスを経て，市場において製品の寿命も尽きるという考え方に基づいている。とくに注目すべき点は，製品のライフサイクルの変化とともに先進国から発展途上国へと販売拠点を移転するという認識である。日本の企業をたとえると，ゲーム機メーカーの任天堂は，自社製品として，ファミコン（88年3月～98年3月），スーパーファミコン（91年3月～99年3月），ニンテンドー64（97年3月～03年3月），ゲームキューブ（02年3月～09年3月），Wii（07年3月～16年3月），Wii U（13年3月～18年3月），ニンテンドースイッチ（17年3月～現在）を発売した。確かに同社は初期の段階において日本で衰退期を迎えた自社製品を途上国に販売拠点を変えて販売する戦略的な動向があった。しかし，近年では先進国で衰退期を迎えた製品を発展途上国へ販売する経営戦略はますます困難になっている。なぜなら，発展途上国の経済的発展とともに，その移行期間が短くなっているため，製品のライフサイクルを利用した経営戦略は徐々に通用しなくなっている。

第2に，多国籍企業が有する「優位性（advantage）」がある（Hymer, S. H., 1976)。ハイマーによれば，海外市場での不利な立場を克服するためには，現地企業にない何らかの優位性をもたなければならないという。世界市場の不完全性を克服するためには，自国内で開発される企業特有の優位性（firm specific advantage）をもっていなければならないという。企業特有の優位性には，現地企業が実現できない低コストの生産要素の購入，効率的な生産関数に関する知識，効率的な流通システムの構築，差別化できる生産物などが存在する。

ここでは日本マクドナルドの事例を取り上げる。同社は1971年に日本で創立されたが，設立当時はマクドナルド本社50%，藤田商会40%，藤田田氏10%の持ち分を所有する合弁会社の形態であった。その後，2001年度に藤田商会と藤田氏が株式を売却し，株式の所有構造に変化が現れた。2022年12月31日現在米国のマクドナルド本社が49.19%，個人株主が47.35%，金融機関が2.23%，その他1.23%という順で株式を保有している[(1)]。同社は自社の優位性として時代の流れに即した商品開発，優れた販売促進プログラムを開発し，日

図表14－3　日本の外食産業の出店状況

順　位	企業名	海　外	国　内
1	吉野家	954（23年3月現在）	1195（23年3月現在）
2	味千ラーメン	776（20年3月現在）	74（20年3月現在）
3	モスバーガー	457（23年3月現在）	1274（23年3月現在）
4	ペッパーランチ	319（22年10月現在）	164（23年3月現在）
5	やよい軒	245（23年2月現在）	364（23年2月現在）
6	元気寿司	230（23年3月現在）	188（23年3月現在）
7	CoCo壱番屋	210（23年2月現在）	1217（23年2月現在）
8	8番らーめん	155（23年1月現在）	288（23年1月現在）
9	さぼてん	101（22年12月現在）	70（22年12月現在）
10	ワタミ	47（23年3月現在）	367（23年3月現在）

出所：各社ホームページより筆者作成。

本だけで3,000店舗を擁する経営体制まで成長を成し遂げた。

一方，近年ではトヨタやパナソニックなどの製造業分野だけでなく，図表14－3が示しているように，外食産業の分野においても海外での出店が急激に増加している傾向を見せている。

第3に，取引の内部化についてである（Buckley and Casson, 1991）。ここでいう内部化とは，企業が必要とする経営資源を企業内部に押さえておくことによって，競争上の劣位や経営上の不安定的な要素を未然に防ぐことである。同理論ではとりわけ進出国での市場取引より自社内で調達することが取引コストの面においてより節約が期待できると予測される場合，取引の内部化を選択し，競争優位性を維持しなければならないという。これはコース（Coase, R. H.）やウィリアムソン（Williamson, O. E.）などによって注目された取引コスト理論を多国籍経営理論に援用したものであると思われる。要するに，海外での事業展開上予想される政治的・経済的・文化的課題などさまざまな不安要因に未然に備えるために，多国籍企業による現地での垂直的統合が有利であるという考えを擁護するものとして理解されている。

さらに，現地企業による独占や寡占などの不完全競争を乗り越えて現地に進出するためには，FDIによる垂直統合が有効であるという。要するに，FDI自体が取引コストの節約を可能にするため，その設立が必要と思われる組織（多国籍企業）が必要である。ここでいう取引コストには，一般的に①新しい相手を探す費用である「探索費用」，②問題があったら調整する費用である「調整費用」，③取引相手を変える費用である「変更費用」，④取引相手に信頼を得るためにかかる費用である「信用形成費用などがある。これについては，現地で起こりうる不確実性や複雑性に加え，人間の情報処理能力の不完全性が原因で発生する「限定された合理性（boundary rationality）」も多国籍企業による垂直的統合が有利になるという理論的基盤となっている。

しかし，現実の世界では現地市場での取引も，多国籍企業による内部化傾向も併存しているのが現状である。これを安室（2009）は多国籍企業の「限界有効性」と呼んでいる。その限界有効性があるため，すべての分野において垂直統合せずに現地の状況に見合った適正規模を構築することが重要であるという。

第4に，多国籍企業側の要因と受け入れ国の要因についてである（Dunning, 1993, Dunning and Lundan, 2008）。この考え方は，OLIパラダイムともいわれ，多国籍企業がFDIを行う理由を説明する有効なツールとして認識されている。ここでいうOLIパラダイムとは，「所有特殊的優位性（ownership specific advantage）」，「立地特殊的変数（location specific variables）」，「内部化インセンティブ変数（internalization incentive advantage）」の頭文字を指し，これらの諸要因は企業が多国籍化のために意思決定を行う際に，その基礎をなす潜在的な優位性の源泉になるという。要するに，多国籍企業が現地に進出するためには，現地企業が保有していないこれらの優位性が必要不可欠であるという。

この優位性には，まず，技術，知識，ノウハウ，R&D能力，企業規模など，進出国の企業にはないユニークな有形・無形資産を保有することで獲得できる優位性の「所有特殊的優位性」がある。第2に，進出先の選定条件として政治・経済・社会・文化的な要因だけでなく，各国拠点間の距離を考慮した「立地特殊的変数」がある。最後に，進出国の市場取引を断念し，企業内で経営資源を獲得する際に期待できる「内部化インセンティブ変数」がある。

ダニングはこの理論が登場した背景として従来の理論展開の統一性が欠如している問題を指摘した。彼は産業組織論，内部化理論，立地論を統合した考えとして折衷理論（eclectic theory）の重要性について強調した。

第2節　国際経営に必要な戦略と組織

海外に事業展開する場合に考慮すべき課題には大きく2つがある。全社的な視点で統合的な運営を行うことによる規模の経済性を維持すること（golobal intergration）と，現地適合の視点で各地での最適化を図ること（local responsiveness）がある。両者はトレードオフの関係にある。前者のグローバル統合は，効率性と関連する課題である。すなわち，多数の進出国に進出する企業に対して全体的に効率性を高めるために，いかに共通性を追求するかに関する課題である。一方で後者のローカル適合は，グローバル統合だけでは見えない地域の特殊性や異質性へいかに適合するかに関わる課題である。いずれにせよ，この両者に偏らず適切な均衡を保つことは多国籍企業の発展と維持に重要な要因となっている。

さらに，企業は事業活動を海外にまで拡張する際には，完全子会社，合弁事業，カルテル，ライセンシング（技術供与），フランチャイズ契約，長期契約などさまざまな形で行われる。ここで取り上げた手法は資本関係や提携関係の程度によるものである。たとえば，完全子会社にする場合は，グリーンフィールド（新規設立投資）か，現地ですでに設立されている企業を買収するかの選択に迫られる。当然海外進出の経験が浅い企業の場合は，進出国での不確実性を減少させるために企業買収の形態を選好する。しかし，大規模で海外進出の経験豊かな多国籍企業の場合は，新規設立投資などの形態をより好む傾向を見せている。しかし，企業買収を行う際には，現地の文化，法律や会計基準の相違点に直面するため，相当なリスクを負わなければならない。

「現代はVUCA（ブーカ）の時代」といわれるほど経営環境を取り巻く変化は激しい[(2)]。ここでいうVACAとはVolatility（変動性），Uncertainty（不確実性），Complexity（複雑性），Ambiguity（曖昧性）を表す用語であるが，本来冷戦後激しく変動している国際情勢を示す用語として，1990年代ごろから米軍で使用され始めた軍事用語である。近年の現代企業をめぐる経営環境の激しい変化は，現代企業が直面せざるを得ない数多くの課題を生み出す主因となっている。当然でありながら，グローバルな事業展開をする多国籍企業は，自国中心に事業展開を繰り広げている企業と比べものにならないほどの劇的な変化にさらされることになる。

では多国籍企業はこのような経営環境のなかでいかなる形態とプロセスで発展するかについて検討する。ガルブレイスとネサンソン（Galbrath and Nathanson, 1989）によれば，多国籍企業の発展は，図表14 − 4が示しているように，海外進出（第1局面）→ 子会社の発達（第2局面）→ 地域別編成（第3局面）→ 国際的統合（第4局面）→ 世界的構造の展開（第5局面）というプロセスを経て行われるのが一般的であるという。しかし，このようなプロセスは必ず同様のパターンで行われるのではなく，当該企業の置かれている経営上の特

図表 14 − 4　多国籍企業の発展のイメージ

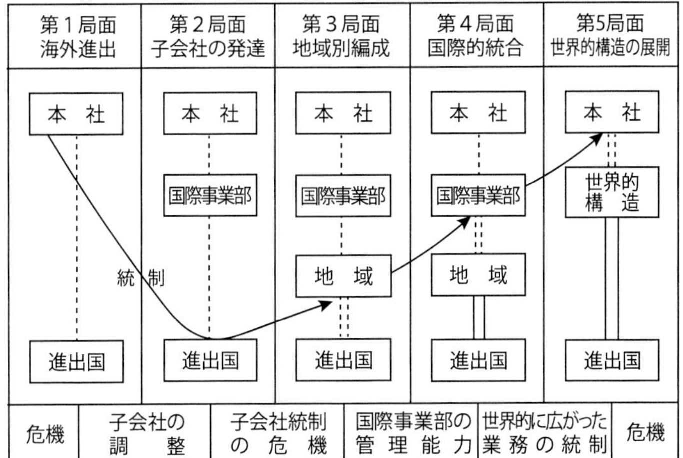

出所：ガルブレイス，J. R.・ネサンソン，D. A. 著・岸田民樹訳（1989）『経営戦略と組織デザイン』白桃書房，130 ページ。

殊な状況によって変わる可能性もある。

一方，国内企業に留まっていた企業が，グローバルな事業展開を遂行する多国籍企業に成長するためには，一定の組織構造が必要とされる。この組織構造は，集権的な組織構造と分権的な組織構造に大別される。この区分は，意思決定の権限をいかに分配するかによるものである。両者はトレードオフ関係にあるという。吉原ら（1981）によれば，過度の分権化は成長性という面では有利であるのに対し，過度の集権化は収益性という面で優れているという。これらの集権化と分権化の程度は多国籍企業の多角化の程度と強い関連性があるという。すなわち，いかなる集権化と分権化の適合形態を形成するかによって，収益性と成長性のバランスがとれた望ましい組織形態が形成されることになるという。

前者の集権的組織構造は，①意思決定の権限と責任を下位に委譲せず，トップマネジメントが意思決定の全権を掌握する，②意思決定の迅速さなどのメリットはあるが，現場レベルでの情報が吸い上げられないなどの問題が指摘されている。これに対し，後者の分権的組織構造は，①意思決定権限を下位に委譲すること，②意思決定権限のある組織の階層が低いことなどの特徴を有している。集権的組織構造が陥りやすい官僚制組織の限界をいかに克服し，市場の多様性に適合した組織構造を構築するかが，現代の多国籍企業の経営者たちが抱えている主要な課題として認識されている。

この集権化と分権化という考え方は，多国籍企業における本国本社と海外子会社との関係においても当てはまる。多国籍企業の国際展開の背景には，各社が抱えている市場環境，産業構造，財務状況などが異なる状況がある。これらの諸条件を勘案しながら，本社ではそれらの状況に見合った戦略と組織を備えることになる（中村，2016）。具体的には，①本国本社に諸機能の相当な部分を委譲し，本社主導の経営活動を採用して中央集権化を図る企業，②海外子会社に対し，経営全般に関する意思決定の権限の責任を付与する企業，そして，③市場のニーズや政治・経済などの諸条件が似通っているため，世界をいくつかの地域に分割し，地域単位で戦略の立案・遂行を行う地域統括会社（Regional Headquarter：RHQ）を設置し，本社機能を委譲する企業などがその典型的なパターンである。

先述したように，本国本社に求められる機能には，全社的な視点で迅速な意思決定を行い，指揮統括で全体最適化を図ることがある。しかし，本社機能をあまり強化し過ぎると，現地子会社が進出国で生じうるさまざまな問題に対して迅速かつ的確に対応することが困難になる。逆に，海外子会社に自由な意思決定を与えすぎると，望ましくない不正や無責任なマネジメントなどの弊害が発生しうることにもなる。したがって，海外市場に進出する初期の段階においては本社機能を強化し，ある程度現地化に成功したならば，徐々に現地子会社に意思決定の権限と責任を委譲する形が一般的な傾向である。

1960年代後半から1970年代にかけて欧州で出現したとされる地域統括会社は，1990年代に入り，欧州地域における経済的地域統合をきっかけに再び増加傾向にあるという。日本を代表する自動車メーカーであるトヨタは，図表

図表14－5　トヨタ自動車の統括会社

会社名	設立年度	主な活動
Toyota Motor Asia Pacific Pte Ltd.（TMAP-MS）	1990年7月	アセアン各国への部品供給とアジアでのマーケティング販売サポート
Toyota Daihatsu Engineering & Manufacturing Co., Ltd.（TDEM）＊1	2003年9月	アジア・新興国向けの車両開発，生産事業会社への業務支援
Toyota Motor（China）Investment Co., Ltd.（TMCI）	2001年7月	中国での渉外・広報活動，レクサスなど輸入車の販売

＊1　2017年4月にToyota Motor Asia Pacific Engineering and Manufacturing Co., Ltd.（TMAP-EM）より名称変更。

出所：トヨタ統括会社（https://global.toyota/jp/company/profile/facilities/manufacturing-worldwide/asia.html）2023年4月26日に閲覧。

14－5が示しているように，アジアや中国地域を統括する企業が1990年代から設立されていることがわかる。

吉原（2015）によれば，日本企業（とくに製造業）の国際経営戦略は，時系列的な変化を成し遂げているという。まず，日本企業の国際経営の黎明期ともいわれる1950年代から60年代までの間には，中南米や東南アジアの発展途上国での現地生産のために海外事業部が設立された。この海外事業部は，輸出比率が高い企業に見られた。同組織は，輸出部と海外事業部を別に設立するタイプと，海外事業部のなかに輸出部が置かれるタイプという2種類のタイプに大別される。1980年代には，海外事業部制とグローバル事業部制が併存する多国籍企業が多々出現した。さらに，その後の1990年に入ると，世界的製造別事業部制や世界的地域別事業部制も採用されるようになった。

第3節　多国籍企業の戦略的提携

企業がグローバルな事業展開を遂行する際に入手できる戦略的メリットには，①コストの優位性，②法人税率など政府の政策の相違の活用，③自社の学習を奨励するための参入，④ライバル企業の戦略的意思決定や活動への影響などが想定できる（Saloner and Shepard and Podony, 2001）。このような戦略的なメリットを生かしながら，政治・経済・法律・社会および文化的背景や制度の相違というリスクを回避する手法として戦略的提携が注目されている。同手法は，近年通信・半導体・自動車・コンピューター・マルチメディア・家電というハイテク産業分野に頻繁に見られている。製品のライフサイクルの短縮を背景に，先進企業間の共同研究開発，共同販売，新市場開拓を目指した提携の形態がしばしば見られている（林・古井，2012）。技術開発成果の国際標準化，相互交換などの成果は，プロジェクトに参加する企業にとっては戦略的提携を持続する大きな誘因となっているといえよう。

一般によく知られている戦略的提携の事例は，日米の自動車メーカー間で長年にわたって行われてきたものがある。具体的にトヨタとGM，三菱自動車とクライスラー，フォードとマツダなどがその代表的なものである。このように国をまたがって国際的に展開されていた多国籍企業間の戦略的提携は，自動車業界ではすでに一般化されたパターンとして認識されている。たとえば，トヨタとGM間の戦略的提携が行われたのは，シボレ・ノバという小型車一車種に限られていた。GMの立場からは，高品質の小型車を，高収益率を確保しつつ製造する手法を学習する意味はあっても，トヨタからデザイン能力を手にする目的ではなかった。

一方で，近年見られる日米韓台の企業におけるグローバルな次元での戦略的提携は先述した自動車メーカー間の単純な提携より，さまざまな事情でより複雑な展開を見せている。これは，具体的に日本のシャープ，米国のアップル，韓国のサムスン，そして台湾の鴻海という4社により，2012年度から2013年度に渡って行われたものであり，戦略的経営の類型，目的，パワー関係などの

図表 14 − 6　日米韓台の戦略的提携

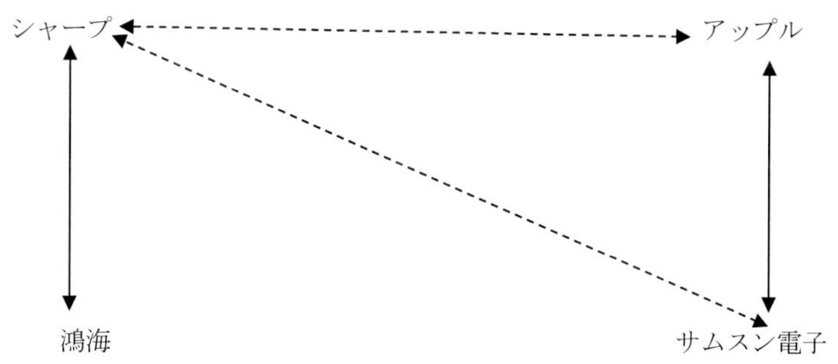

出所：『日本経済新聞』2012 年 7 月 13 日朝刊より作成。

面において各々複雑な形で展開されている。

図表 14 − 6 が示しているように，スマートフォンのモノづくりをめぐる多国籍企業間の取引は，実に目まぐるしい展開がなされている。

まず，同図表が示しているようにアップル・サムスン電子間の業務提携と，シャープ・アップル間，シャープ・鴻海間，シャープ・サムスン電子間の業務資本提携が行われていることがわかる。興味深いのは，シャープ・アップル間，シャープ・鴻海間，シャープ・サムスン電子間の業務資本提携に見られるように，2 社間の必要に応じて単なる業務提携の次元から，業務・資本提携へと取引関係を強化する方向に行く形と，アップル・サムスン電子間に見られるように単なる業務関係に止まっているケースもあることである。とくに，後者の場合は，新聞やニュースなどのマスコミによく取り上げられているように，取引の初期段階ではサムスン電子がアップルに半導体やディスプレイなどのようなスマートフォンの性能を左右する中核部品を納入する段階では友好な関係だったが，サムスン電子が完成品を制作してスマートフォン市場に参入すると，敵対関係に変わったケースもある。

第 4 節　YKK の事例

ここではグローバルな経営戦略に成功したと知られている YKK について紹介する（高橋，2022）。YKK 社は主にファスニング事業，工機事業，AP 事業（住宅や建材事業）などの分野で事業ドメインを有している。ここでいうAP事業部門とは，暮らしのために必要とされる，窓，ドア，ファサード，住宅建材，カーテンウォールなどの制作に関連するものである。創業者である吉田忠雄は創業当初YKKの前身であった会社を「サイエンス商会」という社名にした。現在のYKKという社名は，「吉田工業株式会社」（Yoshida Kogyo Kabushikikaisha）に改名したことに由来する。その後，同社はグローバルな事業展開を積極的に行った際に，さらに現在のYKK（YKK Corporation）に変えたという。同社はファスナー事業が軌道に乗り始めた段階において当時の社長であった吉田によって強く海外への事業拡大を目指した。国際化に成功した企業のルーツを辿っていくと確認できることは，それに率先してプロアクティブにチャレンジする中心的な人物が必ず存在することである。

高橋（2022）によれば，創業者であった吉田には国際事業に対する優れた企業家精神があるという。すなわち，長期にわたって国際事業を牽引している企業家的リーダーが，若い時から異文化と触れ合い，「原体験」していることであった。その具体的な内容には，①強い好奇心，②開拓者精神，③確固とした経営ビジョン，④ロマンチスト，⑤インターナショナル・ヒューマニスト，⑥専門的交渉能力，⑦人一倍の勉強家，⑧平常心の業務遂行能力などがある。

『ニュースウィーク誌』日本版の2019年4月27日の記事によれば，YKK社は日本を本拠とする世界一のジッパーメーカーであり，年間売上高100億ドル，世界市場シェア40％という目覚ましい業績を誇るという。同記事によれば，YKKがファスナーで世界1位になった理由について，以下のように述べられている。

「YKKのジッパーが成功したのは輸出のおかげではない。一企業が国外に投資し，工場を建設したおかげだ。YKKは現在，73カ国に100前後の完全子会社を持つ。中略　生活でスピードが重視されるようになり，ファッション業界が目新しいものを求め始めた結果，ジッパーはついに必需品となった。」

実際に，1960年代にファスナー市場を席捲していたのは米企業のタロンという会社であった。しかし，タロン社は当時優位に立っていた地位に甘んじていたため，生産性向上の努力を怠っていた。結果的に，他社製品に比べて価格

図表 14 － 7　YKK の組織図（2023 年 4 月 1 日現在）

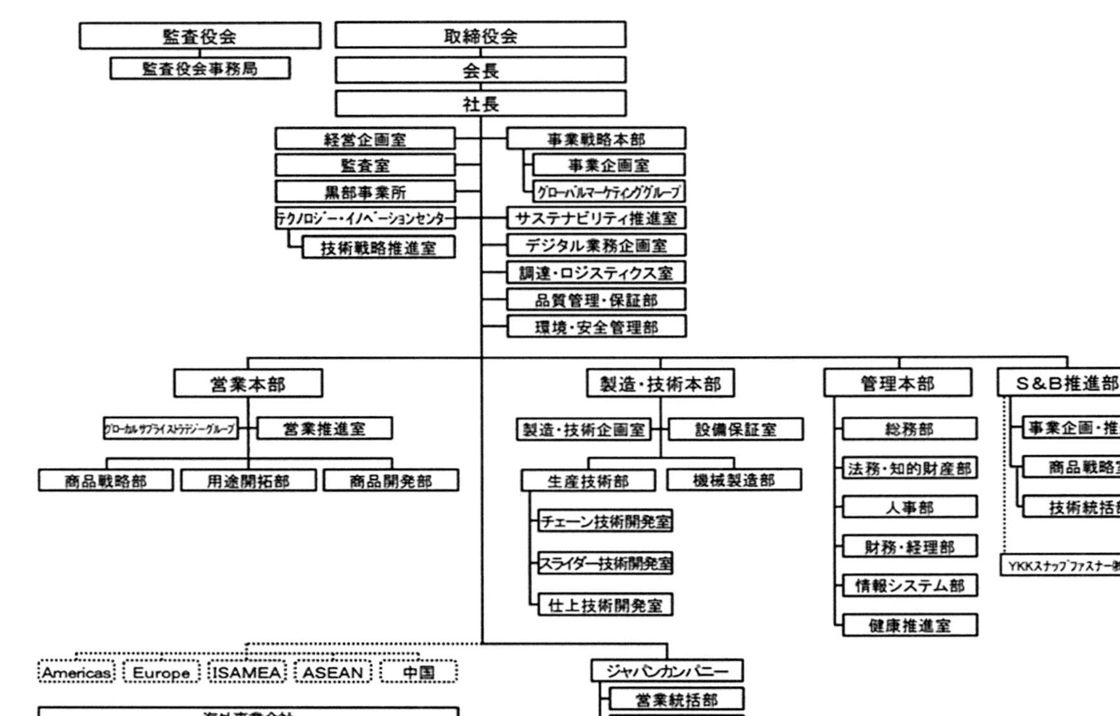

出所：YKK 社のホームページ（https://www.ykk.co.jp/）2023 年 4 月 22 日に閲覧。

が高すぎるなどの問題が発生し，競争優位性を維持できなかったという。

1970年代半ばダニングが提唱した折衝理論によって，YKKのような多国籍企業が行った対外直接投資について分析され，その有効性が証明された。ダニングは国境を越えて事業を展開する際にはさまざまな資産を保有することが優位性を維持できる要因であると主張した。当時ファスナー業界で圧倒的な地位を保っていたYKKは工作機械のノウハウを蓄積し，競合他社との差別化に成功した。主に素材や設備を集中的に投資し，積極的に邁進した戦略が奏功したという。他社から調達したものはプラスチックのペレットと合金のみであり，その合金も自社内で開発する程自社の独自の高い技術力を維持するために力を入れている。

同社では，基本的にファスニング事業とAP事業を結ぶ事業戦略をとり，製造・技術本部で両事業部にまたがる内部取引が行われている。1985年以後は事業部制へと主軸を変え，各事業部に事業責任をもたせている。さらに，2021年4月に見られる新たな変化には，経営・製造・技術・管理という各々の機能

図表14－8　YKKのGMGの活動例

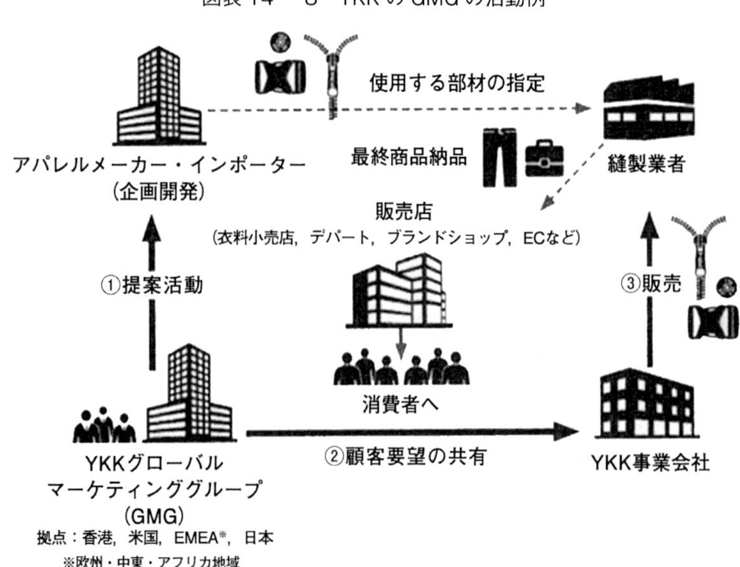

出所：YKK株式会社『This is YKK 2021』統合報告書。高橋浩夫（2022）『YKKのグローバル経営戦略』同文館出版，63ページ。

的分野においてフラットな組織体制へと変換したことが注目されている。

YKK は大手アパレルメーカーの戦略に対応するために，各国の垣根を超えた組織である GMG（Global Marketing Group）を設立した。図表 14 － 8 が示しているように，YKK 社が発行している報告書である『This is YKK 2022』によれば，YKK には国をまたがって形成されている GMO が設置されている。同組織を利用することの最大のメリットは，商品の企画段階から YKK 社の商品を指定してもらうことにある。要するに，同組織の主な目的は，顧客ごとに専属の担当者を配置させ，世界各国から顧客の声を積極的に聞き入れる提案活動を行うことにある。とくに，1990 年代以後は，新たな商品づくりのために従来の体制と異なる独特なビジネスモデルを構築しているという。近年では顧客からの要望を聞き入れながら，サステナビリティとデジタル化にも専念していることがわかった。

【注】

（1）「日本マクドナルド株式会社の 2022 年度財務報告書」（https://ircms.irstreet.com/contents/data_file.php?template=1546&brand=74&data=375527&filename=pdf_file.pdf）2023 年 4 月 29 日閲覧。

（2）経営環境の激しい変化を表す概念である VUCA については，バンカジュ・ゲマワットン著，琴坂将広訳『VUCA 時代のグローバル戦略』東洋経済新報社，2020 年。そして Bennett, N., and Lemoine, G. J. (2014), What a difference a word makes: Understanding threats to performance in a VUCA world, *Business Horison*, Vol.57, Issue 3, pp.311-317. を参照すること。

【参考文献】

Bennett, N., and Lemoine, G. J.,（2014）, “What a difference a word makes: Understanding threats to performance in a VUCA world”, *Business Horizon*, Vol.57, Issue3, pp.311-317.

Buckley, P. J. and Casson, M. C.（1991）, *The Future of the Multinational Enterprise 2nd edition*, The Macmilan Press.（清水高雄訳『多国籍企業の将来　第 2 版』文眞堂，1993 年）

Dunning, J. H.（1993）, “Internationalizing Porter's Diamond”, *Management International Review*, Vol.33, pp.7-15.

Dunning, J. H. and Lundan, S. M.（2008）, *Multinational Enterprises and the Global Economy , Second Edition*, Edward Elgar.

Farrar Straus & Giroux.（伏見威蕃訳『フラット化する世界』日経 BP，2017 年）

Friedman, T. L.（2005）, *The World Is Flat: A Brief History of the Twenty-first Century*,

Hymer, S. H.（1976）, *International Operations of Foreign Firms: A Study of Direct Foreign Investment*, MIT Press.（宮崎義一訳『多国籍企業論』岩波書店，1979 年）

Saloner, G. and Shepard, A. and Podony（2001）, *Strategic management*, John Wiley & Sons, Inc.（石倉洋子訳『戦略経営論』東洋経済新報社，2002 年）

Vernon, R.（1966）, "International Investment and International Trade in the Product Cycle", *Quarterly Journal of Economics*, Vol.80, No.2, pp.190-207.

安室憲一（2009）「『内部化理論』の限界有効性」『立教ビジネスレビュー』第 2 号，9 ～ 17 ページ。

大滝精一・金井一頼・山田英夫・岩田智（2006）『経営戦略（新版）』有斐閣。

ガルブレイス，J. R.・ネサンソン，D. A. 著，岸田民樹訳（1989）『経営戦略と組織デザイン』白桃書房。

佐久間信夫（2013）『多国籍企業の戦略経営』白桃書房。

佐久間信夫編著（2016）『多国籍企業の理論と戦略』学文社。

高橋浩夫（2022）『YKK のグローバル経営戦略』同文館出版。

竹田志郎（1998）『多国籍企業の理論と戦略』文眞堂。

中村公一（2016）「多国籍企業の集権化と分権化―本社機能と地域統括会社」佐久間信夫『多国籍企業の理論と戦略』学文社。

林倬史・古井仁編（2012）『多国籍企業とグローバルビジネス』税務経理協会。

バンカジュ・ゲマワットン著，琴坂将広訳（2020）『VUCA 時代のグローバル戦略』東洋経済新報社。

文載皓編著（2023）『現代の経営組織論』創成社。

山崎清・竹田志朗（1982）『テキストブック国際経営』有斐閣ブックス。

吉原英樹・佐久間昭光・伊丹敬之・加護野忠男（1981）『日本企業の多角化戦略―経営資源アプローチ―』日本経済新聞社。

吉原英樹（2015）『国際経営　第 4 版』有斐閣アルマ。

第15章

DX戦略

第1節　DXとは

1. デジタルとIT

（1）DXの定義

本章で取り上げるDX（Digital Transformation）とは，ストルターマンとフォース（Stolterman & Fors）が「デジタル技術が人間の生活のあらゆる側面に引き起こす，または影響をもたらす変化[(1)]」と提唱したところから始まった。

なお，Transとは「向こう側へ」を意味する接頭語であり，英語圏の慣習で省略の際は“X”と表記するため，DXという記述になる。

日本においては，経済産業省（2022）がDXの定義を行い，「企業がビジネス環境の激しい変化に対応し，データとデジタル技術を活用して，顧客や社会のニーズをもとに，製品やサービス，ビジネスモデルを変革するとともに，業務そのものや，組織，プロセス，企業文化・風土を変革し，競争上の優位性を確立すること」としている。この定義には，企業が事業にデジタルを取り入れることで，イノベーションを実現し，持続可能な経営体制を確立してほしいという国家的なメッセージが込められている。

その背景には，DXにおける日本の経営者の関与が十分ではないという状況がある。JEITA・IDC Japan（2021）の調査によると，「DXの戦略策定や実行に経営陣自ら関わっているのか」という質問に対して，日本の企業が約36％にとどまったのに対し，米国の企業は約54％と半数を超えており，大きな差がついている。

DX の実現においては，経営者が DX の戦略策定や実行に直接関与し，先頭に立って推進する姿勢が求められる。

（2）デジタルと IT の違い

デジタルとは別に IT（Information Technology，情報技術）という言葉も使用される。デジタルと IT との違いは何だろうか？

IT は，主に，情報技術を販売する企業の売り物として使われている。たとえば，IT ベンダ（IT を販売する企業を指す），IT 製品，IT サービス等である。

一方，デジタルは，IT を事業活動に採用し活用するユーザーが使う用語となっている。

つまり，デジタルという言葉が多用されるようになった背景には，IT が多くのユーザーの活動に浸透し，ユーザー主導になったことをあらわしている。

2. 国ごとの違い

（1）日本企業におけるデジタル化の特徴

日本企業には，IT システムの導入において，他国とは異なる独特の取り組みがあることを理解する必要がある。

まず，多くの日本企業は企業内で活用する IT システムを導入するため，「情報システム部」という組織を設置している。つまり，経営者が直接，IT システムに関与するという仕組みにはなっていないことが多い。

情報システム部は，企業の代表として IT ベンダに IT システムを発注する。この際，日本企業は，自社の業務に合わせた特注の IT システムの作成を IT ベンダに依頼するという特徴がある。

具体的には，情報システム部が，提案依頼書（RFP：Request for Proposal）を作成し，発注先候補である IT ベンダに提案書の作成を依頼する。IT ベンダは，提案依頼書に応える形で提案書や見積書を作成し，これが認められると受注するという独特のプロセスである。

こうした状況から，日本においては，IT に詳しい人材は IT ベンダ側に多く存在しており，IT ベンダ側が企業の IT システムの構築を主導するため，デジ

図表15－1　デジタル化に関する国ごとの違い

	日本	米国・欧州
経営者の関与	薄い （高まりつつある）	直接関与 （ビジネスモデル創出）
中心部門	情報システム部	経営者
業務システム	特注	パッケージソフトウェア （そのまま使用）
IT人材の所在	ITベンダ	ユーザー企業
デジタル化の 目的	曖昧なこともある （主に業務に合わせる）	明確

出所：筆者作成。

タル化の目的も曖昧になりやすいという特徴がある。

（2）米国や欧州の企業におけるデジタル化の特徴

米国や欧州では，経営者が直接，経営のデジタル化に関与する。経営者が，自らデジタルを活用したビジネスモデルを創出し，新たな事業を切り拓くことが業務となっている（図表15－1）。

こうした企業では，デジタル化の専任役員としCDO（Chief Digital Officer）やCIO（Chief Information Officer）を置いている。あるいは，経営のトップであるCEO（Chief Executive Officer，最高経営責任者）やCOO（Chief Operating Officer，最高執行責任者）がデジタルを活用した事業を先頭に立って推進している。こうした動向に影響を受け，最近では日本企業もCDO等の役職を設置し，経営者がデジタル化を推進する企業も増えている。

また，米国や欧州の企業には，業務用のITシステムにおいてITベンダから提供されるパッケージ・ソフトウェアをそのまま利用し，特注はしないという特徴もある。

その理由は，ITベンダが業務用のパッケージ・ソフトウェアに優良企業の業務プロセス（Best Practice）をあらかじめ反映しており，常にオンラインで最新版に更新されるため，特注する必要はないと考えているためである。業務システムを特注しないため，情報システム部門は必要なく，設置もされていない。

結果として米国や欧州では，ITを活用するユーザー側にITに詳しい人材が多く存在しており，デジタル化の目的も明確であるという特徴がある。

3. DXへの取り組み

経営におけるデジタル活用は，あくまでも手段であるため，目的が重要である。デジタルを活用するからといって，これまで学んだ経営戦略の理論やフレームワークが変化するわけではない。

むしろ，経営が戦略の理論やフレームワークの活用を前提に，デジタルをうまく活用すれば，その効果が加速するということを忘れてはならない。

そのため，企業の使命であるミッション（Mission）や存在意義としてのパーパス（Purpose）が重要であり，デジタル化の推進においてもミッションやパーパスを定め，目的を明確化することが重要である。

企業におけるDXは，前段の「Digital」よりも後段の「Transformation」が重要である。企業を変革（Transformation）するためにミッションやパーパスを明確に掲げ，その実現に向けて経営戦略論の理論やフレームワークを活用し，戦略の実行を加速して，多くの成果を獲得するためにデジタルを活用するというプロセスである。

このプロセスを実現するためには，経営者がDXに直接関与し，企業のミッションやパーパスに基づいた活動とすることが有効である。

第2節　先進のデジタル技術と経営戦略

1. AIは仕事を奪うのか？

（1）2つのタイプのAI

AI（Artificial Intelligence，人工知能）には，2つのタイプがある。「強いAI（Strong AI）」と「弱いAI（Weak AI）」である。

強いAIは汎用AIともいわれ，自分で考え，自分自身で進化ができるAI

であるとされている。社会では，強いAIが意識され，AIが仕事を奪うという議論も生じている。しかし，実際には，強いAIは技術的な問題からこの先，数十年は存在しない。

一方で，弱いAIは，人間がソフトウェアで指示したことだけができるAIであり，既存の技術（機械学習等）である。弱いAIはデジタルの一要素に過ぎないが，すでに企業のビジネスや生活者の環境に大きな変化をもたらしている。

では，本当にAIは人間から仕事を奪うのだろうか？

（2）「自動化する側」と「自動化される側」

実際には，デジタルの一要素であるAI自体が人間から仕事を直接奪うことはない。重要な問題は，企業がデジタルを活用する上で，自動化（Automation）する側と自動化される側に分かれる，ということである。

企業における「自動化する側」の特徴は，デジタルをよく理解し，自社（自分）の強みとする領域に積極的にデジタルを適用し，投資することで業務の自動化や効率化を推し進める。

逆に「自動化される側」はデジタルがもたらす影響を理解せず，日々の業務を淡々とこなすことで自らの業務がデジタルの機能に吸収されてしまう。やがて，本人が気づかぬうちに仕事を失ってしまう。

つまり，企業において「自動化される側」の人材になってしまうと仕事を失うということである。これは，人材に限らず，企業そのものにも当てはまる事象である。

デジタル化の進展によって仕事を失わない人材（あるいは，企業）になるためには，デジタルの最新動向や機能をよく理解した上で，自分（自社）の強みをしっかりともち，その領域にデジタルを活用することによって，ビジネスモデルの創出や効率化を推進する「自動化する側」になることが求められる。

2. IoTとデータ活用

（1）IoTの実現

IoT（Internet of Things）とは，「モノのインターネット」であり，あらゆるモノに通信機器やセンサ（sensor）を組み込み，インターネットに接続できるようになった環境を指す。

技術的には，有線および無線のネットワーク技術が向上するとともに，通信するためにデバイスごとに付与されるIP（Internet Protocol）アドレスが，IPv4（Internet Protocol version 4）からIPv6に移行することで，本格的なIoTの実現が可能になった。

具体的には，各デバイスに付与されるIPアドレスの数が，IPv4では約43億アドレスと地球上の人間の数（約80億人）にも満たなかった状況から，IPv6に進化することにより約340澗（340兆の1兆倍の1兆倍）アドレスへと大幅に増加した。IPv6への進化により，あらゆるモノからデータを集め，そのデータを資源として活用するというIoTへの取り組みが現実的なものとなった。

（2）国による取り組み方の違い

IoTについては，国によって取り組み方が大きく異なっている。

まず，ドイツ政府が主導して提唱した「Industry 4.0」がある。Industry 4.0とは，工場に関係する生産機械やサービスをネットワークで連携し，製造プロセスの改善や新たな製造方法とともに新たなビジネスモデルを創出することを目的とした取り組みである。

Industry 4.0は，ドイツの産業競争力の強化を目的として立ち上げられ，IoTへの取り組みとして広く世界に認知された。

Industry4.0での取り組みに見られるように欧州は，政府や公的機関が中心となり世界標準を公的に作り上げるデジュール・スタンダード（De Jure Standard，公的標準）を得意としている。

一方で，米国では，民間企業であるGEが「Industrial Internet」というキャッチフレーズを掲げ，IoTを実現する産業用クラウドプラットフォームを立ち上げ，仲間となる企業を集めてコンソーシアム（consortium，共同企業体）を形成するという形で，IoTが推進された。

このように米国は，民間企業が中心となり世界中から仲間を集め，数の力で市場における標準化を目指すデファクト・スタンダード（De Facto Standard,

図表 15 － 2　各国の IoT への取り組み

	ドイツ(EU)	アメリカ	日本
呼　称	Industry 4.0	Industrial Internet	Society 5.0
主　導	ドイツ政府 (2011〜)	民間企業(GE) (2014〜)	日本政府，経団連 (2016〜)
目　的	ドイツの産業競争力強化	企業戦略	日本および世界が目指す 未来の社会像の啓蒙
コンソーシアム	政府主導で，大学， 研究機関，企業が連携	企業主導で形成	経団連が中心となり 啓蒙活動

出所：筆者作成。

事実上の標準）を得意としている。

一方，日本では，日本政府や経団連（日本経済団体連合会）が中心となり，日本および世界が目指す未来の社会像の啓蒙を目的に，「Society 5.0」が提唱された。日本政府の科学技術基本計画では，Society 5.0 を「仮想（サイバー）空間とフィジカル（現実）空間を高度に融合させたシステムにより，経済発展と社会的課題の解決を両立する，人間中心の社会（超スマート社会）」と位置付けている（図表 15 － 2）。

（3）経営におけるデータ活用

デジタル技術の進化により，IoT が実現できるようになり，経営者は企業の内外から膨大なデータを獲得できるようになった。

データを活用するためには，これを分析するデータサイエンティスト（Data Scientist）などの専門家人材が必要になる。

データサイエンティストとは，企業が獲得したデータをもとに，仮説を構築し，分析するためにデータを加工し，データを分析した上で，その分析結果を評価し，ビジネスの現場に適応する業務を行う専門家である。

ただし，企業にとってデータは万能ではなく，データサイエンティストが存在すればよいということでもない。企業がデータを経営戦略に活用するためには，経営者や現場にデータ分析の結果を理解できるデータリテラシー（data literacy）が求められる。

しかし，日本企業はデータリテラシーが低い傾向がある。クリックテック（2018）の調査によると，日本の企業におけるデータリテラシーは米国や欧州，アジアの主要国のなかで最も低い水準であった。

データリテラシーの低い企業の組織では，データサイエンティストが分析したデータを提示しても，経営者や現場がデータのもつ意味を理解できず，経営戦略に分析結果を有効に活かすことができない。

そのため，企業が経営戦略にデータを活かすためには，データサイエンティストを確保するだけではなく，経営者や現場の従業員も含めて，データに関する知識やノウハウを身に着け，組織全体としてデータリテラシーを高めた上で，経営戦略に活用することがのぞまれる。

3. ネットワークとセキュリティ

（1）企業のネットワーク

企業がデータ活用による利便性を高めるためには，ネットワーク技術の進化が不可欠である。

従来から，企業ネットワークには，企業や家庭等の建物内のコンピュータ間で構成するネットワークであるLAN（Local Area Network，構内ネットワーク）や，遠隔地の拠点間でLAN同士をつなぐネットワークであるWAN（Wide Area Network）が設置されていた。これらは主に有線ネットワークである。

近年では，ワイヤレス化が進み，Wi-Fi（Wireless Fidelity）に代表される無線LANや，スマートフォンのネットワークである4Gや5G回線を業務で活用することも常態化している。

さらに，IoTの進化と浸透により，企業のオフィスを超えて，工場の生産現場や，小売業の店舗，社会インフラ関連施設やその設備，顧客に対して販売した製品等にも通信機器やセンサが設置され，ネットワークでつながり合い，データの送受信を行っている。

図表 15 － 3　情報セキュリティの脅威

順 位	組 織
1位	ランサムウェアによる被害
2位	標的型攻撃による機密情報の窃取
3位	サプライチェーンの弱点を悪用した攻撃
4位	テレワーク等のニューノーマルな働き方を狙った攻撃
5位	内部不正による情報漏えい

出所：情報処理推進機構（IPA）（2022）『情報セキュリティ 10 大脅威 2022』より筆者作成。

（2）情報セキュリティの脅威

ネットワーク技術が進化し利便性が拡大すると同時に，企業へのサイバー攻撃等，情報セキュリティの脅威は年々，激しさを増している。

IPA（2022）によると，企業にはランサムウェアや標的型攻撃とともに，新型コロナウイルス禍においてテレワーク等の在宅勤務環境を狙った攻撃の脅威も増している（図表 15 － 3）。

なお，ランサムウェア（ransomware）とは，身代金（ransom）要求型ウイルスであり，犯罪者が社内システムに侵入し，個人情報を含むデータを盗み出して，元のファイルやシステムを暗号化してしまうという攻撃である。

ランサムウェアには，暗号化を解くために身代金を要求する暗号化型の攻撃や，盗んだ情報を暴露すると脅して身代金を要求する暴露型の攻撃がある。

その他にも，特定の組織などを標的に企業のシステムやネットワークに侵入し，機密情報の窃盗や改ざんなどを行う「標的型攻撃」，1 台の機器から対象の機器に過剰な負荷をかける「DoS（Denial-of-service attack）攻撃」，インターネット上で公開されている Web サーバーなどを標的に大量の PC から集中的にアクセスし正常なサービス提供を妨害する「DDoS（Distributed Denial of Service attack）攻撃」，外部から ID やパスワードを割り出し不正にサーバーに侵入して機密情報の盗難や改ざんを行う「不正アクセス」など，多様なサイバー攻撃がある。

（3）セキュリティ対策

企業はセキュリティの脅威に対し，主にネットワーク上に対策を施している。たとえば，ネットワークをVPN（Virtual Private Network）にすることで，仮想的な企業の専用線を構築する対策がある。また，外部の不正アクセスを防ぐ機器であるファイアウォール（Firewall）をネットワーク上に設置する対策，PC等のデバイスにウイルス対策ソフトを導入するとともに，暗号化やデジタル署名を活用する等の対策が実施されている。

また，企業における物理的なセキュリティの脅威に対しては，生体認証（biometric identification）が活用されている。

生体認証は，人間の身体が個々に異なるという特徴を活かして，本人確認や認証を行う仕組みである。最近では，物理的なセキュリティをさらに強固にするため，複数の生体認証要素を組み合わせたマルチモーダル（multimodal）認証へと進化している。

さらに，企業はサイバーリスクの高まりとともに，セキュリティ対策をゼロトラスト（Zero Trust）へと移行している。ゼロトラストとは，サイバーリスクは常に組織のなかに内在しているという前提のもと，誰も信頼せず，常に検査するというセキュリティ戦略である。

第3節　IT投資

1. IT（デジタル）投資と評価方法

企業は，収益向上や業務の効率化などを目的に，ITを活用するための投資（IT投資）を行う。

IT投資の評価は難しい。ITシステム自体は経営上の目的を達成するための一手段であり，ITシステムの導入だけで経営目的が達成できるわけではないためである。

そこで，企業はIT投資において，最適な投資対効果を狙い，慎重に投資利益率（ROI：Return On Investment）を見極めようとする。

投資利益率（ROI）とは，投資した費用に対する収益の比率である。ROIによる評価では，投資した費用に見合う収益が得られるのか，という視点で投資額を評価する。

企業はIT投資の評価においてさまざまな方法を用いる。ここでは，①回収期間法，②正味現在価値法，③内部収益率法を紹介する。IT投資の評価として，どの方法を採用するかについては，それぞれの特徴を踏まえて，企業が判断することになる。

①　回収期間（Pay Back Period）法

回収期間法とは，初期投資と継続的な投資から，何年後に投資資金が回収できるかを評価する手法である。毎年の収入の総額を合計し，初期投資額と同じ金額になる年数が回収期間となる。

回収期間法を採用して複数のIT投資案を評価する場合には，投資金額を回収できる期間が短い案を選択することになる。

【計算式】

回収期間＝投資額÷各期のキャッシュフロー

②　正味現在価値（NPV：Net Present Value）法

正味現在価値とは，将来に生まれるキャッシュフローを現時点の価値に換算した合計金額である。正味現在価値法とは，時間的変化に割引率を設定し，一定期間の収益を現在価値に換算した上で，初期投資額を差し引き，収益の合計値を求め，その価値の大小で評価する方法である。

正味現在価値法を採用して複数のIT投資案を評価する場合には，正味現在価値の金額が最も大きい案を選択することになる。

【計算式】

正味現在価値（NPV）＝n年後までの現在価値（PV）の合計－初期投資額

現在価値（PV）＝n年後の価値÷（1＋割引率）のn乗

③　内部収益率（IRR：Internal Rate of Return）法

内部収益率法とは，金銭価値の時間的変化を考慮し，現在価値に換算された収益の一定期間の合計値がゼロになるような割引率を求めて，その大小で評価する方法である。あるいは，企業が目標とする収益率であるハードルレートをあらかじめ設定し，内部収益率（IRR）をハードルレートと比較することで，IT 投資の意思決定を行う。

【計算式】

正味現在価値（NPV）＝ 0，あるいは，現在価値（PV）＝投資額

となるときの収益率を算定し比較する

2. IT 投資の意思決定

（1）投資対効果と合意形成

企業による IT 投資の意思決定においては，その複雑さゆえに投資対効果を見極める方法だけでは意思決定が困難な場合がある。

投資対効果を見極める計算においては，前提や仮定が多くなり，モデルも複雑化するとともに，不確実な要因も数多く存在するため，精緻化を目指すほど結果として信憑性や理解のしやすさという面で問題が発生してしまう。

そこで，企業にとっては，IT 投資に関係する部門間で合意形成を図ることで，円滑な意思決定を行うという方法が有効となる。

とくに日本企業においては，IT 投資の経営上の目的を設定し意思決定する役割を担う「経営者」と，IT システムの企画・設計・構築を担う「情報システム部門」，完成後の IT システムを現場で活用するユーザーである「利用部門」の 3 者において IT 投資に関する合意形成を得ることが重要である。

IT 投資における合意形成においては，「経営者」は投資の意思決定の役割，「情報システム部門」はサービス提供の役割，「利用部門」は IT システムを活用した効果を明確にする役割を担う。

合意形成アプローチは，主に大企業のように多くの部門が存在する組織が対象となる（図表 15 − 4）。

つまり，中小企業のように企業規模が限られている組織の場合，経営者が自らの判断で IT 投資を決めることができるため，本来は，中小企業のほうが IT 投資に踏み切りやすいはずである。しかし，実際には，中小企業は経営資源が

図表15－4　部門間の合意形成によるIT投資の意思決定

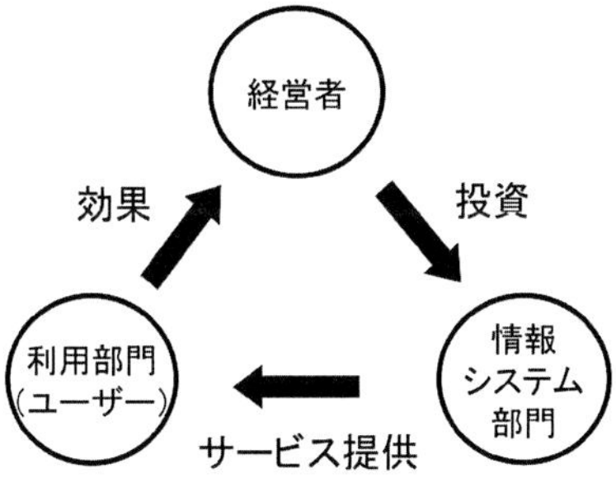

出所：松島桂樹（2007）『IT 投資のマネジメントの発展―IT 投資効果の最大化を目指して―』白桃書房より筆者作成。

限られているため，実際にはIT投資に踏み切れていないという実状がある。

（2）IT投資の領域

IT投資を実施する領域は，既存事業の維持・運営のための既存領域と，新事業の展開のための新規領域の2種類がある。

JUAS（2022）によると，日本企業は約76%が既存領域へのIT投資，約24%が新規領域へのIT投資を行っている。日本企業のIT投資が既存領域に偏重する傾向は長期的に継続している。

この傾向はDXの推進にもあらわれている。JEITA・IDC Japan（2021）の調査によると，DXを推進する目的として，日本は「業務オペレーションの改善と改革（約41%）」「既存ビジネスモデルの変革（約28%）」等，既存領域でのDXが上位を占めている。

一方，米国はDXを推進する目的を「新規事業／自社の取り組みの外販化（約46%）」「新製品やサービスの開発／提供（約35%）」等，新規領域でのDXが上位を占めている。

つまり，DXという同じキーワードで経営戦略に取り組んでいても，日本の米国に見られるように，その領域が既存領域と新規領域で異なることで，経営戦略の方向性がまったく異なってしまう。とくに日本企業においては，新規領域でのDXの推進を志向することが望まれる。

第４節　まとめ

本章では，企業がDX戦略を遂行し，事業成長につなげるための取り組みについて，３つのポイントを押さえておきたい。

１点目は，DX戦略の実現において，経営者がDXの戦略策定や実行に直接関与し，先頭に立って推進する姿勢が求められる，ということである。

２点目は，デジタル化の進展によって仕事を失わない人材（あるいは，企業）になるためには，デジタルを活用することによって，ビジネスモデルの創出や効率化を推進する「自動化する側」の立場になることが求められる，ということである。

３点目は，日本企業がIT投資を実行する際には，新規事業や新製品・サービスの開発等の新規領域におけるDXの推進を志向することが望まれる，ということである。

【注】

（１）Stolterman & Fors（2004）の原文は以下のとおりである。"The digital transformation can be understood as the changes that the digital technology causes or influences in all aspects of human life."

【参考文献】

Searle, J. R.（1980）, "Minds, brains, and programs", *Behavioral and Brain Sciences*, Vol.3, Issue 3, pp.417-457.

Stolterman, E. and Fors, A. C.（2004）, "Information Technology and the good Life", *Information Systems Research*, pp.687-692.

クリックテック・ジャパン（2018）『データリテラシー指数5億ドルの企業価値を獲得する機会』。

経済産業省（2022）『デジタルガバナンス・コード2.0（2022年9月13日改訂）』。

情報処理推進機構（IPA）（2022）『情報セキュリティ10大脅威2022』。

電子情報技術産業協会（JEITA）・IDC Japan（2021）『2020年 日米企業のDXに関する調査』。

日本経済団体連合会（2018）『Society 5.0―ともに創造する未来―』。

日本情報システム・ユーザー協会（JUAS）（2022）『企業IT動向調査報告書2022 ユーザー企業のIT投資・活用の最新動向（2021年度調査）』。

松島桂樹（2007）『IT投資のマネジメントの発展―IT投資効果の最大化を目指して―』白桃書房。

索　引

A－Z

ア

カ

サ

タ

《著者紹介》（執筆順）

芦澤成光（あしざわ・しげみつ）担当：第1章，第5章，第6章
※編著者紹介参照

田中克昌（たなか・かつまさ）担当：第2章，第15章
文教大学経営学部准教授

文　載皓（むん・ちぇほー）担当：第3章，第14章
※編著者紹介参照

村田大学（むらた・だいがく）担当：第4章，第12章
大原大学院大学会計研究科准教授

中村公一（なかむら・こういち）担当：第7章
駒澤大学経営学部教授

井上善博（いのうえ・よしひろ）担当：第8章，第9章
神戸学院大学経済学部教授

佐久間信夫（さくま・のぶお）担当：第10章，第11章
※編著者紹介参照

樋口晃太（ひぐち・こうた）担当：第13章
鹿児島国際大学経済学部専任講師

《編著者紹介》

佐久間信夫（さくま・のぶお）担当：第10章，第11章

明治大学大学院商学研究科博士課程修了

現職　松蔭大学経営文化学部教授，創価大学名誉教授　博士（経済学）

主要著書

『コーポレート・ガバナンス改革の国際比較』ミネルヴァ書房　2017年（編著），『地方創生のビジョンと戦略』創成社　2017年（共編著），『ベンチャー企業要論』創成社　2020年（共編著）など。

芦澤成光（あしざわ・しげみつ）担当：第1章，第5章，第6章

中央大学大学院商学研究科博士課程修了

現職　玉川大学名誉教授，国士舘大学客員教授　博士（経営学）

主要著書

『現代の経営革新』中央大学出版部　2001年（共著），『現代の経営管理論』学文社　2002年（共著），『グローバルな時代の経営革新』中央大学出版部　2003年（共著），『経営戦略論』創成社　2004年（共編著），『現代経営管理論の基礎』学文社　2007年（共編著），『EU自動車メーカーの戦略』学文社　2009年（共著），『全社レベル戦略のプロセス』白桃書房　2010年（単著）など。

文　載皓（むん・ちぇほー）担当：第3章，第14章

明治大学大学院商学研究科博士後期課程修了

現職　常葉大学経営学部准教授　博士（商学）

主要著書

『企業のサステナビリティ戦略とビジネス・クオリティ』同文館出版　2017年（共著），『コーポレート・ガバナンス改革の国際比較』ミネルヴァ書房　2017年（共著），『現代の経営組織論』創成社　2023年（編著）など。

（検印省略）

2011年　5月20日　初版発行
2023年10月20日　改訂版発行　　略称―戦略要論

経営戦略要論［改訂版］

編著者　佐久間信夫
　　　　芦澤成光
　　　　文　載皓
発行者　塚田尚寛

発行所　東京都文京区春日2-13-1　株式会社 創成社

電　話 03（3868）3867　　F A X 03（5802）6802
出版部 03（3868）3857　　F A X 03（5802）6801
http://www.books-sosei.com　振　替 00150-9-191261

定価はカバーに表示してあります。

ISBN978-4-7944-2619-2　C3034
Printed in Japan

組版：スリーエス　印刷・製本：

落丁・乱丁本はお取り替えいたします。